2022年中国地质大学(武汉)马克思主义理论研究与学科建设计划项目(MX2203)资助
2023年中国地质大学(武汉)教学改革重点项目(2023065)资助
2024年中国地质大学(武汉)马克思主义理论研究与学科建设计划项目(MX2403)资助
2024年中国地质大学(武汉)教研项目(2024023)资助

地大精神融入"中国近现代史纲要"教学设计

DIDA JINGSHEN RONGRU "ZHONGGUO JIN XIANDAISHI GANGYAO" JIAOXUE SHEJI

主　编　孙文沛　何帅波　朱丹
副主编　张书缘　刘　丹

图书在版编目(CIP)数据

地大精神融入"中国近现代史纲要"教学设计/孙文沛,何帅波,朱丹主编;张书缘,刘丹副主编.—武汉:中国地质大学出版社,2025.4
ISBN 978-7-5625-5736-4

Ⅰ.①地… Ⅱ.①孙… ②何… ③朱… ④张… ⑤刘… Ⅲ.①中国历史-近现代-教学设计-高等学校 Ⅳ.①K25

中国国家版本馆 CIP 数据核字(2024)第 012688 号

地大精神融入"中国近现代史纲要"教学设计	孙文沛 何帅波 朱丹	主　编
	张书缘 刘丹	副主编

责任编辑:郑济飞	责任校对:张咏梅
出版发行:中国地质大学出版社(武汉市洪山区鲁磨路388号)	邮编:430074
电　　话:(027)67883511　　　传　　真:(027)67883580	E-mail:cbb@cug.edu.cn
经　　销:全国新华书店	https://cugp.cug.edu.cn
开本:787mm×1092mm　1/16	字数:423千字　　印张:16.5
版次:2025年4月第1版	印次:2025年4月第1次印刷
印刷:湖北睿智印务有限公司	
ISBN 978-7-5625-5736-4	定价:58.00元

如有印装质量问题请与印刷厂联系调换

地大精神融入思想政治理论课教学设计丛书
编委会

顾　问：刘　杰　　傅安洲　　王林清　　侯志军

委　员：阮一帆　　孙文沛　　帅　斌　　朱　丹

　　　　张　洁　　李蔚然　　何帅波　　刘　丹

　　　　张书缘　　冯思佳　　李晨寅　　兰　琳

　　　　黄诗玉　　陈欣媛

前　言

　　矿产资源是经济社会发展的重要物质基础,矿产资源勘查开发事关国计民生和国家安全。2022年10月,习近平总书记回信勉励山东省地矿局第六地质大队全体地质工作者,要大力弘扬爱国奉献、开拓创新、艰苦奋斗的优良传统,在找矿突破战略行动中发挥更大作用,奋力书写"英雄地质队"新篇章,充分体现了习近平总书记和党中央对地质工作的高度重视和殷切期待。

　　新中国成立之初,百废待兴。为积极响应毛主席"开发矿业"的伟大号召号,北京地质学院于1952年应运而生。70余年来,一代代地大人始终心怀"国之大者",与党和国家同呼吸共命运,锚定建设地球科学领域世界一流大学的奋斗目标,为解决国家和人类社会面临的资源环境问题提供了重要的人才和科技支撑,孕育出了以"艰苦朴素、求真务实"的校训精神为核心、包括"南迁办学精神""攀登精神""摇篮精神"等丰富内涵的地大精神。

　　习近平总书记指出,要以中华优秀传统文化、革命文化和社会主义先进文化为力量根基,守正创新推动思政课建设内涵式发展,不断提高思政课的针对性和吸引力。地大精神是地大发展历程中一大批先进人物通过各个领域的开拓进取所创造和传承的宝贵精神财富,源于学校深厚的历史底蕴,承载着深厚的红色基因和革命传统,具有重要的思想政治教育价值和功能,能够生动回答"中国共产党为什么能、马克思主义为什么行、中国特色社会主义为什么好"这三大根本性问题,为新时代青年学生提供了生动的历史教材和精神指引,有效发挥着铸魂育人、价值引领和文化传承的重要作用。

　　地大精神与思想政治理论课教学在内涵和目标上呈现出高度的契合性,为有效融入思政课教学奠定了坚实基础。从内容层面看,地大精神的形成与淬炼,涵盖了老一辈地大人在新民主主义革命、社会主义革命和建设、改革开放和社会主义现代化建设三个重要历史时期的价值追求和实践探索,与思政课探讨的时间范围完全吻合,为思政课教学提供了丰富的历史素材和案例支撑。地大精神本身就承载着马克思主义中国化的实践智慧,为思想政治理论课认识和理解马克思主义在中国不同历史时期的传播和发展增添了实践论证。从目标层面看,地大精神浓缩了地大师生在党的领导下赤诚报国、艰苦奋斗的精神品格,这与思想政治理论课立德树人的根本目标高度一致。通过将地大精神融入思政课教学,以老一辈地大人的奋斗经历感染和教育新时代青年学生,能够有效深化学生对校本文化的认识和认同,增强爱国主义情怀,培养责任感与使命感,实现红色文化资源的传承发扬与思政课教学目标的有机统一。同时,对于地大学子而言,地大精神具有直观性、真实性,可见可闻,可以更好地产生情感共鸣。

基于此,中国地质大学(武汉)马克思主义学院组织精干力量,与档案馆、校史馆合作,深入挖掘了从井冈山走出的地大奠基人刘型,从西南联大走入西北戈壁的地大学术先驱袁复礼,高龄入党、一心为公的地层古生物学"活字典"杨遵仪等多名地大人身上的红色故事,创作"地大精神融入思想政治理论课教学设计"丛书。辅导读物紧扣全国统编教材《中国近现代史纲要》《思想道德与法治》的逻辑框架和知识结构,通过课堂专题教学、课堂实践教学和课程网络平台等路径优化思想政治理论课程教学内容,推动实现价值性与知识性的统一。

为了给课程教学提供更加详细的案例支撑和方法指导,每个红色故事都被细分为教学案例陈述、教学分析、教学思路与方案设计、教学方法推荐4个板块,适用于对应统编教材的具体章节。比如,老校长刘型"井冈山上建功勋"的故事适用于《中国近现代史纲要》第五章"农村包围城市、武装夺取政权道路的开辟"的同步教学;欧阳自远"科研报国,领航嫦娥奔月取壤"的故事适用于《思想道德与法治》第三章"继承优良传统 弘扬中国精神"的同步教学。通过这种指向明确的教学创新设计,地大红色故事将在更具体的层面上服务思政课教学,进一步增强学生对课程的情感认同、理论认同和思想认同,鼓励一代又一代地大学子以老一辈地大人为榜样,自觉把个人理想追求融入党和国家事业,奋力走在时代前列,在新征程上绽放出属于地大人的璀璨光芒。

中国地质大学(武汉)党委书记

2025 年 2 月

目 录

第一章 刘型:从井冈山走出的地大奠基人 …………………………………… (1)
  一、教学案例——刘型 …………………………………………………… (1)
  二、教学分析 ……………………………………………………………… (7)
  三、教学思路与方案设计 ………………………………………………… (8)
  四、教学方法推荐 ………………………………………………………… (11)

第二章 陈子谷:亲历皖南事变矢志不移的地大创校元勋 …………………… (12)
  一、教学案例——陈子谷 ………………………………………………… (12)
  二、教学分析 ……………………………………………………………… (19)
  三、教学思路与方案设计 ………………………………………………… (20)
  四、教学方法推荐 ………………………………………………………… (23)

第三章 高元贵:从"一二·九"运动走出的地大根脉守护者 ………………… (24)
  一、教学案例——高元贵 ………………………………………………… (24)
  二、教学分析 ……………………………………………………………… (31)
  三、教学思路与方案设计 ………………………………………………… (32)
  四、教学方法推荐 ………………………………………………………… (35)

第四章 朱见香:从红二方面军长征走出的地大南定功臣 …………………… (37)
  一、教学案例——朱见香 ………………………………………………… (37)
  二、教学分析 ……………………………………………………………… (44)
  三、教学思路与方案设计 ………………………………………………… (45)
  四、教学方法推荐 ………………………………………………………… (49)

第五章 尹赞勋:南京解放中抗迁护所的地大学科奠基人 …………………… (50)
  一、教学案例——尹赞勋 ………………………………………………… (50)
  二、教学分析 ……………………………………………………………… (56)
  三、教学思路与方案设计 ………………………………………………… (57)
  四、教学方法推荐 ………………………………………………………… (60)

第六章 袁复礼:西南联大风骨,地大学术先驱 ……………………………… (61)
  一、教学案例——袁复礼 ………………………………………………… (61)

二、教学分析 ………………………………………………………………………… (71)
　　三、教学思路与方案设计 …………………………………………………………… (72)
　　四、教学方法推荐 …………………………………………………………………… (74)

第七章　冯景兰:引领中国近代矿床学的地大教学楷模 ………………………………… (75)
　　一、教学案例——冯景兰 …………………………………………………………… (75)
　　二、教学分析 ………………………………………………………………………… (83)
　　三、教学思路与方案设计 …………………………………………………………… (84)
　　四、教学方法推荐 …………………………………………………………………… (87)

第八章　马杏垣:中共中央南方局走出的地大建校硕勋 ………………………………… (88)
　　一、教学案例——马杏垣 …………………………………………………………… (88)
　　二、教学分析 ………………………………………………………………………… (96)
　　三、教学思路与方案设计 …………………………………………………………… (97)
　　四、教学方法推荐 …………………………………………………………………… (100)

第九章　池际尚:克己奉公的地大教学元勋和南建主帅 ………………………………… (102)
　　一、教学案例——池际尚 …………………………………………………………… (102)
　　二、教学分析 ………………………………………………………………………… (113)
　　三、教学思路与方案设计 …………………………………………………………… (114)
　　四、教学方法推荐 …………………………………………………………………… (122)

第十章　郝诒纯:从潜伏风云中走出的微体古生物学家 ………………………………… (124)
　　一、教学案例——郝诒纯 …………………………………………………………… (124)
　　二、教学分析 ………………………………………………………………………… (135)
　　三、教学思路与方案设计 …………………………………………………………… (136)
　　四、教学方法推荐 …………………………………………………………………… (141)

第十一章　袁见齐:为祖国书写传奇的盐湖拓荒人 ……………………………………… (142)
　　一、教学案例——袁见齐 …………………………………………………………… (142)
　　二、教学分析 ………………………………………………………………………… (152)
　　三、教学思路与方案设计 …………………………………………………………… (152)
　　四、教学方法推荐 …………………………………………………………………… (157)

第十二章　杨遵仪:报国归来的地层古生物学奠基人 …………………………………… (159)
　　一、教学案例——杨遵仪 …………………………………………………………… (159)
　　二、教学分析 ………………………………………………………………………… (167)
　　三、教学思路与方案设计 …………………………………………………………… (168)
　　四、教学方法推荐 …………………………………………………………………… (171)

第十三章　潘钟祥:开辟新中国找油"新大陆"的地质人 ……………………… (172)
　一、教学案例——潘钟祥 ……………………………………………………… (172)
　二、教学分析 …………………………………………………………………… (180)
　三、教学思路与方案设计 ……………………………………………………… (181)
　四、教学方法推荐 ……………………………………………………………… (184)

第十四章　王大纯:开拓青藏科考新领域的地大良师益友 …………………… (186)
　一、教学案例——王大纯 ……………………………………………………… (186)
　二、教学分析 …………………………………………………………………… (194)
　三、教学思路与方案设计 ……………………………………………………… (195)
　四、教学方法推荐 ……………………………………………………………… (199)

第十五章　彭志忠:在科学的春天里绽放异彩的创派宗师 …………………… (200)
　一、教学案例——彭志忠 ……………………………………………………… (200)
　二、教学分析 …………………………………………………………………… (209)
　三、教学思路与方案设计 ……………………………………………………… (210)
　四、教学方法推荐 ……………………………………………………………… (212)

第十六章　爱新觉罗·连绅:投身统一战线,促进中日交流 …………………… (213)
　一、教学案例——爱新觉罗·连绅 ……………………………………………… (213)
　二、教学分析 …………………………………………………………………… (220)
　三、教学思路与方案设计 ……………………………………………………… (220)
　四、教学方法推荐 ……………………………………………………………… (223)

第十七章　任宝汉:地大南建的"老黄牛" …………………………………… (224)
　一、教学案例——任宝汉 ……………………………………………………… (224)
　二、教学分析 …………………………………………………………………… (230)
　三、教学思路与方案设计 ……………………………………………………… (230)
　四、教学方法推荐 ……………………………………………………………… (232)

第十八章　王富洲:完成人类首次从珠峰北坡登顶的地大校友 ……………… (234)
　一、教学案例——王富洲 ……………………………………………………… (234)
　二、教学分析 …………………………………………………………………… (248)
　三、教学思路与方案设计 ……………………………………………………… (249)
　四、教学方法推荐 ……………………………………………………………… (250)

后　记 ……………………………………………………………………………… (251)

第一章 刘型：从井冈山走出的地大奠基人

一、教学案例——刘型

刘型（1906年3月19日—1981年8月7日），原名刘硎，幼名绍新，江西萍乡人，祖籍湖南醴陵。1926年参加革命并加入共青团，后考入中央军事政治学校（黄埔军校武汉分校）。1927年5月加入中国共产党。

1927年9月刘型参加秋收起义，任萍醴游击营营长。1928年5月下旬，他率部上井冈山，参与指挥了以少胜多的黄洋界保卫战，此后随中央红军参加了二万五千里长征。抗日战争中，刘型历任八路军总政治部宣传科科长、八路军政治学院政治部主任、南下支队政治部主任等职。中华人民共和国成立后，先后任湖南省委常委兼秘书长、湖南省人民检察院检察长、北京地质学院院长兼党委书记、农垦部副部长、中央纪律检查委员会常委、全国政协常委等职。1981年8月7日，刘型同志因患癌症，在北京不幸病逝，终年75岁。

刘型同志半生戎马，半生钻研。为了革命，出生入死，南征北战；为了建设新中国，夙夜在公，殚精竭虑。他在党的军队政治工作、中国地质学教育事业、党的纪检事业、党史资料整理等方面做出了重大贡献，何长工等人在《人民日报》发文，称他是"历尽艰险、久经考验、艰苦奋斗一生的忠诚的共产主义战士"。

(一)案例呈现

案例一:井冈山上建功勋

"黄洋界上炮声隆,报道敌军宵遁"(图1),这是毛主席诗词《西江月·井冈山》中对黄洋界保卫战的豪迈描述,字里行间充满了喜悦和赞赏,高度赞扬了这次军民英勇奋战、以少胜多战役的伟大胜利。黄洋界保卫战的胜利,保住了中国共产党领导创造的第一个农村革命根据地,保留了红色的革命火种。现在我们跟随北京地质学院的首任院长、当年的红四军十一师三十一团一营一连党代表刘型同志,回味井冈山革命根据地创建时期的峥嵘岁月。

图1 黄洋界上炮声隆

1927年8月,中国共产党在汉口召开紧急会议,确定了开展土地革命和武装反抗国民党反动派的总方针,决定在群众基础较好的湘、鄂、粤、赣四省发动农民,举行秋收起义。8月底,毛泽东在平江、浏阳、醴陵、萍乡、安源的中国共产党组织负责人会议上,讨论了军事形势和领导秋收起义的计划。9月,湘赣边界秋收起义按预定计划爆发。为积极响应毛泽东同志领导的秋收起义,刘型不畏艰险,在萍乡东桥和醴陵南区一带发动农民进行革命斗争。同时,他担任萍乡小西区区委军事委员和游击营营长,积极组织和配合县委向敌人发动进攻。10月,毛泽东率领中国工农红军来到井冈山,创建了第一个农村革命根据地,成功开辟了"以农村包围城市、武装夺取政权"的具有中国特色的革命道路。

1928年4月,了解到毛泽东率领的秋收起义部队转战井冈山的情况后,刘型同志随即带领萍醴游击营,利用夜间行军、白天打游击的办法,穿过萍醴边界,一路辗转奔赴井冈山,找到了毛泽东同志,并被毛泽东同志派往三十一团一营一连任党代表,积极参加井冈山革命摇篮的创建斗争。

1981年8月7日,刘型同志与世长辞,骨灰移至井冈山烈士陵园,在这红色的革命圣地,继续传导着井冈山精神。

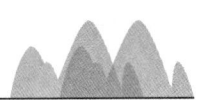

案例二：爱国情怀熔铸血脉

1906年3月19日生于江西萍乡排上镇一个佃农家庭的刘型，从小目睹国家的动荡混乱和人民大众的苦难深重，心中埋下了救国救民的革命种子。1925年，刘型以优异成绩考入萍乡中学。其间受大革命浪潮的影响，他和进步同学共同组建了"互助社"，秘密进行革命活动。"互助社"的主要成员后来都是萍乡共产主义青年团的负责人。

1927年，刘型参与平定夏斗寅叛乱战斗。他不怕牺牲，奋勇向前，经共产党员游雪程介绍，光荣加入中国共产党。大革命失败后，刘型受党组织派遣回家乡江西萍乡搞农民运动，秘密发展党员，恢复党的组织，建立农民武装，参加毛泽东领导的湘赣边界秋收起义。

1928年春，刘型任湖南萍醴游击营党代表，在当地坚持斗争。2月，反动军阀何键派重兵"清乡"，他率游击营转战湘赣边界，5月率队上井冈山，参加了艰苦卓绝的保卫和巩固井冈山革命根据地的斗争。

1935年遵义会议后，刘型随红一方面军第五军团南下川康边，任红四方面军敌工部部长、红二方面军政治部组织部部长。

1937年，刘型奉调到红军大学（中国人民抗日军事政治大学）进行第二期学习和教学，讲授中国革命问题。

1938年，刘型调任八路军总政治部直属敌工科科长，协助抗日军政大学开办日文训练队，主持制订教学计划和学员培训、分配等工作，培养了一批敌工工作干部。

1944年，党中央为开辟南方抗日根据地，任命刘型担任八路军三五九旅南下第一支队政治部主任。在环境险恶、条件艰苦的南征途中，刘型始终保持饱满的革命热情和革命乐观主义精神，紧抓政治部宣传工作，充分发挥了政治宣传工作的战斗作用。这段从延安出发又回到延安的路程，历时两年，转战南北，纵横八省，行程两万多里。毛泽东称赞它是："我党历史上的第二次长征。"

抗日战争时期，刘型还担任过八路军总政治部宣传科科长、八路军政治学院政治处主任等职务。

解放战争时期，刘型先后任中原军区政治部副主任、东北军政大学政治部主任、东北野战军第十纵队副政委、中共嫩江省委常委兼齐齐哈尔市委书记等职。南征北战，刘型为中国人民解放事业历尽千辛万苦。

刘型这样说："一个人一辈子能为党好好工作的时间是不多的，一般是二十岁以前读书，三十岁才能自立，最好的工作时间是三十岁至五十岁，一共才二十年左右。因此要珍惜时间，特别是年富力强的时候，更应为党好好工作"。刘型的一生，是革命的一生，是勤勤恳恳为党工作的一生，从醴陵、井冈山到二万五千里长征，他的足迹遍布祖国大江南北，始终保持着奋斗精神。刘型同志逝世后，何长工等人在《人民日报》发表怀念文章，称他是"历尽艰险、久经考验、艰苦奋斗一生的忠诚的共产主义战士"。

案例三:接下"动地"重任,办好地院

能源和资源是工业的"粮食",是国民经济的命脉。新中国成立后,从急需探明矿产资源的国情需要出发,为培养大规模社会主义经济建设所需要的地质人才,北京地质学院(中国地质大学前身)应运而生,成为新中国初创时期仅有的两所高等地质院校之一。

1952年,中央人民政府教育部决定以北京大学、清华大学、天津大学、唐山铁道学院地质系为基础,创建北京地质学院。这项被李四光喻为开启新中国"动地"事业的重大事件,受到了党和国家的高度重视。毛主席亲自签署院长任命书,任命刘型同志为院长。

放下枪杆,放下20来年的革命事业,担任北京地质学院院长,开始新的征程,46岁的刘型壮心不已。

学校诞生于国家急需之时,有着与生俱来的崇高使命,肩负国民经济发展的历史重任。刘型深知自己肩负的重托和被寄予的厚望,虽然是地质学的外行,也没有工科型院校办学经验可循,但身为老革命的刘型却怀有赤诚的报国心,始终以党的教育方针为指引,与国家同呼吸、共命运。

学校要按照国家经济建设计划的需要,及时和积极地培养大批德才兼备、具有现代先进科学水平的合规格的地质工程师(图2)。刘型强调从实际国情出发,确立了继承解放区办学优良传统与学习苏联先进经验相结合的办学方针,积极探索社会主义新型理工科行业特色大学的建设之路。在学校规模和专业设置两个方向性问题上,他坚持走学校规模"大而重"、专

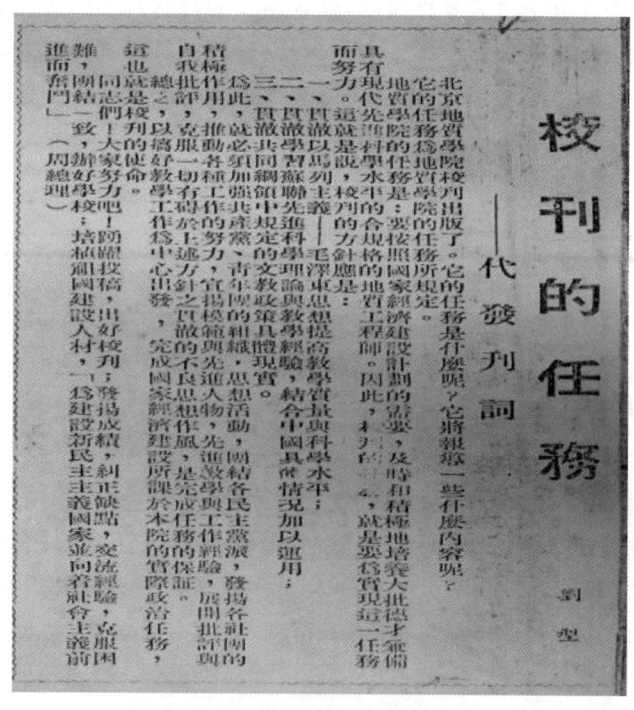

图2 刘型致校刊发刊词

业设置"少而精"的道路。在他的统筹规划和准确定位下,北京地质学院自诞生之日起便走上了一条特色鲜明的办学之路。

学院初建,作为院长的刘型就遇到了校舍分散、短缺,教学基础设施不够的问题。学校分设在西城区端王府夹道和祖家街原北京大学工学院旧址、东城区沙滩原北京大学地质系旧址以及河北省宣化县宣化地质学校,当时总计在校生1500多人,教学、生活用房既分散又不足。在这种情况下,刘型带领全校师生员工,将实习工厂改为图书馆。

在教学条件十分有限的情况下,刘型带领老教师和年轻教师齐心努力,往返于端王府夹道、沙滩和宣化三地为学生开设各种基础课和专业课。没有教材,教师们就自己刻蜡板油印讲义,自己动手画教学挂图,制作教具、模型,改装设备,利用野外实习的机会和假日带领学生到全国各地采集各类岩石、矿物标本,充实完善地质实习实验室的各类标本。教学的同时,刘型在地质部和北京市政府的支持下,在北京西郊开始了新校舍的建设。师生们自觉参加建校义务劳动,利用课余时间和假日清理工地环境,修路、植树、修建操场,一幢幢新楼拔地而起。

刘型认为,教材建设直接关系教学计划的执行和教学质量。在他和主管教学副院长的直接领导下,各教研室以中青年教师为主,发挥集体力量,突击翻译、编写各学科的教学大纲、讲义和教材。经过三四年的努力,学院自编和翻译教学大纲、讲义、教材600种,既满足了本校教学需要,也被其他地质院校(系)所采用。

人才队伍建设对于学院发展非常重要。建院初期,学院138名教师中仅有11名教授、6名副教授和16名讲师。在完成教学科研本职工作的基础上,刘型进一步鼓励他们积极培养青年教师,帮助后备人才快速成长。他认真执行党有关知识分子的政策,充分发挥知识分子的作用,学校形成了以老带新、团结协作的大好教学局面。

刘型是一位平易近人、尊重同志的益友,也是广大教师的良师。但更可贵的是,他具有一颗包容和责任之心,懂得以己之力带动全校师生刻苦学习、朴素生活、艰苦奋斗,为学校的校风和特色的形成奠定了良好的基础。

为了办好地质学院,刘型保持着红军党代表的作风,带头学俄语、政治、地质学基础,开办文化补习夜校,勇攀科学的高峰。通过五六年的坚持学习,学院干部和教师的知识文化水平有了明显提高。

刘型常对学校干部说:"革命胜利来之不易,是无数先烈用鲜血换来的。我们要自觉抵制资产阶级思想的腐蚀,保持无产阶级的革命本色"。因此,他十分重视培育和铸造优良校风,并以身作则,大力提倡共产党艰苦朴素的优良传统。他生活简朴,一套深色的制服、一张用了几十年的办公桌,以及陈设简单的旧家具,就是他生活的全部。他以自己的实际行动为全院做出了表率。

老同志们都说:"刘院长严于律己,铁面无私,在群众中威信很高""北京地质学院艰苦朴素的优良作风,是刘院长倡导和带出来的"。

1952—1958年,刘型大胆探索、勇于开拓,在一无借鉴经验、二无技术支撑,建校基础薄弱的情况下,让北京地质学院在教学、科研、师资培养、学风校风建设等方面有了良好开端,培养出了一大批新中国第一代地质科学技术人才,在中国高等地质教育史上树立起了一面光辉的旗帜。

出生时烽火连绵,投身秋收起义、井冈山斗争,备尝长征艰险,刘型是党的忠诚卫士,在中国革命事业中谱写了一首英雄的赞歌。作为共产党员,艰苦朴素、报效祖国的精神也始终根植在他骨子里,他创建北京地质学院的工作实践为学校植下了红色基因,延续了永不断流的红色血脉。时至今日,刘型院长崇高的精神风范与他为新中国地质教育事业所付出的赤诚心血,一起铸就了对党忠诚、爱国奉献、艰苦朴素、求真务实的校魂,为中国地质大学树立了一座不朽的丰碑,挺立着地大人的脊梁,彰显着地大人的本色,并在一代代地大人中薪火相传,赓续不断。

(二)案例点评

1927年,大革命的失败使全国革命陷入低潮,秋收起义攻打中心城市受挫后,毛泽东在文家市主持前委会议,作出从进攻大城市转向农村进军的决定,初步形成了农村包围城市的战略思想。

案例一展现了革命志士刘型一心向党、一路向党的革命自觉和战斗担当。他积极响应中国共产党的革命号召,深入乡间发动农民、组织地方政府进行斗争,为革命根据地的创建不断积蓄力量。面对敌多我少、敌强我弱的局势,刘型不畏强暴,带领士兵英勇作战,保护了初生的井冈山革命根据地,取得了黄洋界保卫战的胜利,使井冈山革命根据地这座"革命摇篮"孕育更多红色火种,加速了工农武装力量的发展壮大。井冈山的历史不仅是战争史,更是精神史。刘型在井冈山的奋战,展现了井冈山时期红军面对恶劣的自然环境和艰苦的军事条件时斗志不减、坚毅向前的英勇气概,军民的努力使"坚定信念、艰苦奋斗"成为井冈山精神的灵魂,成为我党我军的优良作风,并得到继承和发扬,至今仍是我们的宝贵精神财富。

案例二讲述了刘型为国为民、投身革命的一生。他经历了中国近现代多个阶段,青年时期求索救国之路,不放弃对真理的追求,不仅是一名爱国主义者,更是一名坚定的共产主义者。从醴陵、井冈山到二万五千里长征,他历经坎坷,始终紧跟党的革命脚步;从军校学习、发展农民运动到担任八路军总政治部宣传科长,他思想坚定,为党的思想建设工作鞠躬尽瘁。刘型的故事体现了革命志士高尚的精神世界和为国为民的人生追求。

新中国成立以后,百废待兴,急需大批社会主义建设的地质人才。刘型从革命到建设的转型过程中展现出舍我其谁的报国担当,临危受命担任北京地质学院院长,始终以党的方针为指引,与国家同呼吸、共命运。

案例三展现了社会主义事业建设先锋刘型对新中国地质教育事业的一片赤诚。他从实际出发,继承解放区办学优良传统,借鉴苏联先进经验,积极探索社会主义新型理工科行业特色大学建设之路。他锐意进取、自力更生,发挥先锋模范作用,不断解决教学建设中的难题,在较短的时间内为我国培养了第一批地质科学技术人才,为新中国的地质教育建设做出了重大贡献。

(三)教学建议

案例一、二可分别用于第五章第一节第三目"农村包围城市、武装夺取政权道路的开辟"

以及第二节"中国革命在曲折中前进"部分的引导教学。两个案例的学习能够使学生了解建设井冈山革命根据地以及开辟中国革命新道路的背景和意义。通过讲述刘型的故事，一方面可以使学生了解"农村包围城市，武装夺取政权"革命道路的发展历程，另一方面展现中国共产党不畏强敌、顽强探索的革命精神，激发学生的爱国爱党爱军之情。

案例三可用于第八章第一节第二目"捍卫巩固新政权的斗争"。通过引入案例三教学，学生能够了解新中国成立以后的基本国情及社会主义建设面临的艰难困境。中国共产党在从革命到建设的转型中继承新民主主义革命的优良传统，借鉴苏联经验进行社会主义建设，结合自身国情逐步形成了具有中国特色的社会主义建设之路。刘型的故事是新中国艰苦卓绝地进行社会主义建设的缩影，学生通过刘型的事迹，学习新中国社会主义建设的经验，领略投身社会主义建设事业中的劳动者们为新中国建设舍我其谁的奉献精神。

二、教学分析

（一）教学目的

（1）通过对案例一、二的学习，学生能够理解大革命失败后中国共产党面临的严峻考验；认识到井冈山革命根据地建设对中国革命和中国共产党的重要性；认识到"农村包围城市，武装夺取政权"革命道路开辟的历史意义；感受革命志士们在党面临危难之际对革命理想信念的坚定不移和不懈追求，以及他们怀揣爱国之情投身革命、敢为人先的英勇气概，坚定共产主义理想信念。

（2）通过对案例三的学习，认识新中国成立初期的国情及面临的考验，理解党在巩固新政权的伟大斗争中的重大举措。

（二）教学重难点

（1）井冈山道路的形成过程（重点）。
（2）中国革命新道路的内涵及历史意义（重点）。
（3）井冈山精神的主要内容（难点）。
（4）新中国成立初期的国情及面临的考验（重点）。
（5）党在巩固新政权的伟大斗争中的重大举措（难点）。

三、教学思路与方案设计

(一)教学思路

案例一、二分别适用于第五章第一节第三目"农村包围城市、武装夺取政权道路的开辟"和第二节"中国革命在曲折中前进"。教师通过提问激发学生的学习兴趣,引入案例一导入新课,讲述大革命失败后,中国共产党的革命重心由城市转向农村,开始领导农村革命根据地建设,介绍井冈山斗争的重要地位和井冈山精神的丰富内涵。

第二节"中国革命在曲折中前进",教师可结合案例二中刘型的事迹,引导学生梳理中国革命以及中国共产党革命道路发展的主要脉络,梳理土地革命、遵义会议、红军长征的历史逻辑,理解开辟中国革命新道路的曲折历程和伟大意义。

案例三适用于第八章第一节第二目"捍卫巩固新政权的斗争"。通过毛主席给刘型同志的北京地质学院院长委任书引出本节课的教学内容,组织学生观看视频《百炼成钢》第26集片段,使学生能够直观感受到新中国成立初期国家在政治、经济、外部环境及党的建设方面面临的挑战。第二目"捍卫巩固新政权的斗争",可通过图片或案例使学生了解党在完成历史遗留任务、领导国民经济恢复工作、教育科学文化卫生事业除旧布新以及巩固民族独立、维护国家主权和安全方面的努力,总结新中国成立初期巩固新政权过程中的经验。

(二)教学方案

1. 教学方案一(适用于案例一、二)

教学步骤	教学内容	设计意图	时间/分钟
导入新课	向学生提问,激发学生的学习兴趣,通过案例导入新课	以问题和人物故事作为导入,调动学生学习的积极性,增强课堂活力,激发学生的学习兴趣	5
教学目标	简要介绍本次教学需要达到的目标	使学生对教学目标有清晰的认识	2

第一章 刘型:从井冈山走出的地大奠基人

教学步骤	教学内容	设计意图	时间/分钟
呈现教学材料,引导学生学习	知识点一:大革命失败后的艰难环境 简要介绍:大革命失败后,国民党政权的建立使全国弥漫白色恐怖的历史背景。介绍八七会议的主要内容,思考中国共产党在组织城市武装反抗屡遭失败后中国革命道路的选择问题,着重说明三湾改编与三大起义的重要意义	巩固学生对国民党性质的认识,使学生深刻理解八七会议的重要历史地位,把握以毛泽东为代表的中国共产党人开辟革命新道路的历史过程	30
	知识点二:农村包围城市、武装夺取政权道路的开辟 通过案例一,向学生讲解大革命对党的群众基础的巩固作用,介绍井冈山上的斗争与建设历程,进而讲解党在井冈山时期形成的"坚定信念、艰苦奋斗、实事求是、敢闯新路、依靠群众、勇于胜利"的井冈山精神。在此基础上,介绍以毛泽东为代表的中国共产党人在实践和理论上对中国革命新道路探索的成果,以及古田会议的历史地位	使学生了解中国共产党建立井冈山革命根据地的过程,加强学生对井冈山精神和"工农武装割据"思想深刻内涵的理解,坚定共产主义理想信念	
	知识点三:中国革命在曲折中前进 教师结合案例二中刘型的事迹,引导学生梳理中国共产党革命新道路发展的主要脉络,在此基础上,思考后续土地革命、遵义会议、红军长征的历史逻辑,理解开辟革命新道路的伟大意义。教师可以结合板书或幻灯片呈现知识导图,总结课堂主题	加强学生对中国革命新道路的理解,培育学生的历史思维,加深对中国革命曲折发展历程的认识	
教学小结	教师简要梳理本节课教学内容,并强调重点内容		3
课后作业	围绕课堂内容,写一篇关于地大建校精神的感悟(不少于500字)	巩固、深化课堂知识,培养学生的思考能力	5

2. 教学方案二(适用于案例三)

教学步骤	教学内容	设计意图	时间/分钟
导入新课	教师提问:"毛主席是在什么背景下让刘型同志担任北京地质学院院长的呢?"引发学生学习兴趣,通过案例三导入新课	以刘型致校刊发刊词的图片和问题作为导入,激发学生学习兴趣,提高课堂活力	8
教学目标	简要介绍课堂教学需要达到的目标	使学生对本次教学的目标有准确清晰的把握	2
呈现学习材料,引导学生学习	知识点一:新中国成立初期的国情及面临的考验 播放纪录片《百炼成钢》第26集片段,介绍新中国成立的背景以及新中国在政治、经济、外部环境和党的建设方面所面临的考验	使学生认识新中国在成立之初百废待兴,中国共产党面临如何维护新政权的巨大考验	30
	知识点二:巩固新政权的斗争 ①展示新中国成立初期中国共产党带领人民"斗地主"获得土地的相关图片,介绍中国共产党如何完成历史遗留任务; ②展示"银元之战"与"米棉之战"相关历史图片,介绍党在领导国民经济恢复工作中如何建立起统一的国家财政管理体制; ③以案例三为例,带领学生了解党在教育科学文化卫生事业等方面除旧布新,为社会主义建设初期奠定思想基础,培养科技人才、完善教育制度等方面作出的努力; ④播放短片《英国紫石英号驶入长江》,介绍党在巩固民族独立、维护国家主权和安全方面的主要举措	使学生通过图片、案例全面理解和把握新中国在巩固新政权方面所做出的巨大努力,总结党在社会主义初期建设过程中的经验	
教学小结	教师对本节课的内容进行总结,引导学生回顾课堂内容		2
课后作业布置	结合课堂展示的图片及学习内容,谈一谈作为地大学子的使命担当,提交不少于500字的心得感想	巩固所学知识、回顾课堂内容,锻炼学生的思考和写作能力	3

四、教学方法推荐

（1）对大革命失败后的艰难环境以及"农村包围城市、武装夺取政权道路的开辟"的教学适宜运用案例式教学法和启发式教学法。

这部分内容主要讲述了大革命失败后，国民党政权的独裁统治使全国革命陷入低潮，以毛泽东为代表的中国共产党人聚集在农村革命根据地，在艰难的探索中找到了一条中国革命新道路。"农村包围城市，武装夺取政权道路的开辟"，实现了中国革命由城市转向农村的历史性转变，保存和发展了党的革命力量。教师采用启发式教学引导学生把握革命新道路形成的历史背景，深入思考井冈山革命根据地对我党我军的重要意义，从而认识到中国革命新道路是在不断的失败与尝试中找到的，这条道路一经找到，革命的胜利就必然到来。结合案例，学生加深对这一时期中国革命新道路发展的认识和感悟，比如教师可以结合案例二中刘型的事迹，引导学生梳理中国共产党革命新道路发展的主要脉络，便于学生理解和记忆。

（2）对"捍卫巩固新政权的斗争"适宜使用专题式教学法和案例式教学法相结合的方式组织教学。

让学生观看图片并向学生提出问题："毛主席是在什么背景下让刘型同志担任北京地质学院院长的呢？"，引起学生学习兴趣，在讲解后，通过展示案例三继续提出问题，引发学生课堂讨论，使学生深入了解新中国成立初期的国情及面临的考验，培养学生的思考能力和理解能力。"捍卫巩固新政权的斗争"适宜使用专题式教学法和案例式教学法。这部分内容涉及的历史事件较多，专题教学可在较短时间内使学生系统地学习，掌握党在巩固新政权过程中的重大举措，教师也可在讲授中利用图片、视频辅助教学，激发学生对本部分内容的学习兴趣，促使学生铭记艰苦历史，珍惜美好生活。

第二章 陈子谷：亲历皖南事变 矢志不移的地大创校元勋

一、教学案例——陈子谷

陈子谷(1916年1月—1987年6月9日)，广东澄海县人，原名陈瑞坤，笔名子鹄，左翼诗人，泰国归侨。幼时家境贫寒，被泰国富商收养，1929年从泰国回广东求学，考入北平大学经济系。1934年前往日本，负责编辑东京"左联"机关刊《东流》的诗歌部分。次年8月，出版诗集《宇宙之歌》，获郭沫若赠言。1935年秋，受日警迫害回国，参加南方抗日救亡活动。

1938年1月，陈子谷参加新四军，1939年加入中国共产党。陈子谷将遗产分得的20万元国币和从泰国华侨中募到的6万元国币献给部队，用于新四军上万人两个月的军费和当年的冬衣供应。皖南事变被俘后，陈子谷多次在狱中组织暴动，次年在武夷山与新四军会合。新中国成立后，于1952年写成《皖南事变前后》《上饶集中营》两篇报告文学，并负责筹建北京地质学院，先后担任过该院总务长、党委书记、副院长。

少年时期的陈子谷本可在海外尽享富贵，却不顾族亲反对，回到苦难深重的祖国；身为被郭沫若寄予厚望的"左联"诗人，他放下笔杆，扛枪杀敌；在茅家岭监狱中被严刑拷打、洗脑劝降，他矢志不渝，多次组织越狱，千里跋涉，辗转归军；面对不期而遇的万贯遗产，他散尽家财，补给军需；"文化大革命"时期的他曾遭受不公正待遇，却在新中国的建设中用公而忘私的家国情怀和坚定执着的实干精神培植了中国地质大学的红色根基。1987年6月9日，陈子谷病逝，终年71岁。同年8月5日，《人民日报》发表了《不屈不挠舍己为公的革命战士——怀念陈子谷同志》，深情回顾了陈子谷的生平往事，赞扬他"对党对人民忠心耿耿，对革命事业鞠躬尽瘁"。

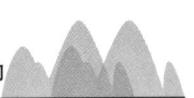

（一）案例呈现

案例一："左联"诗人，海外赤子定初心

抗战期间，大批爱国华侨投身抗日战场，为驱除倭寇、恢复中华，为人民的解放事业奉献青春热血乃至生命。陈子谷就是其中之一，他放弃国外优渥的生活回到祖国，在烈火和热血中一次次追求革命理想。

1916年1月，陈子谷生于广东汕头南澳岛，为了全家生存，他三四岁被转卖给泰国侨商陈峥嵘做养孙，6岁时养祖母去世，养祖父把他接到泰国。当时的华侨富绅陈峥嵘在曼谷三聘街做中草药材和金箔的生意，生意兴隆且名气很大，曾是曼谷商会的会长，受到过泰国皇室的款待。

少年时期，陈子谷在泰国曼谷读私塾，他读书用功，成绩不错，养祖父十分赏识他，并希望他将来继承家业。但十二三岁的陈子谷受中国大革命思潮的影响，想要回到祖国读书。

1929年，陈子谷抑制不住内心的惦念，放弃了在曼谷的优渥生活，背着家人独自乘船偷偷回到祖国。

1934年，为寻求革命真理，他以学医为名，征得祖父支持，来到日本东京，加入左翼作家联盟，为"左联"刊物写了许多短诗，负责《东流》杂志的诗歌编辑工作，受到了茅盾的发文评论和推介，后任《杂文》杂志编辑。

1935年8月，他的诗集《宇宙之歌》在日本出版，他送给鲁迅和郭沫若各一本，受到他们的关注。郭沫若为此给他复信鼓励道："你有真挚的情绪，洗练的辞藻，明白的认识。"

1935年秋，陈子谷因在"左联"的革命活动（图1）被日本警察勒令出境，遂回祖国参加南方抗日救亡统战活动。

1940年，国民党顽固派正推行消极抗日政策，掀起了第一次反共高潮，抗日战争进入异常艰难阶段，驻守在皖南的新四军得不到国民政府的给养，军费无几、寒衣无着、三餐不济，而敌后抗日民主政权又未全面建成，苦难重重。

当时，陈子谷参加完新四军政治部江南第一次敌军工作会议，回到军部接到了泰国两个叔叔联名来信，得知祖父去世，留下遗嘱将遗产分给他一部分。他对此事很犹豫，暗想此事就此作罢。新四军政治部主任袁国平专门找陈子谷谈话，交代他抓住这次机会，回泰国接受遗产时向华侨募捐抗日经费。叶挺军长也亲自找他谈话，让他以军长秘书名义进行募捐活动。

陈子谷身负重任，带着3本募捐册和叶挺军长给曼谷华侨总商会的介绍信，从皖南到桂林，又设法绕到香港乘船，千辛万苦跋涉一个多月来到泰国，3本募捐册不便携带，便装入暖水瓶提前请船员送入曼谷家中。在辗转到达曼谷时，却得知三叔已经烧掉了募捐册，陈子谷怀着试探的心情找到以前的同学、朋友和亲戚募捐。捐赠出乎意料的顺利，大多数侨胞都有极高的爱国热情，也不介意是否有收据。在他们的大力支持下，共募得6万元国币的棉衣捐款。

图1 1935年陈子谷（前排左三）在日本东京参加"左联"活动

泰国政府听到了风声，派便衣监视陈子谷，募捐已无法进行。陈子谷索性将分得的遗产一股脑地变卖，折合20万元国币。继承得来的20万元国币，连同募捐来的6万元国币，共计26万元国币，这笔钱在当时我军战士津贴每月1.5元国币的情况下，约等于新四军两个月的经费。陈子谷想方设法用最快速度将这些钱全数汇到桂林八路军办事处，以解决新四军衣食无着落的燃眉之急。叶挺军长欣然写下"富贵于我如浮云"这一诗句赠予陈子谷，表彰他的崇高精神。他以国为重、舍己为公的高尚品德和对我党我军在危难时的贡献，也受到党组织的高度表扬。1956年，陈子谷任北京地质学院党委书记时，因祖屋拆迁再次收到4万元国币遗产，当时他的经济并不宽裕，但他依旧毫不犹豫地把这笔钱全部捐给了中国共产党北京市委员会。

案例二：皖南事变，狱中斗争铸忠魂

1941年1月18日，重庆《新华日报》发表了周恩来同志以无比悲愤的心情写下的"为江南死国难者志哀"题词和"千古奇冤，江南一叶；同室操戈，相煎何急？！"。诗词义愤震天，犹如电闪雷鸣，向全世界揭穿了蒋介石的背信弃义和皖南事变的真相，控诉了国民党反动派卖国投降、屠杀我新四军数千人的滔天罪行。

1941年1月4日，新四军军部及所属皖南部队9000余人，从维护抗战大局出发，遵照国民党军事当局的命令向北转移。此时，国民党却已经派出8个师2个炮兵旅约8万人对新四军展开围剿，形势极其严峻。1月7日清晨，当军队到达皖南最高峰丕岭时，遭到国民党军的正面阻击。陈子谷任新四军第二支队政治部敌工科科长，突围中，他冒着枪林弹雨，积极做火线宣传工作，开展敌前政治攻势。敌人的炮击、机枪射击越来越猛烈，手榴弹不断地爆炸，密集的火力锁住了突围的通路。严峻的形势让新四军的斗志越发坚定，但历经七昼夜顽强战

第二章 陈子谷:亲历皖南事变矢志不移的地大创校元勋

斗,新四军终因众寡悬殊,弹尽粮绝,仅2000余人在分散突围中脱离虎口,大部分壮烈牺牲,叶挺受命去和国民党军谈判却被扣押。在最后突围时,陈子谷和战士们一起向敌人的机枪阵地猛冲,掩护了一大批同志冲出重围,自己却不幸被俘,被押解到江西上饶集中营的七峰岩监狱(图2),后又转囚在茅家岭监狱。

陈子谷书生出身,尽管在狱中饱受皮肉之苦,但是十分坚强,毫不屈服。从七峰岩监狱到李村,从李村到石底,从石底到周田,从周田到茅家岭监狱,在各种严刑、苦役、利诱、威胁、洗脑下,陈子谷始终保持着高度的革命气节,顽强地进行着英勇的狱中斗争。他们秘密总结以往越狱失败的教训,经过一个多月的周密准备,陈子谷等5人在暴动委员会的领导下,成功越狱。逃出后,陈子谷辗转一年多,在福建武夷山一带坚持游击战争,历尽艰险曲折重返新四军。1945年8月,日本法西斯宣布投降,陈子谷任新四军敌工部伪军工作科科长,被派往南京,负责谈判接受日伪军受降的工作。离开南京经过扬州回解放区时,被国民党保安部队扣押。陈子谷又一次领导了狱中斗争,又一次在黑暗中冲锋,等到我党支援,终被释放,展现了一心向党的赤诚忠心。

1946年冬,陈子谷出狱不久,出任胶东军区联络部副部长、第三野战军随军学校团政委。他不顾身心疲惫,冒着极大危险再次只身秘密前往胶东,与国民党四十六军军长韩练成联络会谈。莱芜战役打响后,陈子谷参加了孟良崮战役、淮海战役、渡江战役等华东所有战役。

1949年后,陈子谷转业,初在华东局统战部任科长,后调杭州市委统战部任副部长兼浙江省交际处副处长。1951年春,调往北京就任中共中央对外联络部行政处副处长。

忘记历史,就意味着背叛,那段血泪史深深地刻在陈子谷的心中。新中国成立后,作为亲历者,陈子谷把这段新四军在皖南事变中出生入死、从国民党牢狱回到解放区的悲壮经历写成《皖南事变前后》《上饶集中营》两篇报告文学(图3)。这是他用鲜血写下的对敌人的控诉和对英勇牺牲同志的颂歌。

图2　上饶集中营关押陈子谷的七峰岩监狱

图3　陈子谷(又名陈从一)著《皖南事变前后》

案例三：培根铸魂，奋战地院植根基

1952年，为适应大规模社会主义建设的需要，党中央着手筹备成立北京地质学院，这是"动地"的事业，是翻开新中国地质教育崭新篇章的重大举措。陈子谷参加了北京地质学院的建院筹备工作，并成立了由16名党员组成的临时党支部，他担任临时党支部书记。北京地质学院正式成立后，陈子谷先后任临时党支部书记、总务长、党委书记，从筹备建设到边建院边办学，再到正常运转，为我国地质科学发展输送了一批高质量的地质人才。

在北京地质学院初创时期，人员组织散乱，陈子谷就大胆任用几位不同院校来的行政干部，和他们团结一心，处理好教学人员、行政人员的生活问题，保证所有人都能迅速投入教学和建院工作中。校址和宿舍分散，陈子谷带领一批干部积极开展选址、筹建、环境绿化等学院的基本建设工作，仅用了一年多时间，北京地质学院就在新校区办公教学。同时，陈子谷不仅广纳北京大学、清华大学、北洋大学、唐山铁道学院等学校的地学名家、教授来校任教，聘请各个学科的苏联专家指导教学，而且亲自抓周口店野外教学实习基地的建设。在陈子谷的领导下，学院基建、财务、校产、伙食、卫生保健等工作得到有序开展。

陈子谷非常注重学生的革命传统教育。一次，一位同学因病晕倒在校内路上，引起一大群人围观，却无人进行抢救。陈子谷非常重视这一事件，提出"不能见死不救"，在全校学生与教职工中进行了一场生动的思想品德教育。他在校报发表的《青年团员的任务——给我院全体青年团员同志》一文中，鼓励青年学子吃苦耐劳，以献身地质事业为荣，为国家建设发光发热。

1958年9月，陈子谷被错划为右派，遭受了极不公正的待遇。但就是处在这样的逆境中，他仍然保持着纯真的革命信念和共产党人实事求是的高尚品质，任劳任怨地在基层工作。他下放到张家口时,看到"大跃进"中许多浮夸的情况,仍然刚正不阿地如实向地区党委反映。经河北省委批准,1962年,张家口第三地质大队宣布给陈子谷"摘帽"。1963年他被分配至河北省地质局综合研究室地质队任副队长,"文化大革命"时期,又经历了长达数年的反复审查,证明他的历史没有任何问题。党的十一届三中全会以后,陈子谷于1979年得到平反,他又热情洋溢地在地质教育机构做教育工作。

1976年3月,带领学院南迁定址武汉的老院长高元贵奉命离任,此后4年武汉地质学院只有临时党委维持学院日常工作。正值学院扎根武汉恢复重建最困难、最紧张、最艰苦的时期,广大师生对学院在武汉发展信心不足,希望回迁北京是当时师生的突出心态。老教授们多次向党中央、国务院写信请求恢复北京地质学院。1979年11月29日,国务院正式作出"权衡利弊,不宜恢复北京地质学院,应当集中力量办好武汉地质学院和武汉地质学院在京的研究生部"的回复。

1980年6月,为加强武汉地质学院党委的领导,开创安定团结的政治局面,地质部党组决定委派北京地质学院创校元勋、时任地质部教育司副司长陈子谷下沉到武汉地质学院参加院党委工作,担任武汉地质学院副院长,统一认识、安稳人心、团结师生,力争把武汉地质学院办成名副其实的全国重点大学。

1981年3月28日,学院党委在《关于1980年工作简要总结与1981年工作安排意见》中指出:1980年是学校建设重要转折的一年。学院坚持"两地办好,以武汉为重点",大局基本安定,结束了迁校的折腾,走上了稳定发展的轨道。

1982年6月,完成工作使命的陈子谷从武汉地质学院调回地质部,9月便离职荣休。离休后,陈子谷仍致力于革命回忆录的整理工作(图4)。1987年6月9日,陈子谷最终因脑血栓逝世,享年71岁。

图4　1985年,时任武汉地质学院临时党委书记李武元(左)陪同陈子谷(右)在学校调研

陈子谷同志心怀祖国、赤胆忠诚、不屈不挠的精神,不仅凝成了党史中那一抹耀眼的红色,而且还闪耀在新中国高等地质教育战线上。一路走来,"陈子谷"已经成了地大的一种崇高境界、一面鲜红旗帜,为学校发展提供了丰厚的文化滋养。1987年8月5日,《人民日报》发表《不屈不挠舍己为公的革命战士——怀念陈子谷同志》,深情回顾了陈子谷经历刀山火海为革命事业而奋斗不息的一生。陈子谷虽然和我们永别了,但他那不屈不挠、舍己为公的革命精神,必将鼓舞千千万万人为社会主义、共产主义的宏伟事业勇往直前!

(二)案例点评

1940年下半年,中国共产党在敌后抗日民众的支持下,先后建立了17块敌后抗日根据地,军事力量不断发展壮大,引起了重庆国民政府的恐慌。国民党顽固派将反共中心逐渐转移到华中,不断制造军事摩擦,意图武力消灭新四军,限制中国共产党的发展。1941年1月,为顾全抗日大局,新四军军部所属部队9000余人奉国民党军事当局命令北移,在皖南泾县茂林地区遭遇国民党军队伏击,死伤惨重,叶挺受命谈判被扣押,皖南事件爆发。

案例一讲述了陈子谷身为海外归侨,投身革命、弃笔从戎的故事。陈子谷少年时期在条件优渥的环境中成长,他回到苦难深重的祖国,积极学习、宣传马克思主义理论,不仅突破种种阻碍返泰募捐,还将得到的巨额遗产全部献给新四军。曼谷、北平、东京、皖南、武汉,陈子谷一路执着追随,体现了他心中对马克思主义的拥护和对党的坚定与忠诚。

案例二展现了陈子谷在皖南事变时对党的坚毅和忠诚。陈子谷书生出身,面临部队被围困和在遭遇牢狱严刑时,始终不放弃理想,积极动员战士们勇敢冲锋,组织狱友暴动越狱。在被洗脑劝降时,即使被殴打也起身反驳诋毁中国共产党的"教员",暴动越狱后辗转归军。陈子谷在皖南事变中的事迹展现了革命青年坚定的精神信念和宁死不屈的英雄气概。

案例三讲述了陈子谷在北京地质学院筹建和迁校时做出的杰出贡献。他先后担任校临时党支部书记、总务长、党委书记,注重学生的革命传统教育,为新中国社会主义建设输送了一批高质量的地质人才。即使在反右派斗争及其严重扩大化中遭遇了极不公正的对待,陈子谷在基层工作和受命南下时依旧以极大的热忱投入地质教育事业中,用公而忘私的家国情怀和坚定执着的实干精神培植了中国地质大学的红色根基。

(三)教学建议

案例一、二可用于第六章第四节第三目"坚持抗战、团结、进步的方针"部分的教学。学生通过阅读陈子谷在皖南事变中的事迹,了解在抗日战争相持阶段,以蒋介石为代表的国民党反动派倒行逆施,推行消极抗日、积极反共的政策,团结抗日的局面出现了严重危机。皖南事变的磨砺,使中国共产党不仅在政治上更加成熟,在全国人民心中的地位也更高了,有力改变了抗日民族统一战线内部的力量对比,对坚持全民族抗战具有重大和深远的意义。

案例三可用于第八章第一节第二目"捍卫巩固新政权的斗争"与第五节第三目"'文化大革命'内乱及其历史教训"。通过呈现陈子谷在北京地质学院筹建中的艰苦工作,学生可以了解到新中国在社会主义建设时面临的艰难困境和对专业人才的急迫需要。通过介绍陈子谷在整风运动和反右派斗争中遭受的不公正待遇,以及他对新中国地质教育事业始终如一的热情和忠诚,学生可以了解到党和国家在社会主义建设道路时期的艰辛探索,领略老一辈祖国建设者舍己为公、坚毅忠诚的高尚节操。

二、教学分析

(一)教学目的

(1)通过对案例一、案例二的学习,学生能够了解以蒋介石为代表的国民党亲英美派在抗日民族统一战线中的倒行逆施,认识到国民党反动派策划发动的三次反共高潮和皖南事变后新四军的危难处境;认识到中国共产党在同国民党反动派作斗争时,逐渐形成了能够驾驭复杂局面的成熟的政治领导集体,对维护抗日民族统一战线具有重大意义;感受到抗战以来党对知识分子和进步力量的政治感召,以及革命战士们在危难之际对中国共产党的赤胆忠诚和牢狱斗争中的不屈不挠精神。

(2)通过对案例三的学习,学生能够理解新中国成立初期的国情及面临的考验,认识我国教育文化事业的曲折发展,感受新中国教育建设事业先驱们以党为帜、以国为先的质朴崇高的精神。

(二)教学重难点

(1)皖南事变及其历史意义(重点)。
(2)新中国教育科学文化卫生事业除旧布新(重点)。
(3)巩固抗日民族统一战线的策略总方针(难点)。

三、教学思路与方案设计

(一)教学思路

课堂教学内容分为三部分:一是"全民族同仇敌忾""国民党的三次反共高潮";二是"皖南事变及其历史意义";三是"开始全面建设社会主义"及"'文化大革命'内乱及其历史教训"。

教授第一部分"全民族同仇敌忾,共同奋战"时,可通过陈子谷到泰国募捐时的故事,激发学生对海内外爱国人士援共抗日活动的学习兴趣。结合案例一,讲述抗战时期以陈子谷等为代表的海内外中华儿女,为民族自由和独立前赴后继奔向战场、变卖家产支持抗战,激发学生爱国爱党之情。

教授第二部分"皖南事变及其历史意义"时,可通过讲述皖南事变发生的背景,结合案例一和影片《上饶集中营》片段引入教学,使学生了解抗日战争时期国民党反动派破坏抗战、残害战士的罪恶行径,感悟革命先辈宁死不屈、一心向党的碧血丹心。

教授第三部分"开始全面建设社会主义"及"'文化大革命'内乱及其历史教训"时,通过展示校史馆内的照片,带领学生观看新中国成立之初高等院校筹建的历史照片,感受社会主义教育事业建设工作的繁重和艰苦;由陈子谷在"文化大革命"后受命南下稳人心的故事引出北京地质学院南迁的历史,使学生明白党和国家对社会主义道路的艰辛探索以及革命先辈们在动乱年代中的坚守与忠诚。

(二)教学方案

1. 教学方案一(适用于案例一、二)

教学步骤	教学内容	设计意图	时间/分钟
导入新课	向学生提问:"1940年,有3本募捐册被人从抗日前线带到香港,藏进一个暖水瓶,漂洋过海到达曼谷,大家猜测一下带募捐册的人是谁?"引发学生的学习兴趣,通过案例一导入新课	以问题和人物故事作为导入,提高学生学习的积极性,调动课堂气氛	5
简介教学目标	简要介绍本次教学要达到的目标	使学生对本次教学要达到的目标有清晰的认识	2

教学步骤	教学内容	设计意图	时间/分钟
呈现教学材料,引导学生学习	知识点一:国民党的三次反共高潮 通过案例一导入教学,讲明海内外中华儿女众志成城、共御日寇;讲明国民党反动派的三次反共高潮,中国共产党在两党合作关系僵持之时,积极抗日、顾全大局的行为赢得了国内各抗日武装力量、侨胞和国际舆论的支持	使学生了解国民党的三次反共高潮,认识到中国共产党在国民党的反共攻势下,从国家、民族的根本利益出发,开明务实的抗日态度赢得了国内外抗日力量的尊重与拥戴	30
	知识点二:皖南事变及其历史背景 结合案例二,带领学生回顾皖南事变爆发前后的国际、国内背景,使学生理解国民党反动派破坏抗日统一战线的历史逻辑,介绍皖南事变始末,引导学生思考取得抗日战争的领导权对中国共产党的重要性	使学生理解皖南事变发生后新四军和党的危难处境,了解皖南事变是国共关系的分水岭,对抗日民族统一战线中两党关系的曲折发展有较全面的认识	
	知识点三:巩固抗日民族统一战线的策略总方针 发展进步势力——工人、农民和城市小资产阶级; 争取中间势力——民族资产阶级、开明绅士和地方实力派; 孤立顽固势力——亲英美派国民党和大资产阶级的抗日派	使学生了解中国共产党经历皖南事变后,逐渐成为一个成熟的政党,增强把握和处理复杂政治局势的能力	
教学小结	教师简要梳理本节课教学内容,并强调重点内容		3
课后作业	学生自行组队,选定一部革命历史题材的影片并在课下组织观看,结合课堂内容,以小组为单位提交一篇不少于2000字的观后感	巩固、深化学生的课堂知识,提高学生的合作学习能力	5

2. 教学方案二(适用于案例三)

教学步骤	教学内容	设计意图	时间/分钟
导入新课	教师提问:"我们知道在北京也有一所中国地质大学,为什么在武汉和北京各有一所中国地质大学?"引发学生的学习兴趣,同时通过案例三引出新课内容	以图片和问题作为导入,激发学生学习兴趣,活跃课堂气氛	8
简介教学目标	简要介绍本次教学要达到的目标	使学生对本次教学要达到的目标有清晰的认识	2
呈现学习材料,引导学生学习	知识点一:早期探索的积极发展 ①向学生展示校史馆的相关历史照片,观看新中国成立之初高等院校的筹建工作,感悟党和政府筚路蓝缕,为发展和改革高等教育所做的探索和努力。 ②以案例三引入,带领学生了解党在教育科学文化卫生事业上除旧布新,鼓励学生例举在这一时期我国在相关领域取得的成就	引入校史馆的照片,使学生全面理解、把握党和国家为了巩固新生的人民政权,在教育科学文化卫生事业中的积极探索	30
	知识点二:"文化大革命"内乱及其历史教训 ①由现存的两所中国地质大学引入北京地质学院南迁的历史,说明"文化大革命"给中国带来的巨大创伤,理解社会主义建设的曲折与不易。讲解可以结合《关于建国以来党的若干历史问题的决议》,使学生认识到"文化大革命"的惨痛教训和党敢于承认错误、正确分析错误、坚决纠正错误的态度。 ②结合案例三,带领学生了解革命先辈们的动人事迹,感受新中国教育建设事业先驱们以党为帜、以国为先的质朴而伟大的精神	使学生理解"文化大革命"给国家和人民带来的严重损失,使学生明白党和国家对社会主义道路的艰辛探索,感悟革命先辈们在逆境中忠于党和人民的崇高品格	
教学小结	教师对本节课的内容进行总结,引导学生回顾课堂内容		2
课后作业布置	参观中国地质大学(武汉)校史馆,结合课堂内容写一篇不少于500字的观馆感受	锻炼学生的观察能力和思考能力	3

第二章 陈子谷：亲历皖南事变矢志不移的地大创校元勋

四、教学方法推荐

（1）"坚持抗战、团结、进步的方针"部分的教学适宜运用专题式教学法。

从教学内容来看，本部分主要讲述了皖南事变、国民党的三次反共高潮、巩固抗日民族统一战线的策略总方针三部分内容。本部分内容适宜运用专题式教学法。第一，这部分内容的教学，是建立在学生已经掌握了国共第二次合作失败的知识基础上，从皖南事变讲起，着重讲述国民党反动派破坏抗日、迫害战士的恶险阴谋，展现中国共产党在面对复杂政治局势时逐渐成熟的发展过程。第二，这部分内容在本章知识体系中占有比较重要的位置，可以通过系统的理论知识讲解使学生明白国民党三次反共高潮的大体经过，理解抗日战争的领导权对中国共产党的重要性。通过学习，学生能够加深对抗日民族统一战线、国共两党关系曲折发展的认识。

（2）"开始全面建设社会主义""'文化大革命'内乱及其历史教训"适宜使用案例式教学法和启发式教学法相结合的方式组织教学。

这一部分的教学重点是使学生正确认识"文化大革命"。中国共产党在社会主义建设时期因缺乏历史经验和国际借鉴，需要"摸着石头过河"，因此不可避免地产生了一些错误并遇到了一些挫折，但新中国在"文化大革命"期间各方面的建设成就仍然斐然于世，为新中国的继续发展奠定了基础，通过案例讲解使学生明白党和国家对社会主义道路的艰辛探索。通过总结历史经验，学生认识到中国共产党的伟大不在于不会犯错误，而在于有破釜沉舟的勇气来纠正自身的错误。在这一过程中，运用案例式教学和启发式教学相结合的方法，带领学生感悟以陈子谷为例的革命先辈们不改初心、忠于人民的崇高品格，认识到社会主义建设时期先辈们的努力和付出，激发学生对新生活的珍惜之情，鼓舞学生为中华民族伟大复兴接续奋斗。

第三章 高元贵：从"一二·九"运动走出的地大根脉守护者

一、教学案例——高元贵

高元贵（1908年3月—1993年2月），山东邹平人，中国共产党党员，我国著名地质教育家。1936年，高元贵在"一二·九"抗日救亡运动中参与和领导了中国大学学生运动，同年加入中国共产党。民主革命时期，高元贵历任山东省冠县县委民运部部长、鲁西北地委民运部部长、冀鲁豫边区抗日救国联合总会主任等职，深入工农，放手发动群众。

中华人民共和国成立后，高元贵历任中原临时政府工业部副部长、中南建筑工程局局长兼党委书记等职。1958年，高元贵受任北京地质学院院长兼党委第一书记，1969年领导学院南迁选址建校。1976年春，高元贵回京任国家计委地质总局顾问、地质部顾问。1993年2月21日，高元贵同志在北京逝世，享年85岁。

高元贵的一生与革命和教育紧紧联系在一起，他对光明的向往让他选择了共产主义，追随中国共产党共历半个多世纪的风雨，坚守在这条道路上为党和国家立下了不朽功绩。《人民日报》称他是"经风雨历世面"的老革命，是一名"献身教育、虚心学习、积极探索、勇于改革、无私奉献"的人民公仆。

案例一：深入工农，抗日救国传佳话

1908年，高元贵出生于山东省邹平县，幼年和母亲在农村生活。小学毕业后，以优异成绩考入金陵中学，正值国家时局动荡，他学习勤奋，十分关心国事。他考入山东省立第一师范学校后，接触到一些进步报刊，不仅为那针砭时弊的文章深深吸引，更为共产主义思想的真理和正义激奋不已，致力于救国救民的思想在他的心中萌发。之后，他积极投身革命活动，主编共产党地下活动刊物，秘密售卖上海寄来的进步书籍，组织学生进行罢课斗争。

1928年，根据中共中央关于北方工作的指示，高元贵受共青团山东省委派遣，秘密到淄博矿区负责发展共青团的工作。在白色恐怖极其严峻的情况下，他曾一度与家庭断绝联系，以煤矿工人身份为掩护，与煤矿工人同吃、同住、同下炭井掏煤，竭尽全力开展革命宣传活动。他组织成立了共青团淄川矿区支部委员会，发动群众开展了大荒地"十行"钱三包工柜的罢班斗争和大荒地、十里庄工人的挟炭运动，把抗日的种子撒在淄博矿区。为此，矿区团支部受到团省委的表扬，《共青团山东省委报告》较具体地讲述了其支部的活动情况。

1935年，高元贵考入中国大学，在中共地下党组织领导下，在学生中开展爱国学生运动。"一二·九"运动，是在中国共产党发表八一宣言，红军长征走到陕北打了胜仗情况之下发生的，而此时日本帝国主义正在加紧侵略中国。"一二·九"运动配合着红军的北上抗日行动，促进了国内和平和对日抗战，使抗日运动成为全国的运动。

中国大学，简称中大，初名国民大学，是孙中山先生为培养民主革命人才于1912年仿日本早稻田大学在北京创办的一所民国时期的高校。中国大学有着光荣的革命传统，在反帝反封建革命斗争中一直走在前列。中国大学的广大师生对抗日救国活动一直是积极的、先进的，在"一二·九"运动中表现尤为突出，因此被北平地下党组织选定为运动的中坚力量。国民党南京当局觉察到自己控制的中大，竟然变成了一所"激进"的学校，非常恼火，严密监控中大，明令禁止学生的一切集会活动，军警可随时进校对他们认为的"不法分子"随意逮捕审讯。

在严峻局势下，高元贵等爱国学生意识到，中大师生想要获得抗日救国的自由，必须根除国民党对中大的控制，除此之外，别无他途。他与段君毅、任仲夷、史立德等15位同学组成中大学生运动组织，同国民党南京当局进行了坚决斗争。1936年初，高元贵等6位学生领袖与中大教育长张天爵展开激烈辩论，并使其理屈词穷。同年9月，为驱除祁大鹏，学生们包围了中大董事会会场西花厅，许淦当众宣读祁大鹏十大罪状，高元贵把控告信送达董事会，并代表学生会义正词严地向在场董事会成员宣布："即日起罢课，祁大鹏不除是永远不复课的"。在北平地下党组织的领导下，中大成功罢免了王正廷的校长职务，史称"倒王"；驱逐了祁大鹏，史称"驱祁"；邀请原北平市长何其巩当上了代理校长。

在鲁西北期间，高元贵先后担任山东省冠县县委民运部部长、鲁西北地委民运部部长、鲁西区党委民运部副部长，后又被派往河北省南部地区任冀鲁豫边区抗日救国联合总会主任、冀南区党委民运部长兼财委副主任、行署副主任。鲁西北当地流传着这样的民谣，"要抗日就找武工队，入武工队就找高元贵"。日伪把当地的农会、武工队与高元贵并称为"三大害"。高元贵扎根故乡敌后抗日根据地，出生入死，深入工农，放手发动群众，在鲁西北人民群众心中留下了深刻的记忆。

解放战争时期,高元贵随解放大军南下,任武汉物资接管处处长。中华人民共和国成立后,他积极投入到新中国建设中,历任中原临时政府工业部副部长、中南财经委员会秘书长兼统计局副局长、中南建筑工程局局长兼党委书记、中央建筑工程部兰州总公司经理兼党委副书记,以勤政务实的作风为新中国初期经济形势的恢复和好转做出了积极的贡献。

案例二:定址武汉,殚精竭虑领南迁

"文化大革命"开始以后,学院正常的办学秩序遭到严重冲击,以高元贵为代表的一批老领导被迫"靠边站"。1968年8月,工宣队和军宣队进院接管全部工作。次年9月,校军宣队受地质部指示在江西峡江创办北京地质学院"五七"干校。1969年10月,学院按上级要求外迁,由此开始了一段颠沛流离的低潮时期。

为尽快选定新校址,学院先后前往陕、甘、豫、赣、湘、鄂等地勘察,于1970年9月定址湖北江陵,随后更名为湖北地质学院。至1970年底,学院教职工分散在湖北江陵校本部、江西峡江"五七"干校、湖北丹江口"五七"地质队和北京留守处及机工厂。江陵建校后,学院各项工作有所恢复,军宣队邀请高元贵重新参与学院管理工作,主抓教育革命。在此期间,客观条件导致江陵校区建设工作难以落实,从江西峡江迁至湖北沙洋的干校教职工及家属居住环境异常艰苦,且长期迁徙致使人心思归,至1972年底,多数人迁回北京暂住。

1972年12月,湖北省委同意学院成立临时党委,任命高元贵为学院临时党委书记和革委会主任。不考虑个人得失,不计较"文化大革命"初期的不公正遭遇,高元贵从党和国家的利益出发,从有利于学校的发展出发,毅然重新挑起领导学校南迁建校的重担。

领导机构一经恢复,高元贵立即带领领导班子就江陵建校条件的问题展开走访调研,于1973年1月向上级明确提出,"江陵不适宜办全国重点地质院校,请求重新选址",并阐述了校址应当满足的地质、交通、文化、生活、工业等方向的条件。当年6月,国务院发文同意学院在湖北省内另行选址建校。根据湖北省委提出的"除武汉市以外"的选址范围要求,1972年底至1973年8月,高元贵带领选址小组在京广铁路沿线及鄂东地区进行了半年多的考察(图1)。在认真坚定地执行选址建校任务的同时,他也从学校发展的长远大计出发,坚持向湖北省委乃至党中央反映回迁北京的个人看法,联合学院临时党委委员写信请求周恩来总理过问地院迁校问题,并提出"边迁校建校,边在北京原址招生上课,尽快为国家培养地质干部"的建议。高元贵还将信件抄报给湖北省委、国务院科教组和国家计委地质局,光明磊落地向各级组织阐明个人的观点和态度。

在对湖北境内半年多的考察进行全面分析后,选址小组上报湖北省革委会:"京广铁路沿线及鄂州、黄石等鄂东地区均不适宜建设和发展全国重点地质学院,希望湖北省能够同意湖北地质学院在武汉市选址建校。"在时任湖北省革委会副主任韩宁夫等领导的理解和支持下,经过高元贵的反复坚持、多方奔走、据理力争,学校在武汉建校的诉求终于在1974年7月得到了湖北省革委会的正式批准。

第三章　高元贵：从"一二·九"运动走出的地大根脉守护者

图1　1972年，高元贵带领选址小组在鄂州西郊勘察选址

迁校武汉已成定局，如何认清和跟上大好形势，迅速做好迁校建校工作，带动地质学院各项工作开展，是摆在临时党委面前的一个重要课题，高元贵为此付出了艰辛努力。1975年初，学院临时党委和院级领导机构迁至武汉办公，高元贵则亲自回京动员迁校。他在全院教职工大会上动情地说道："我们许多干部是在战争中过来的，在战场上拼过命的。现在仍然需要这种革命精神。用这种精神对待迁校，对待工作。在个人利益和党的利益发生矛盾的时候，应该无条件地服从党的利益，顾全大局，而决不能讨价还价。"

身体虚弱，饭量很小，晚上靠安眠药维持睡眠，糟糕的身体条件并没有阻挡高元贵亲力亲为的步伐。在学校迁往武汉的重要时刻，他亲自指挥、具体指导、细致安排。1975年8月下旬，特大暴雨导致中断的京广铁路恢复通车后，学校第一批教职工乘坐专列南下，这也是恢复通车后第一列由北京开往武昌的列车。随后，各批次人员陆续南迁。在初到武汉、校园建设尚未完成的艰苦时期，湖北省将武汉地校并入学校，并借用湖北省委党校、武汉教师进修学院、华中工学院和华中农学院等兄弟院校的校舍作为武汉地质学院师生的临时宿舍和教室。此时的学校地跨三镇，多点办学。师生们、职工及其家属们克难攻坚，边搞基建边抓教学，度过了一段艰辛而难忘的"乌兰牧骑式"校园生活岁月。

高元贵以一个教育家的情怀、革命家的胆魄和政治家的站位，以一个共产党员挺身在前、实事求是、担当作为的作风，在学院栉风沐雨的艰难时期起到了中流砥柱的作用。学院教职员工虽饱受颠沛流离之苦，却在高元贵的带领下凭着地质人特有的韧劲和闯劲，掀开了南迁办学的新篇章。

案例三:亲民务实,尊师爱生暖人心

作为教育家和政治家,高元贵用自己的行动为全院师生树立了榜样。在工作中,他关心师生员工的利益,敢于坚持原则、实事求是。在生活上,他艰苦朴素、克己奉公。

学校野外实习的师生很多,高元贵深知其艰苦,常去看望,他常去近处的周口店、南口、石景山等地去蹲点指导或现场慰问,甚至与师生一同挖野菜充饥(图2)。远处的甘肃、内蒙古也常有他的足迹。石景山的山岩约有10米高,从高处往下看会害怕,尤其是女同学,更是犯怵。高元贵到蹬岩练习的地点看望学生时说:"同学们,胆大心细,不要怕。"在他的鼓舞下,同学们个个奋勇努力,圆满地完成蹬岩练习。有的同学说:"高院长平易近人,还没见过这样的好领导。"也有的同学说:"高院长工作那么忙,还来给我们蹬岩壮胆,真是有幸啊!"

图2 1959年,高元贵在香山观看学生攀岩训练

对那些身处逆境、受到不公正对待的专家教授,高元贵以诚相待,耐心做思想工作。凡有学生、教师、干部向他反映一些过"左"的做法,经了解后,他都能妥善处理。

王鸿祯院士在反右派斗争中受到批判、降级、撤职处分,情绪消极,思想包袱沉重。高元贵多次同他促膝谈心,鼓励他不要灰心,不要放弃钻研学问和追求学术真理,聘请他当自己的教学科研顾问,列席院务会,指导周口店野外实习基地的教学改革等。党的十一届三中全会之后,王鸿祯收获了大量科研论文、专著和国家级科研成果奖,还于1980—1983年出任了武汉地质学院院长。他曾深有感触地说:"这要感谢党的好政策,感谢在我身处逆境时鼓励、开导和支持我的高院长。"

1965年,石油系教师带学生到玉门油田进行"教学、科研、生产"三结合实习。同样在此带实习的外校老师每天补助9角钱,而地质学院老师只有2角7分钱。高元贵经过实地考察,提高了大家的待遇,他自己却从不向学校伸手索要什么,他子女多,负担重,早先全家在一起生活时,每月他与齐涛同志的工资全用完,还会缺五天的生活费,这情况几十年都鲜为人知。他的住处陈设简单,几十年一直未好好修整和更新过,那两个小小的旧书柜、一张不大的写字台、一套旧式沙发一直在使用。高元贵勤俭节约、艰苦朴素的好作风一直保持到晚年。

他关心同志,对人宽厚诚恳,能体察理解人的内心和思想,大家有问题都愿找他谈心,他也时常到老教授家里进行慰问,就连在食堂吃饭的时间也常与在食堂进餐的师生边吃边聊,地质学院上上下下谁有事情都敢向高元贵提。他平易近人,即使提错了、说错了、态度不好,他也从来不计较。他不仅是院长,还成了大家的朋友,大家背后亲切地给他起了个雅号:高老夫子(图3)。

图3　高元贵与袁见齐、杨遵仪在学校家属区漫步

1976年春的一天,武昌火车站站台上有一群人匆匆赶来,那是武汉地质学院副院长、老红军朱见香带领部分教职工赶到车站为高元贵送行。高元贵在女儿陪同下来到车站,没有人拥挤,自动排在站台一边,眼里闪着泪花。他过来和大家握手告别,那一双双目光,那一次次握手,深深表达着大家对老院长的尊敬和爱戴。他们有千言万语难以表达,只有送上一句共同的祝福:"院长保重身体、健康长寿!"列车启动了,大家向老院长挥手告别,目送列车离去,列车消失了,人们还站在那里……这天,高元贵正式离开武汉地质学院的领导岗位,到北京任国家计委地质总局顾问、地质部顾问。1983年,经中共中央组织部批准离休。

1993年2月21日,高元贵在北京逝世,享年85岁。

在献身地大的18年里,高元贵始终在忠诚党的教育事业中兢兢业业、百折不挠、心无旁骛地守护着地大根脉。在学校经历的每一个困难面前，每一个关键时刻，他都始终坚守目标、不懈探索，开创了北京地质学院的辉煌时期；在学校漂泊、动荡的南迁时期，他肩担道义、实事求是，在坚决执行上级决定的同时，紧紧依靠和团结带领全校广大教职工，奉命南迁，攻坚克难，定址武汉，尽心竭力地确保学校弦歌不断，学脉相传。他留给后人的是一段共铸辉煌的历史、一个敬业勤奋的身影和一席诲人不倦的佳话，更是一种忠于职守、尊师爱生、务实进取、坚韧不拔的精神和作风，教育和引导着一代代地大人脚踏实地、接续奋斗。

（二）案例点评

"九·一八"事变后，中国人民就在白山黑水间奋起抵抗，成为中国人民抗日战争的起点，同时揭开了世界反法西斯战争的序幕。"七七"事变后，抗击侵略、救亡图存成为中国各党派、各民族、各阶级、各阶层、各团体以及海外华侨华人的共同意志和行动，中国由此进入全民族抗战阶段，并开辟了世界反法西斯战争的东方主战场①。1935年12月9日，北平学生数千人举行了抗日救国示威游行。"一二·九"运动是中国共产党领导的一次大规模学生爱国运动，运动持续时间长、影响范围广，杭州、广州、武汉、天津、南京、上海等地相继举行游行示威。北平学生的爱国行动，促进了中华民族的觉醒，形成了全国人民抗日民主运动的新高潮。

案例一通过高元贵参与和领导的"一二·九"运动和在鲁西北敌后革命根据地的故事，展示了一位爱国知识青年成长为中国革命战斗骨干的历程。高元贵参与和领导的中国大学学生运动，反映和代表了中国青年学生对中华民族、对祖国命运的忠诚与担当，推动了抗日民族统一战线的建立。高元贵在中共地下党组织的领导下，怀揣年少时对共产主义的信仰，在学生中、群众中开展爱国学生运动，敢于同国民党的对敌妥协态度坚持斗争，践行党对青年"知识分子必须与工农群众相结合"的教导，走上与工农群众相结合的道路，在鲁西北期间深入工农群体，放手发动群众，让红色火种洒满了鲁西北的大地。

案例二讲述了高元贵为学校南迁选址、建校复教的故事。"文化大革命"发生后，在京的高等学校陷入混乱，北京地质学院等13所工科院校南迁办学，高元贵受任学院临时党委书记和革委会主任，安抚和鼓舞了在南迁路途中的教职员工，为学校的南迁工作作了细致长远的规划，在攻坚克难中体现了一代革命家、政治家、教育家稳重成熟的态度和作风。案例三中，高元贵在领导和教学中春风化雨、亲民务实的工作态度以及勤俭节约的生活作风在学院教职工和学生心中留下了深刻印象，以身作则诠释了学校校训"艰苦朴素，求真务实"。教育兴则国家兴，教育强则国家强，少时的高元贵为抗日救国奔走示威，老年时为中国的地质教育事业鞠躬尽瘁，他将心中对祖国与人民的深情满满地写在了人生答卷上。

（三）教学建议

案例一可用于第六章第二节第三目"抗日民族统一战线的建立与全民族抗战的开始"。

---

① 习近平：《在纪念中国人民抗日战争暨世界反法西斯战争胜利75周年座谈会上的讲话》，人民出版社，2020年版，第8页。

配合央视网短视频《红色记忆 "一二·九"运动》,讲述高元贵在参与和领导"一二·九"运动中的历程,引导学生思考抗日民族统一战线的历史意义,领略以高元贵为代表的爱国知识分子在祖国和人民蒙难时敢为人先、奋起反抗的不屈与大爱。教师也可以对近代的爱国学生运动作一个专题教学,带领学生梳理公车上书、五四运动、"一二·九"运动、反饥饿反内战反迫害运动等爱国学生运动,体悟战争年代爱国学生们英勇奋斗的精神。

案例二、三可用于第八章第五节第三目"'文化大革命'内乱及其历史教训"的辅助教学。通过案例二"文化大革命"中京校外迁的历史,引出"文化大革命"的发动原因及历史教训,重点辨明"文化大革命"运动与"文化大革命"历史时期的区别,结合高元贵在南迁建校中的艰苦工作,使学生了解到我国在"文化大革命"时期全国各项工作也取得了艰难进展,以高元贵为代表的地质教育工作者在艰难困苦中砥砺前行,等到了科学的春天,迎来了党的十一届三中全会的胜利召开。

二、教学分析

(一)教学目的

(1)通过对案例一的学习,学生能够认识到华北事变后中华民族面临的严重危机,认识到抗日民族统一战线形成的伟大历史意义;认识到中国共产党在推动抗日民族统一战线建立中的重要作用;感受到以高元贵为代表的爱国青年对祖国的热血和赤诚,激发学生的爱国爱党之情。

(2)通过对案例二、三的学习,学生能够辨明"文化大革命"运动和"文化大革命"历史时期的区别,认识到党在社会主义建设时期遭遇的困难挫折和取得的成就,使学生认识到中国共产党和社会主义制度的强大生命力,学习老一辈革命家、教育家同祖国共历风雨时稳重成熟、矢志不渝的崇高品格。

(二)教学重难点

(1)"一二·九"运动的爆发过程及其历史地位(重点)。
(2)建立抗日民族统一战线的历史意义(重点)。
(3)"文化大革命"概念辨析与历史经验(难点)。

三、教学思路与方案设计

(一)教学思路

案例一可用于第六章第二节第三目"抗日民族统一战线的建立与全民族抗战的开始"。通过短视频《红色记忆 "一二·九"运动》使学生了解运动相关的历史知识,活跃课堂气氛,结合案例一导入新课,讲述华北事变后中国共产党领导的"一二·九"爱国学生运动呼出了"停止内战,一致抗日"的口号,掀起了全国抗日民主运动新高潮,推动了抗日民族统一战线的形成。通过梳理抗日民族统一战线的形成过程,使学生对第二次国共合作的历史背景有更全面的认识,深刻理解抗日民族统一战线的伟大历史意义。

案例二、三可用于第八章第五节第三目"'文化大革命'内乱及其历史教训"的辅助教学。首先,结合案例二中高元贵带领学校南迁定址的经历,讲述"文化大革命"内乱的爆发过程,说明其对我国科教文化教育事业的影响。其次,结合案例三中高元贵在"文化大革命"期间挑起建校重担、关爱教职员工、勉励青年学子的故事,引出党和国家在"文化大革命"期间各方面的工作进展,使学生对这一段时期的历史有全面正确的认识。最后,教师可以讲述十一届三中全会的召开和拨乱反正的完成,使学生认识到中国共产党依靠自己的力量,纠正了在探索社会主义道路上的严重错误,再一次展示和证明了党的强大生命力。

(二)教学方案

1. 教学方案一(适用于案例一)

教学步骤	教学内容	设计意图	时间/分钟
导入新课	观看视频《红色记忆 "一二·九"运动》,了解运动的爆发过程,结合案例一中高元贵的事例,分析"一二·九"运动爆发的背景和原因	以视频引入课堂内容,调动学生的学习兴趣	8
简介教学目标	简要介绍本次教学要达到的目标	使学生对本次教学要达到的目标有清晰的认识	2

第三章 高元贵:从"一二·九"运动走出的地大根脉守护者

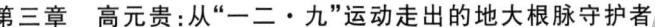

教学步骤	教学内容	设计意图	时间/分钟
呈现教学材料,引导学生学习	知识点一:抗日民族统一战线形成的背景 带领学生回顾抗日民族统一战线形成的背景:民族危机日益加深,"九·一八"事变爆发,日本帝国主义妄图消灭中华民族;国共矛盾日益尖锐,红军被迫进行长征;国民党当局奉行"攘外必先安内",实行不抵抗政策,东三省沦陷	结合我国近代基本国情和基本矛盾,把握抗日民族统一战线建立的背景	30
	知识点二:学习抗日民族统一战线建立过程 结合案例一中高元贵参与和领导的"一二·九"运动,带领学生回顾抗日民族统一战线形成的过程,着重把握抗日民族统一战线形成的几个重要节点,八一宣言是开始,瓦窑堡会议确立方针,"一二·九"运动是高潮,西安事变和平解决是初步形成的标志,国共合作宣言代表抗日民族统一战线正式形成	学习抗日民族统一战线的建立历程,领略中国共产党在建立抗日民族统一战线过程中发挥的巨大作用,着重把握抗日民族统一战线建立的各个时间节点	
	知识点三:抗日民族统一战线中遵循的方针和策略 首先带领学生回顾中国共产党在抗日民族统一战线中的方针和策略,着重把握不同势力的代表阶级。其中进步势力是指工人、农民、革命知识分子和城市小资产阶级,是统一战线的基础和抗日的主要依靠力量;中间势力主要是指民族资产阶级、民主党派、一部分地方实力派和其他爱国分子;顽固势力指的是以蒋介石为代表的国民党内的英美派大地主、大资产阶级。其次讲解中国共产党对不同势力所采取的不同策略,尤其是对中间势力所采取的策略,可以结合中国共产党对待闻一多、黄炎培、于邦齐等人的态度,剖析党对中间势力所采取的策略	总结中国共产党在抗日民族统一战线建立过程中遵循的原则和策略,总结经验、弘扬精神、发掘时代价值,为新时代建设共产主义事业提供理论支撑和实践参考	
教学小结	教师简要梳理本节课的教学内容,并强调重点内容		3
课后作业	结合课堂所学,思考我党建立抗日民族统一战线的时代价值和启示,提交一篇500字以上的感悟	立足新时代,发掘时代价值	2

2. 教学方案二(适用于案例二、三)

教学步骤	师生活动	设计意图	时间/分钟
导入新课	学生观看图片,结合图片内容,回忆高元贵是在什么背景下接受任命的	以问题和图片导入授课内容,活跃课堂气氛,提高学生的学习兴趣	5
简介教学目标	简要介绍本次教学要达到的目标	使学生对本次教学要达到的目标有准确清晰的认识	2
呈现学习材料,引导学生学习	知识点一:"文化大革命"发动的原因 教师带领学生从经济、政治、思想文化、国际环境等方面分析"文化大革命"爆发的原因,引导学生结合当下一些社会现象思考这段历史对我国建设中国特色社会主义事业的借鉴	带领学生把握"文化大革命"爆发的原因,居安思危,总结经验教训,认识到社会主义现代化建设面对的风险与挑战,鼓励学生从多角度思考相关对策	33
	知识点二:文化大革命的历史教训 首先,播放电影《周恩来》中周恩来在"文化大革命"中竭力保护人才的片段,并结合案例二中高元贵的经历,引导学生正确认识和反思"文化大革命"内乱;其次,结合讲解《关于建国以来党的若干历史问题的决议》,使学生认识到中国共产党之所以是伟大、光荣、正确的党,不是因为从来不犯错误,而是在于敢于正视和纠正自身错误,把每段历史都作为党继续前进的宝贵财富。 带领学生回顾"文化大革命"时期的损失与成就,使学生认识到这段历史时期为我们找到中国特色社会主义正确道路提供了历史借鉴,对中国共产党在新的历史条件下不断加强和改进自身建设具有重要意义	分析和总结"文化大革命"时期的历史经验,使学生认识到这段历史时期为建设社会主义现代化事业提供了宝贵财富,为提高我党执政水平、强化党的建设提供了历史参考	

教学步骤	师生活动	设计意图	时间/分钟
呈现学习材料,引导学生学习	知识点三:科学技术在曲折中发展 "文化大革命"时期,我国的科学文化事业面临着重大曲折,但在我国广大科研工作者的努力下,我国科学技术事业仍然取得了一些发展。结合案例,讲述我国知识分子在艰苦探索中艰苦奋斗、执着探索、胸怀祖国、服务人民的高尚品质,以高元贵为代表的知识分子以身作则,面对不公正的对待,心中仍保持着强烈的家国情怀,在学术科研领域攀登奋斗,促进了中国科学技术事业的进步	使学生认识到在文化大革命时期科学技术发展面临的严峻挑战,认识到爱国知识分子在艰苦环境中的坚定与执着,帮助学生树立艰苦奋斗、执着探索的科学精神,使学生努力成长为有责任、有担当,时刻保持家国情怀的社会主义建设者	
教学小结	教师对本节课的内容进行总结,引导学生回顾课堂内容		3
课后作业布置	结合课堂内容和往期所学,思考中国共产党伟大在何处及对新时期党的建设工作的借鉴和启示,结合自身实际,提交一篇不少于600字的学习感悟	通过巩固所学知识,回顾课堂内容,锻炼学生的思维和写作能力	2

四、教学方法推荐

(1)对"一二·九"运动以及"抗日民族统一战线的建立与全民族抗战的开始"的教学适宜运用专题式教学法。

这部分内容主要讲解华北事变后,以"一二·九"运动为代表的抗日民主运动的历史影响和中国共产党在促进和维护抗日民族统一战线中的重要作用。教师应重点讲解中国共产党在抗日民族统一战线建立过程中遵循的原则和策略,结合资料和案例说明抗日民族统一战线的建立为中国抗日战争取得胜利提供了可靠保证,也代表着中国共产党在抗战时期理论和实践上的迅速成长。有关抗日民族统一战线形成过程的内容较多,教师可以采用专题式教学法,结合高元贵在"一二·九"运动和抗日战争中的事迹,使学生对"一二·九"运动和抗日民族统一战线的形成脉络有较为全面清晰的认识,学生在此知识基础上能够更好掌握中国共产党对抗日民族统一战线的原则与策略是把民族解放和人民民主斗争联系起来,理解这一时期是中国共产党在实践和理论方面都取得丰硕成果的重要阶段。

（2）对"'文化大革命'内乱及其历史教训"的教学适宜运用案例式教学法和启发式教学法相结合的方式。

这部分内容主要讲解"文化大革命"时期的经验教训和成就，适宜运用案例式教学法和启发式教学法。案例式教学法能够使学生对"文化大革命"时期的历史有比较生动直观的认识，教师可以通过展示案例人物遭遇不公后坚守初心、潜心奋斗的故事激发学生的课堂学习热情。启发式教学法能够更好地使学生思考"文化大革命"内乱的历史经验，使学生对"文化大革命"内乱与"文化大革命"时期这两个历史概念有正确的历史认知和评价，通过在课堂中设置问题，引导学生发言并及时答疑解惑，使学生认识到中国共产党的伟大之处在于及时反思和修正错误。通过启发式教学，在这部分历史内容的学习中可以锻炼学生的历史客观性、整体性、连续性、进步性、价值性思维，以达到更好的教学效果。

第四章 朱见香：从红二方面军长征走出的地大南定功臣

一、教学案例——朱见香

朱见香（1907年—1997年12月31日），江西永新人。1929年参加中国工农红军，1934年加入中国共产党并随中央红军长征。抗日战争时期，朱见香任三五九旅七一九团机枪连连长、教导队队长，参加了平型关大捷、百团大战等战役，先后任延安留守兵团司令部军政研究班班长、抗大学员三大队一支队队长，随三五九旅参加了南泥湾大生产运动。解放战争时期，朱见香先后参加了保卫延安、辽沈战役、平津战役、湘西剿匪等战斗。1972年，任湖北地质学院临时党委委员、革委会副主任。

1997年12月31日，朱见香因病逝世，享年90岁。弥留之际，他嘱咐子女将国家为他在南望山修建的"红军楼"交还给学校，不要享受国家给他的任何特殊待遇。

奔井冈，历长征，战顽敌，驱倭寇，戎马生涯建奇功；踏三峡，筑丹江，兴教育，哺英才，创业壮志化春雨。战争时期，他舍生忘死、冲锋在前，跟随红二方面军爬雪山、过草地，用一场场英勇斗争为中国革命铺垫一条通往胜利的坦途；新中国成立后，他身临丹江、三峡水库建设第一线，为祖国的地学教育鞠躬尽瘁，几十年如一日。朱见香的一生是为党为人民奋斗的一生，是革命的一生，是一部丰富生动的红色教科书，他把一个共产党人的光和热奉献给了祖国和人民，为人们留下赓续不断的红色基因和香花满地的灿烂图景。

（一）案例呈现

案例一：枪林弹雨历长征

1907年，朱见香出生于江西省永新县芦溪乡一个贫苦的农民家庭，12岁就开始在江西省安福县做长工。乡民贫苦，受地主阶级压迫，时代动荡不安，家与国的双重危难，让他萌生了改变自己命运、改变乡村贫穷状况的想法。当马克思主义思想传入家乡时，他满怀希望致力于革命事业，于1927年加入中国共产主义青年团，并担任江西省永新县老君区团委宣传员。

1929年，朱见香在江西省永新县参加红军，历任江西省永新、万安独立师通讯员和吉水、吉安二十军第三纵队通讯员。1934年，朱见香在湖南省贵东县经朱天发同志介绍，由团员转为中国共产党党员，并在永新补充团、六军团十七师四九团、五十团机枪连任班长、排长。在此期间，朱见香先后参加了中央苏区对蒋介石反动军队的五次反"围剿"斗争。1934年10月至1936年10月，中国共产党领导的红一方面军、红二方面军和红四方面军等三大主力部队，为粉碎国民党军队的"围剿"，保存有生力量，实现北上抗日，背负起拯救民族危亡的重任，陆续离开革命根据地，踏上了战略转移的征程。他们经过艰苦卓绝的万里行军，纵横十几省，跨越滔滔急流，征服皑皑雪山，穿越茫茫草地，突破层层封锁，粉碎上百万敌军的围追堵截，胜利会师于陕甘宁地区，并以此为大本营和出发点，发挥了伟大抗日战争的中流砥柱作用，开启了中国革命的新阶段。

1936年10月到1937年5月，朱见香在红二方面军十七师管辖的甘肃庆阳步兵教导师一边养伤，一边接受训练学习。1936年3月底至5月，红军再次从盘县地区启程，经云南丽江石鼓，北渡金沙江，翻越三座雪山，迈入四川境内。此时的朱见香已是红六方面军十七师五十一团机枪连的代理连长。他带领扛着重型武器的红军队伍在冰天雪地里艰难前行。严寒笼罩着雪山，狂风卷着雪片时不时地往脸上打来，似乎要吞没整个机枪连。越往山顶爬，空气越稀薄，呼吸也越来越困难。但他们既不能停，也不能坐，必须保护好手中的迫击炮、重机枪等重型武器。保住它们，就保存了抗争的火种，保住它们，革命才有希望。面对高寒、缺氧、雪盲等一系列生理极限的挑战，朱见香和机枪连的战士们硬是护着这些当时最先进的重型武器，一步一个脚印地爬过了三座雪山。

1936年7月1日，红二、红六方面军到达甘孜，和原红一方面军的三十二军编成中国工农红军第二方面军。当月，红二方面军就开始北上。10月9日，与红四方面军在甘肃会宁会师。10月22日，与红一方面军在宁夏将台堡会师。至此，历时两年的长征以红军三大主力部队最终胜利会师而宣告结束（图1）。

第四章 朱见香:从红二方面军长征走出的地大南定功臣

图1　1996年,纪念红军长征胜利60周年座谈会
(左起:张锦高、彭山、朱见香、赵克让)

抗日战争时期,朱见香在三五九旅七一九团担任机枪连连长、教导队队长,在延安联防司令部担任警卫队队长等职,参加了八路军对日寇的平型关大捷、百团大战等战役,为中国人民抗日战争作出了贡献。

1942年1月至1944年12月,部队党组织安排朱见香先后到延安留守兵团司令部军政研究班、中国人民抗日军事政治大学(简称"抗大")接受了连续三年的脱产学习,并委任他为军政研究班的班长、"抗大"学员三大队一支队的队长。在此,他较为系统地学习了毛泽东思想和军事指挥理论,培养了指挥能力和管理能力,参加了延安整风运动。档案记载,他在"抗大"学习的鉴定结论是"学习上虚心,整风及业务学习取得了不少进步,尤其文化学习兴趣浓厚""工作上老练""取得了不少成绩,有苦干的工作精神"。

其间,朱见香随三五九旅参加了南泥湾大生产运动。他们在南泥湾一边战斗、一边生产,既保卫了延安的南大门,保证了党中央安全,又通过大生产运动保证了党中央后勤生活给养,毛泽东亲笔题词称赞"有创造精神"。"又战斗来又生产,三五九旅是模范",伴随着歌曲《南泥湾》的传唱,延安时期的大生产运动与三五九旅家喻户晓。

解放战争时期,朱见香先后在人民解放军四十七军后勤部、哈尔滨上干大队、四十七军通信部、参谋处等单位任职(图2),并参加了保卫延安、辽沈战役、平津战役、湘西剿匪等战斗。在革命战争的烽火淬炼中,朱见香始终对革命充满着必胜的信念和决心,追随党、追随革命不动摇,出生入死、浴血奋战,建立了赫赫战功,他作战勇敢,不怕牺牲,为中国人民的解放事业立下了不朽的功勋。

图2 1946年,朱见香(右二)在宝清县与战友合影

案例二:光荣负伤写传奇

"左肩受重伤,大肠枪弹射断,背部脊骨击伤一半,左膀受重伤,左下肢受弹穿,行走不便,伤残等级为二等甲级。""革命伤残军人证"泛黄的页面上详细记录着朱见香在新中国成立前作战的受伤情况。

朱见香在山西灵丘一次战斗中负伤治疗的经历,留下了一段难忘的传奇故事。

1938年,八路军三五九旅七一九团全团到雁北地区开展抗日活动。当时,上级指示七一九团要以灵活的游击战对敌人进行袭扰、伏击、牵制。在其中一次战斗中,日军对山西灵丘地区进行残酷的扫荡,朱见香时任抗日游击队队长。为了掩护大部队和老百姓撤离,他带领队伍正面阻击日寇,与其展开激战,不幸中弹,身受重伤。由于失血过多,朱见香已然陷入昏迷。战斗结束后,战友们在掩埋牺牲烈士遗体的时候发现了他,他虽然仍有呼吸,但伤势十分严重。子弹从右腹部打入,右后侧出来,造成非常致命的贯穿伤,肠子多处受损。战士们用担架抬着朱见香就近寻找医院,焦急地期盼能保住这位抗日英雄的性命。

幸运的是,3天后,躺在担架上奄奄一息的朱见香遇到了白求恩医疗队。白求恩是加拿大共产党员、国际共产主义战士、著名胸外科医生。中国抗日战争爆发后,白求恩率领医疗队于1938年初来到中国,到达延安。不久后,他赴晋察冀边区,在其后方医院开展医疗救援。

白求恩亲自操刀,为朱见香进行手术治疗。当时医疗条件很简陋,就地找了块棺材板子,就在上面做手术。朱见香的肠子受损严重,被打坏了一段,急需重新接上。在当时的医疗条件下,用什么去接?白求恩决定用其他动物的肠子代替接到朱见香的肠子上。做完手术后不能吃、不能喝,还需要用一块石头压在肚子上,顽强的朱见香战胜了严重的排斥反应,竟然奇迹般地活了下来(图3)。

第四章　朱见香：从红二方面军长征走出的地大南定功臣

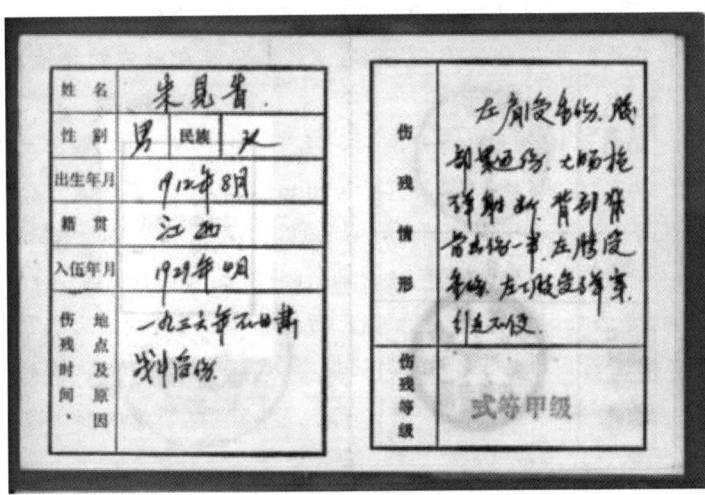

图 3　朱见香的革命伤残军人证

后来每年干部体检时，医生总对朱见香说，"你这个肠子颜色跟其他的肠子不一样，是黑的，是不是有什么病变？"朱见香就说，"不是，我那个肠子可好了，我那个肠子是白求恩接的。"他还说："白求恩特别特别好，当时配给他的有羊奶和牛奶，白求恩不舍得自己喝，他都让给我们这些伤员喝了。"

住院 40 天后，朱见香再次回到部队继续参加战斗。他是党的忠诚战士，革命战争年代，他一直战斗在革命前线，虽然前后十几次负伤，可是都挺了过来继续坚持战斗。即使因伤休养，他也用这段养伤时间去学习、充实自己，让自己恢复后能更好地投入战斗。"轻伤不下火线，重伤休养时学习"是朱见香最真实的写照。他的军旅生涯基本由"英勇战斗"和"养伤学习"两种状态构成。累累伤痕是他的一枚枚勋章，记录着他的卓越战功和荣誉。

1990 年，为纪念白求恩 100 周年诞辰，加拿大驻华使馆还特意致函我校，问询白求恩在华北抗日战火中救活朱见香的这段传奇经历，当时学校委托朱老的女婿丁振国同志执笔回复了相关问询。

案例三：地质战线创佳绩

新中国成立后，经过多年战乱洗礼的国家百废待兴，迫切需要地质工作提供经济社会发展最基础的工业原料，满足工业建设的需要。1953 年，中共中央提出"党在过渡时期的总路线和总任务，是要在十年到十五年或者更多一些时间内，基本上完成国家工业化和对农业、手工业、资本主义工商业的社会主义改造。"① 1956 年毛泽东主席指示："地质部是地下情况侦察部。地质工作搞不好，一马挡路，万马不能前行"。② 1956 年 9 月周恩来总理在中共八大会议上提出："为了发展重工业，必须继续加强地质工作，并且使地质普查工作和重点勘探工作正

---

① 《毛泽东选集》第 5 卷，人民出版社，1977 年版，第 81 页。
② 于俊道，李捷：《毛泽东交往录》，人民出版社，1991 年版，第 127 页。

确地结合起来,争取发现更多新的矿区和矿种,探明更多的矿产储量,以满足工业建设当前和长远的需要"。③ 面临建设新中国这一重任,朱见香毅然从革命前线转投地质战线,到更需要他的地方为国家工作。

1972年12月,湖北省委任命朱见香为湖北地质学院临时党委委员、革委会副主任。他临危受命,并兼任湖北地质学院武汉分院院长,毅然挑起协调沟通、缓解困难、稳定队伍、让学校扎根湖北的重任。在南迁恢复办学最艰难、动荡的岁月,朱见香始终把教职工的切身利益放在心上,凡是他认为合理的事、能做成的事,他都亲自找有关部门的负责人去沟通。在当时计划经济体制下,异地物资供应困难,户口不在湖北的教职工缺乏粮票、油票等,生活缺乏保障。为解决北京迁校职工的生活困难,朱见香与湖北省委、武汉市政府协调,给教职工争取集体票据,确保每位教职工都有粮票、油票、布票、副食品票。此外,他积极改善从外地来汉教职工的住房条件,为教职工提供各种生活便利。

尊重科学、遵循教学规律、尊重知识分子,是朱见香的工作风格。他经常到班里去听课,了解老师们的教学情况,了解学生对老师和教学的反映。每当教师遇到困难,他都及时予以解决。张锦高同志在任英语班辅导员时,他的孩子要出生了,但他爱人当时在江苏盐城上班,朱见香知道后,立即让他提前过去。一些老先生买不了火车票,朱见香主动为他们解决困难。甚至一些教职工没有地方吃饭,他就将职工带到自己家里去吃。朱见香全方位地关心教职工的工作和生活,和很多专家、学校领导、教师都成了朋友,大家尊敬又亲切地叫他朱老、朱老头儿。

在学校人才的培养上,尤其是在提高党员的政治素质方面,朱见香做了大量工作。在学校任职后,他充分发挥党支部的战斗堡垒作用和党员的先锋模范作用,积极做好党员发展工作,给师生讲党史、上党课,开展党员活动。每年新生开学,他都要给新生进行革命传统教育。他讲战争中的故事,特别是忠于党、忠于人民的革命经历(图4)。他还以实际行动对学生进行爱国主义教育,出操、升旗他都非常支持,军乐团、国旗班已经形成了中国地质大学的传统,延续至今。

"老老实实做人,认认真真做事,干好自己的工作。"朱见香常常对儿女们这样说。作为一名为新中国成立作出过巨大贡献的革命者,朱见香一心向党、踏实做事、正直低调,但从不居功自傲,占国家一丝一毫的便宜。离休后,他经常给学校提发展意见,但从不占用学校的资源,退掉了学校办公室和报刊预订,选择自己订报刊。到了晚年依然心系教育事业和学校发展,有建议就邀请学校领导到家中探讨。住院期间,怕给国家增加负担,多住一天病房都不愿意,医生给他用药,他说能不用就不用,他认为自己不应该让国家承担这么多的医疗费用,要给国家省点儿钱。他的儿女亦深受他的影响,在工作岗位上兢兢业业、克己奉公、真干实干,并将清白持家、辛勤工作的"家风"传承下来。朱见香同志忠于信仰、忠于人民,他一心向党、永葆初心的革命本色和淡泊名利、身先士卒的高尚情操,与"红军楼"一起,成为中国地质大学的精神坐标和力量源泉,指引着一代代地大人奋勇向前。

---

③ 中共中央文献研究室:《建国以来重要文献选编》第九册,中央文献出版社,1994年版,第190页。

第四章 朱见香：从红二方面军长征走出的地大南定功臣

图4 1982年,朱见香为毕业生讲革命故事

(二)案例点评

1934年,由于博古、李德等人"左"倾教条主义的错误领导以及敌强我弱的军事形势,红军第五次反"围剿"失败,中央主力红军为摆脱国民党军队的包围追击,被迫实行战略性转移,进行长征,北上抗日。长征胜利启示我们:心中有信仰,脚下有力量;没有牢不可破的理想信念,没有崇高理想信念的有力支撑,要取得长征胜利是不可想象的。①

案例一讲述了朱见香历经长征,在土地革命战争时期、抗日战争时期、解放战争时期跟随中国共产党一路浴血战斗的感人故事。经过长征洗礼的朱见香,以坚定的革命信念和大无畏的英雄气概,一路南征北战,为党为人民英勇奋战、义无反顾。

案例二讲述了朱见香在抗日战争中顽强战斗、英勇负伤的故事。抗日战争中,中国共产党从战争的具体形势出发,将游击战提高到战略地位。抗日战争时期,八路军、新四军深入敌后,大规模、长期地开展独立自主的游击战争,建立根据地,牵制和消耗敌人,支持了持久抗战的局面。朱见香等游击战士于山林小镇与日军周旋作战,英勇制敌,伤痕累累的身体是他们的勋章,生死一线的经历是他们的荣耀。中国共产党领导的游击战削弱了日军"以战养战"搜刮沦陷区支撑前线的能力,团结人民群众,推动了抗战胜利的到来。

案例三讲述了朱见香投身新中国地质教育事业的故事。新中国成立后,朱见香的红色信仰在奋斗中愈加坚定,在中国地质大学立足湖北的关键时刻,他不辞辛劳,为争取教职工的生活物资四处奔走,照亮了学校二次创业的奋斗历程。他在坚决贯彻执行党中央决策部署的同

---

① 冯俊:《学习新思想》,人民出版社,2019年版,第282页。

时,牢牢团结广大教职工,攻坚克难,稳定人心,兢兢业业做好迁校建校工作。他信念坚定、不怕牺牲、顾全大局、严守纪律、团结群众、迎难而上、艰苦奋斗的革命精神为中国地质大学南迁办学和永续发展播撒了长征精神的红色火种。

(三)教学建议

案例一可用于第五章第二节第三目"红军长征胜利和迎接全民族抗战"部分的教学,结合案例与其他长征故事、影片,学生了解朱见香在长征中和战士将沉重的机枪抬过了三座雪山,保护红军最先进的重型武器顺利到达会师点的故事,使学生对长征过程的艰难有更生动的了解,感悟长征精神的丰富内涵,坚定信仰,艰苦奋斗,走好新时代长征路。

案例二可用于第六章第四节第二目"敌后战场的开辟与游击战争的发展"部分的教学,教师可以将案例一与案例二结合讲授,使学生认识到游击战在抗战中的重要地位,认识到抗日战场的残酷和抗日英雄们的顽强。教师还可以结合其他抗日英雄的事迹,在教学中使学生感受到革命先辈们以身许国的坚贞气节和团结一致、齐心抗日的崇高精神风貌。

案例三可结合案例一、二拓展教学,朱见香作为一名红军老战士,十分重视革命传统教育,整躬率物,风骨长存。结合案例三,向学生展示老一代革命战士的精神风貌,讲述他们对晚辈的信任和期望,鼓励学生们为新中国地质事业接续奋斗。

二、教学分析

(一)教学目的

(1)结合对案例一、三的学习,巩固红军进行长征的原因、历史背景相关知识,加深学生对长征的路线、重大事件和长征发展阶段的认识;认识遵义会议的召开原因和伟大历史意义;感受长征过程中红军战士的坚毅顽强、舍生忘死的革命英雄主义精神,了解革命传统教育的重要性,激发学生的爱国爱党爱军感情。

(2)结合对案例二的学习,使学生能够了解中国军民在抗日战争中的贡献与牺牲,认识到游击战在抗日战场中的重要意义,认识到抗战的残酷和红军战士的英勇无畏,认识伟大抗战精神的内涵。

(二)教学重难点

(1)长征的历史背景、发展阶段与意义(重点)。

(2)长征精神的主要内容(重点)。

(3)伟大抗战精神的内涵(重点)。

三、教学思路与方案设计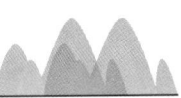

(一)教学思路

案例一、三可用于第五章第二节"中国革命在曲折中前进"。教师可以通过播放电视剧《长征》第十集片段或歌曲《十送红军》引入教学,结合案例一,带领学生回顾红军进行长征的原因;讲述长征中红军经过的主要省份和发生的重要事件;讲述遵义会议召开的历史背景;引导学生思考遵义会议为何被称为党的历史上生死攸关的转折点,为何是党从幼年走向成熟的标志。结合当下,引导学生思考长征胜利的历史意义和长征精神的丰富内涵,继承和发扬无产阶级先辈在革命斗争中形成的革命精神。

案例二、三可用于第六章第四节第二目"敌后战场的开辟与游击战争的发展"部分的辅助教学。教师可结合案例二引导学生认识游击战为抗战转入战略相持和战略反攻阶段准备了条件,其在抗战中具有全局性意义,抗战在中国共产党的领导下以弱击强逐渐取得了战场主动权;教师也可讲述敌后战场的开辟和发展过程,结合其他抗日英雄事迹和抗战歌曲,展示中国军民在抗战中的英勇斗争。

(二)教学方案

1.教学方案一(适用于案例一、三)

教学步骤	教学内容	设计意图	时间/分钟
导入新课	播放电视剧《长征》第十集片段,带领学生分析遵义会议成为我党从幼稚到成熟的标志的原因,并由此引入长征	学生观看视频回答问题,提升课堂活跃度	3
简介教学目标	简要介绍本次教学要达到的目标	使学生对本次教学要达到的目标有清晰的认识	2

教学步骤	教学内容	设计意图	时间/分钟
呈现教学材料,引导学生学习	知识点一:长征的历史背景 由于"左"倾教条主义错误,第五次反"围剿"失败,红军损失惨重,继而被迫实行战略转移,开始长征。"九·一八"事变后,日军加快侵华脚步,中华民族面临有史以来最深刻的民族危机,红军长征正是在中国面临民族危亡危机、抗日救亡成为全民族最紧迫的任务情况下发生的	回顾长征发生的历史背景,在关注长征发生的直接原因的同时把握中华民族危机日益加深的大背景	35
	知识点二:长征的过程和基本路线 长征共经过14个省,翻越18座大山,跨过24条大河,走过荒草地,翻过雪山,行程约二万五千里,着重向学生讲述长征的过程及红军在长征中艰苦卓绝的精神,在讲授本知识点时,可以向学生展示一些红军战士的革命故事,如《金色的鱼钩》《老班长的故事》等,播放相关采访视频,引导学生传承长征精神,投身社会主义新时代的建设当中,走好新时代长征路	结合视频,以部分长征中的感人故事引导学生串联长征历程,对长征过程和长征路线有完整理解,感悟长征历程中形成的长征精神,体会其时代价值	
	知识点三:幼稚→成熟——遵义会议 ①背景。遵义会议是在红军第五次反"围剿"失败和长征初期严重受挫的情况下,为了纠正王明"左"倾领导在军事指挥上的错误,挽救红军和中国革命的危机而召开的。②内容。增选毛泽东为政治局常委,事实上确定了其领导地位。指定洛甫起草《中共中央关于反对敌人五次"围剿"的总结的决议》,取消"三人团",由最高军事首长朱德、周恩来为军事指挥者。③意义。遵义会议结束了王明"左"倾教条主义路线在党中央的统治,在中国革命的危急关头挽救了党,挽救了红军,挽救了中国革命,是我党历史上一个生死攸关的转折点,标志着我党从幼稚走向成熟	使学生认识到遵义会议作为我党历史上一次具有伟大转折意义的重要会议,在把马克思主义基本原理同中国具体实际相结合,坚持走独立自主道路,坚定正确的政治路线和政策策略,建设坚强成熟的中央领导集体等方面,留下宝贵经验和重要启示	

第四章 朱见香:从红二方面军长征走出的地大南定功臣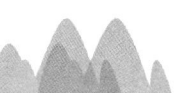

教学步骤	教学内容	设计意图	时间/分钟
呈现教学材料,引导学生学习	知识点四:长征的意义与长征精神 引出观点"长征过程中存活下来的红军战士只有6000人,因此长征是场失败的活动",学生分组讨论后,点评学生对此观点的看法,总结长征的意义和长征精神的具体内涵。中国工农红军长征是一次理想信念的伟大远征,是一次检验真理的伟大远征,是一次唤醒民众的伟大远征,是一次开创新局的伟大远征;长征的胜利极大地促进了党在政治上和思想上的成熟;长征的胜利是中国革命转危为安的关键;长征宣告了国民党反动派消灭中国共产党和红军的图谋的彻底失败。长征精神,就是把全国人民和中华民族的根本利益看得高于一切,坚定革命的理想和信念,坚信正义事业必然胜利的精神;就是为了救国救民,不怕任何艰难险阻,不惜付出一切的牺牲精神;就是坚持独立自主、实事求是,一切从实际出发的精神;就是顾全大局、严守纪律、紧密团结的精神;就是紧紧依靠人民群众,同人民群众生死相依、患难与共、艰苦奋斗的精神	使学生全面理解长征的意义和精神,对长征有科学的认识和正确的把握,引导学生在生活和学习中自觉践行长征精神,坚定信念,艰苦奋斗	
教学小结	教师简要梳理本节课教学内容,并强调重点内容		3
课后作业	2000年,美国《时代》周刊把长征评选为一千年来影响世界的大事之一,长征为何具有如此深远的感染力和影响力?就此问题写一篇不少于800字的报告	加深学生对长征精神的理解,锻炼学生的思考能力和写作能力	2

2. 教学方案二(适用于案例二、三)

教学步骤	教学内容	设计意图	时间/分钟
导入新课	播放歌曲《游击队歌》,了解游击战的特点	调动学生的学习兴趣	5
简介教学目标	简要介绍本次教学要达到的目标	使学生对本次教学要达到的目标有清晰的认识	2

教学步骤	教学内容	设计意图	时间/分钟
呈现教学材料,引导学生学习	知识点一:开展游击战的原因 带领学生观看电影《地道战》片段,引导学生思考我国抗日战争时期开展地道战的原因,讲解在敌强我弱的情况下,用正规战法不能满足持久抗战的需要;其次,讲解卢沟桥事变后中国面临的民族危机,抗日战争时期的游击战争对打击日本侵略行径、取得抗日战争胜利具有重要意义;最后,结合案例三中朱见香九死一生、以身献国的故事,使学生感悟到革命先烈在游击战争中展现出的艰苦卓绝、舍我其谁的家国精神	分析抗日战争时期开展游击战争的原因,把握抗日战争初期敌强我弱的现状,使学生了解中国共产党随机应变的战略思路以及在其中表现出的非凡胆略和无穷智慧,缅怀革命先烈艰苦卓绝的抗战精神	33
	知识点二:抗日游击战争中的主要作战方法 抗日战争时期党领导人民在敌后战场以惊人的胆略和无穷的智慧,在人民战争的舞台上演出了一幕幕生动活泼的话剧,创造了许多灵活巧妙、神出鬼没的独特战法,使日军陷入我国人民战争的沼泽泥潭中不能自拔。播放电视剧《滹沱儿女》刘季文积极宣传游击战思想和平山县军民开展麻雀战的片段,介绍抗日游击战争中的麻雀战、地雷战、地道战、破袭战、围困战、伏击战等主要作战方法,在进行本部分教学时要结合分析党在游击战争中展现出的灵活巧妙的战略思路,学习革命先烈在游击战争中依靠群众、艰苦奋斗的崇高精神和战斗智慧	引导学生认识抗日游击战争中的主要作战方法,学习党在抗日游击战争中灵活巧妙的战略思维和革命先烈艰苦卓绝、舍我其谁的家园精神	
	知识点三:游击战在抗日战争中的重要意义 抗日游击战争对抗日战争的胜利具有重要意义,在战略进攻时期,游击战减轻了正面战场的压力,推动了战争转入相持阶段。在战略相持阶段,敌后游击战成为主要的抗日作战方式。游击战还为人民军队进行战略反攻准备了条件。抗日游击战争丰富了党在进行革命时的理论,展现出了党非凡的领导能力和智慧。在进行这一部分教学时,教师要注重分析游击战在抗日战争时期的不同作用,结合朱见香的事迹,把握不同时期党在进行游击战时的特点,带领学生学习革命先烈在游击战争中灵活的战略思维和艰苦卓绝的精神	引导学生全面理解抗日游击战争的意义和精神,对抗日游击战争有科学的认识和正确的把握,并引导学生在生活和学习中学习这种灵活巧妙的思维,坚定信念,艰苦奋斗	

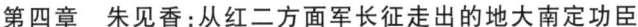

第四章 朱见香：从红二方面军长征走出的地大南定功臣

教学步骤	教学内容	设计意图	时间/分钟
教学小结	教师简要梳理本节课的教学内容，并强调重点内容		3
课后作业	观看电影《地道战》，结合《论持久战》，谈一谈抗日游击队与人民群众的关系，提交不少于500字的学习报告	加深学生对抗日游击战争的理解，锻炼学生的思维能力和写作能力	2

四、教学方法推荐

（1）对"红军长征胜利和迎接全民族抗战"的教学适宜运用专题式教学法和启发式教学法。

这部分内容主要讲述了红军在第五次反"围剿"失败后被迫进行长征，战略转移，北上抗日。长征的胜利保存了红军的有生力量，找到和形成了中国共产党的正确领导核心，实现了中国革命根据地从东南到西北的战略转移。教师采用专题式教学法，可以使学生对长征的历史背景和行军经过有全面完整的认识。通过教学，学生能够认识到长征对中国时局的深刻影响，形成正确科学的历史观。结合案例一、三，加深学生对长征精神的理解，引导学生思考长征的深远意义，学习和感悟长征精神的深刻内涵。

（2）对"敌后战场的开辟与游击战争的发展"的教学适宜运用启发式教学法和案例教学法

这部分主要讲述了卢沟桥事变后中华民族面临前所未有的民族危机，危难之际，中国共产党着手组织抗日义勇军，进行了艰苦的游击战争，游击战对减轻正面战场压力，使战争转入相持阶段起了关键性的作用。

在战略相持阶段，敌后游击战成为主要的抗日作战方式，游击战的广泛开展，为人民军队进行战略反攻创造了条件。在分析游击战的原因时，适合采用启发式教学法，使学生对抗日战争时期进行游击战的原因有较全面的把握。在进行知识点二"抗日游击战争中的主要作战方法"与知识点三"游击战在抗日战争中的重要意义"的教学时，适宜采用案例教学法，教师可以结合案例和多媒体资源，加深学生对游击战的认识和理解，使学生感受到党在领导人民进行抗日游击战时体现出的非凡的领导能力和军事智慧。

第五章 尹赞勋：南京解放中抗迁护所的地大学科奠基人

一、教学案例——尹赞勋

　　尹赞勋（1902年2月23日—1984年1月27日），河北平乡人，我国著名地质学家、古生物学家。1919年，尹赞勋考入北京大学，1923年留学法国，在里昂大学地质系学习八年，获理学博士学位，是第一个在法国学习古生物学并获得博士学位的中国学者。

　　1931年回国后，尹赞勋任中法大学和北京大学讲师，后担任中央地质调查所副所长、代所长。1942年任经济部地质调查所副所长、代所长。1951年加入九三学社，1955年当选为中国科学院院士。1979年1月，77岁的尹赞勋加入中国共产党。1984年1月27日，尹赞勋病逝于北京。

　　只有精忠能报国，更无乐土可为家，尹赞勋的研究心血正是他脚下的土地，他的研究领域涉及区域地质、大地构造、岩石矿产、地层、火山、第四纪、岩溶洞穴、古生物以及科学史等许多方面，提升了中国学者在国际学术界的地位，其研究成果对中国地质事业的发展具有卓越贡献。1989年，中国古生物学会设立"尹赞勋基金会"，并设"尹赞勋地层古生物学奖"，该奖项为此学科、行业的最高奖。

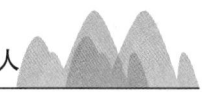

第五章　尹赞勋：南京解放中抗迁护所的地大学科奠基人

（一）案例呈现

案例一：科学救国，拓荒地学扬美名

1902年，尹赞勋出生于河北平乡县一个官绅之家，他自幼聪颖好学，思想进步，富有正义感。14岁时，尹赞勋考进河北省著名的保定育德中学。1919年，五四运动波及保定，他响应号召，奋起投入运动的洪流，上街游行并演讲、宣传，还参与编导了时事讽刺剧《巴黎和会》。同年，他考入北京大学，先后在甲部（理科）预科、乙部（文科）预科、中文系本科、哲学系本科修读各一年。他博学好问，常常听地质系几位教授讲课，于是对地质学产生了兴趣。

在五四运动、科学与民主的新文化思潮影响下，有着一腔热血的尹赞勋开始了解中国社会，萌发了"科学救国"的志向。当时，到拥有先进科学技术的欧美求学，寻求科学救国的良方，成为有志青年的不二选择。1923年，尹赞勋抱着科学救国的理想赴欧洲留学，1925年夏到法国里昂大学学习地质，着重攻读地层学和古生物学。

1931年，他顺利通过答辩，获得里昂大学理学博士学位。同年5月，他学成归国，迅速投入地学研究，践行为国科研、报效祖国的初心和使命。

20世纪30年代，我国自然科学发展严重落后。面对一个贫穷落后、内外交困的国家，作为一名学者，尹赞勋的社会责任感更为强烈，他试图通过科学拯救危难中的中国。尹赞勋是第一个在法国学习古生物学并获得博士学位的中国学者，回国后，在北平农商部地质调查所工作，积极发挥自己的知识优势，在异常艰苦的条件下进行了大量野外考察。至1937年，他先后到过祖国的东北、西南、西北、东南以及华北一带从事地质调查研究，撰写了论文及评介38篇，内容涉及沉积岩石、构造、矿产、火山、地貌、水文、喀斯特等。

1937年，尹赞勋调任江西省地质调查所所长。在抗战初期的动荡环境中，对事业的追求和热爱让尹赞勋不顾野外的危险和艰苦，主持编绘了8幅江西省1∶20万区域地质图，完成的图幅在量和质上都居于全国各省之冠。1940年，尹赞勋调到重庆北碚任经济部中央地质调查所副所长兼代所长。在主持调查所工作时，虽受到不公正待遇，但尹赞勋仍以工作为重，挑起科学研究和业务管理的重担。其间，他将美国首创的古地质学理论和古地质图制图方法引进我国，对贵州遵义一带栖霞海侵前的地层分布进行了周密的调查研究，绘制出我国第一幅古地质图，博得了当时地质界的高度称赞。

作为我国古生物学、地层学的奠基人，尹赞勋在志留系研究方面取得了独创性的卓越成就，奠定了这一领域的研究基础，在地质学界赢得了"尹志留"的科学尊称。1949年底，他在发表的《华南志留系》中第一次对中国志留纪地层作了较全面的总结。1965年，他在澳大利亚访问时做了名为"志留纪之中国"的学术报告，该文在澳大利亚地质学会学报发表后，引起了国际上的注目。

在古生物研究方面，他著的《中国古生物志·乙种》奠定了我国古生物的研究基础。他建立的卷笔石是我国古生物学家建立的第一个新属。对"二叶石"即三叶虫爬迹、鱼类化石的鉴定,是我国最早期的生物遗迹化石研究。正是这种不畏艰险、潜心钻研、在科学的崎岖道路上艰难攀登的精神,让尹赞勋在古生物学、地层学等方面取得了丰硕成就。

案例二:抗迁护所,守正地学担大义

"大哉我中华!大哉我中华!东水西山,南石北土,真足夸。泰山五台国基固,震旦水陆已萌芽。古生一代沧桑久,矿岩化石富如沙。降及中生代,构造更增加,生物留迹广,湖泊相屡差。地文远溯第三纪,猿人又放文明花。锤子起处发现到,共同研讨乐无涯。大哉我中华!大哉我中华!"1941年3月7日,在重庆大学大礼堂举行的中国地质学会第十七届年会中,《中国地质学会会歌》被首次试唱,歌声嘹亮,震撼人心。时任中国地质学会第17届理事长的尹赞勋内心有着难以言表的喜悦。此时距他初写会歌歌词已有两年。

1938年2月,尹赞勋将会歌歌词初稿交与杨钟健斧正。两年间,他斟酌再三编写会歌,数次删正、谱曲,经由理事会通过,正式成为中国地质学会会歌。这首歌激励了那个时代的地质工作者,为振兴中华同心同德、艰苦奋斗。没有华丽的辞藻,没有豪壮的口号。从朴素简洁的字里行间,我们看到了属于尹赞勋的一颗赤子之心,看到了他在抗日战争全面爆发后,在烽火硝烟、颠沛流离中,依旧怀着无限激情,根植于中华大地,用自己的学识为地质事业赤诚奉献,报效祖国。

尹赞勋是一位进步的科学家,是在战火中不畏权贵、坚持正义的坚强战士。尹赞勋在中央地质调查所任代所长时无法容忍乌烟瘴气、腐败横行的旧官场,遂上书求免,请辞代所长之职。1942年,他被征调到重庆"中央训练团"第二十九期去"受训",国民党千方百计强迫他加入国民党。尹赞勋看清国民党装腔作势、毫不作为的丑态,小心应付、多方推脱,始终未加入国民党。1947年,他在《申报》元旦增刊上作诗,揭露了国民党的黑暗,表达了他向往的未来美景。1949年,尹赞勋更是加入了由中共地下党员施雅风领导的,由青年科技人员组成的科学时代社南京分社,每周二秘密学习当时的时事政治。

1949年初,中国人民解放军势如破竹,取得三大战役胜利,国民党军队全面溃败、仓皇而逃。逃亡之际,为了不给新中国留下科学事业根基,国民党政府一意孤行,强行命令中央地质调查所(简称调查所)搬迁至台湾。此时,中央地质调查所前所长,后来担任北京地质学院第一副院长和教务长的地质学家、中国科学院学部委员尹赞勋同志,带头进行了反搬迁斗争。尹赞勋在《往事漫忆》这一自传中,记载了这段抗迁护所的经历,其他学者的回忆录中也多有记载(图1)。

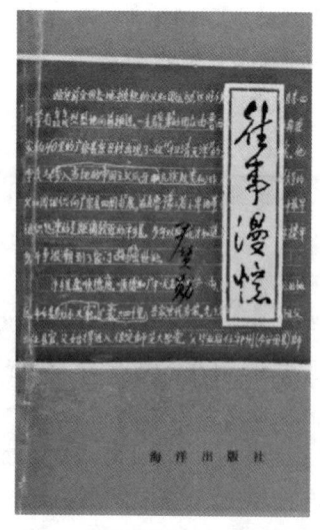

图1 尹赞勋著《往事漫忆》

这是不平常的夜晚,调查所众人或疾步或面露焦色陆续赶来调查所。在紧急会议上,尹赞勋首先表态,他慷慨陈词,痛斥国民党政府腐败黑暗,表示不再对国民党抱有幻想,应保护地质调查所的一切财产,决不能跟国民党走,坚决主张留下。他的态度带动了一批年轻学者。会议一直开到深夜,经过激烈的争论,大会一致通过全所留下的决议。对于国民党政府迫迁的事,大家认为不能完全置之不理,经过商量,他们巧施计谋佯装搬迁。但对于贵重物品外运的问题又展开了激烈争论,尹赞勋主张"改为少装",意见被采纳。于是便把一些不太珍贵的标本、废旧书刊、地质锤等装了十大木箱,赫然写下"贵重图书仪器",运往广州,还趁研究员回家之便,像模像样在湖南长沙挂起"中央地质调查所临时办事处"的牌子,收发来往公文,做出正在搬运的样子,以敷衍当局。同时,他们组织护所队,用砖块把书库窗户砌起来,以防斗争时流弹伤及图书,并分组轮流在所内外日夜巡逻。为了做好长期抗争的准备,他们想方设法购买了8000斤大米,又从市场买了油、盐、咸菜等物资,估计够全所200多名职工及家属一个月的吃用。

1949年4月23日,南京宣告解放,调查所的图书、仪器、标本及全部财产连同人员,完好地回到了人民手中。地学的火种在祖国大地上得以存留,并成为新中国地质事业腾飞的重要源头,与崭新的时代齐头并进。

尹赞勋用"抗迁护所"的伟大壮举,传达出对中国共产党及其建国理念的政治认同和高度信任,对新中国充满了欣喜和向往。他克服一切艰难险阻、追求光明的理想信念领航了当时的中国地质学界。他科学救国的志向、心系祖国的情怀、矢志地学的精神、坚守正义的品格,为中国地质事业保存了卓越星火,为中国地质大学植入了红色基因,孕育了地球科学的优秀学脉,为学校事业发展付出了赤诚心血,为地大人提供了永不枯竭的学术智慧和精神源泉。

案例三:一心向党,擘画新中国地学事业

1950年3月,《新华日报》发表了《创造新时代的地质工作》的报道,动员地质工作者勘探找矿,奔赴生产建设前线,为祖国创建发展工业生产的条件。1950年10月,中国地质工作计划指导委员会正式成立,尹赞勋任第一副主任委员,负责地质教育工作。

1952年,党中央筹备成立北京地质学院,这是"动地"的事业。尹赞勋参加了北京地质学院的筹建工作,并担任北京地质学院副院长兼教务长(图2)。在学校工作期间,尹赞勋提出新型地质教育与旧型教育的八点对比,主持并亲自参加编写教学大纲和设计教学方案,参与筹建系、教研室、实验室及有关教学辅助部门的工作(图3)。从1952年筹备建院到1956年离院,尹赞勋在国家经济建设百废待兴、急需新型地质人才的关键时期,竭尽全力,协助建成了北京地质学院这所新型的地质高等学府,为新中国培养了第一批优秀的地质人才,推动了我国地质事业的发展。中国科学院院士王鸿祯曾在纪念文章中这样写道:"在北京地质学院任职期间,他竭尽全力推进各项教学工作,培养了大批学生,满足了我国第一个五年计划对地质人才的需求。"[①]

在1956年到1966年十年期间,尹赞勋甘当铺路石,义不容辞接下汇编工具书的重担,《中国区域地层表(草案)》《中国区域地层表(草案)补编》《中国地层名词汇编》《中国地层词典(七)石炭系》《中国地壳运动名称资料汇编》先后问世。"文化大革命"期间,他身处逆境,但仍怀着一颗炽热的心,博览国外地质学和其他地学刊物。从1971年起,他将国际上地球科学中

---

① 王鸿祯:《尹赞勋先生对我国地质教育事业的贡献》,《第四纪研究》1994年第14期。

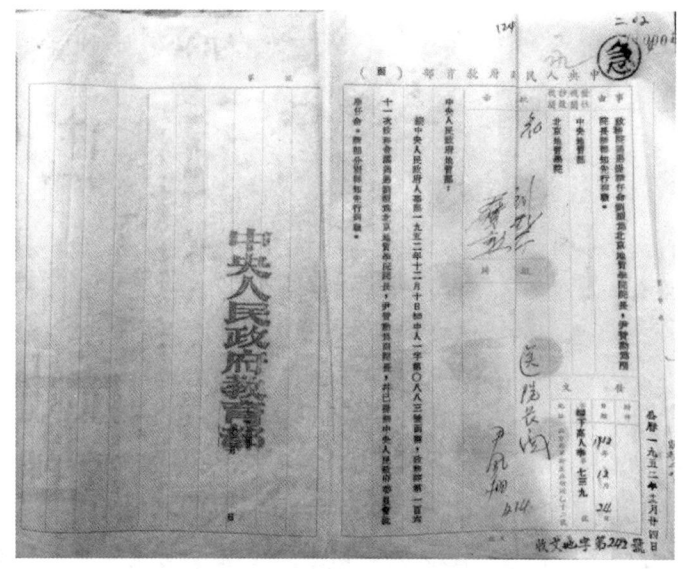

图 2 教育部任命尹赞勋为北京地质学院副院长的文件

进展最快、有重大突破的板块构造学说引入我国,利用各种报告会和座谈会进行深入浅出的讲解,对我国地学界的科研、教学和生产都起了极大的推动作用。尹赞勋长期领导了中国古生物学会,是中国古生物学会担任理事长时间最长的一位科学家。

尹赞勋对家人、对工作要求严格,在学术上却从不吝啬对年轻人的提携。陈国达教授1938年撰写《中国东南部红色岩层之划分》一文,该文由于主张中国东南诸省的红层有白垩系部分存在,与当时的流行看法不合,被刊物主编拒绝,尹赞勋阅读该文后说"看来红层问题大有研究余地",并做了许多工作,使论文正式发表,后来被许多地质人证明,该论点是正确的。在他的指导下,一批青年人才后来成为地学研究中的翘楚,在古生物学和地层学研究方面取得了重要突破。他这样关怀备至、提携人才的可贵品德,也深被地学界同行所敬重,人们亲切地称呼他为"尹公",赞扬他无私奉献的崇高精神。

图 3 工作中的尹赞勋

第五章　尹赞勋：南京解放中抗迁护所的地大学科奠基人

1979年1月29日,77岁高龄的尹赞勋光荣地加入中国共产党。"经过整整三十年的磨砺和诚挚的追求,终于如愿找到政治归宿,也是我一生最高的理想,终于实现了。今后一定全心全意地忠于党,全心全意地为人民服务。"尹赞勋这样说。这是他将个人的全部智慧和精力无保留地贡献给人民的必然结果。此后,他的精神更加焕发,意志更加坚定,他分秒必争、夜以继日地埋头工作。1984年1月27日,尹赞勋因病医治无效,在北京逝世,终年八十二岁。为纪念和表彰尹赞勋在地层学和古生物学方面的卓越成就,1989年,中国古生物学会设立"尹赞勋基金会",设"尹赞勋地层古生物学奖"作为此学科、行业的最高奖项。"尹赞勋精神"将在中国地质学、古生物学、地层学界继续发扬光大。

21世纪的中国地质学,将深入地下和海底开采矿床,进入太空研究外星地质,地质学要不断拓宽视野和活动空间。1959年,尹赞勋发表《科学家谈21世纪》一文,首次提出"下海、入地、上天"的科学目标。今天,尹赞勋等几代科学家的梦想正在一步一步地实现,"上天、入地、下海、登极"也成为中国地质大学最鲜明的学科特色。

尹赞勋的一生历经了新、旧中国的巨变,他从最初的"科学救国"论者成长为共产主义战士和红色科学家,投身于中华民族谋求科学自强的壮丽事业,始终初心不改。他为中国地质大学的学科专业建设擘画全局,为学校植下红色基因,悉心指导学校成长发展,延续永不熄灭的地质薪火。他是整个近现代中国地质学历史的代表,在他身上集中体现了从20世纪初到20世纪末地质学在中国发展的过程。他毕生潜心钻研地学,泽被桃李,在我国地质科学领域树起了一座不朽的丰碑。他留给我们的,不仅是结实累累的科研成果,更是不畏艰难、追求真理的科学思想和一心为国的优秀品质。我们要赓续科学前辈的精神血脉,在一代代地大人中薪火相传。

（二）案例点评

案例一讲述了尹赞勋在五四运动的影响下怀揣科研救国之心前往欧美求学,学成后归国投身祖国科学事业的故事。案例三中,尹赞勋为新中国地学研究、地质建设鞠躬尽瘁,他爱护后辈、接轨国际,致力为新中国工业建设寻找矿藏,是一名为中华民族和中国人民谋发展、谋幸福的红色科学家。20世纪30年代的中国内外交困、国力薄弱,地学领域缺乏人才与技术支撑,对广袤国土的认识和开发不能满足国家建设的需要。青年时期的尹赞勋在这样的背景下赴法留学,并把地学研究作为自己毕生的事业,始终不忘救国强国的科研初心,将一生奉献给了祖国的地学事业。

案例二讲述了尹赞勋对国民党当局强迁地质所的要求进行了坚决的抵抗和巧妙的周旋,保护了新中国地学事业的传承火种。尹赞勋任中央地质调查所代所长时,不合于国民党黑暗腐败的官场积习,在迫迁压力下的紧急会议中鼓励地质所的众人一起通过了"留下来建设新中国"的决定。以尹赞勋为代表的地质所和知识分子对中国共产党的高度认同,表现出民众对中国共产党的信任与支持,以及对在中国共产党领导下建设新中国的热情与期待。

(三)教学建议

案例一可用于第四章第一节第三目"五四运动:新民主主义革命的开端"部分的辅助教学。教学时要注意引导学生明晰新民主主义革命的历史划分,理解新文化运动的发展进程和五四运动的伟大意义。结合视频与图片使学生感悟五四运动的爱国主义核心,认识到先辈们为救国、强国付出的努力与牺牲,激励青年传承爱国先辈精神,担当时代使命,为中华民族伟大复兴接续奋斗。

案例二可用于第七章第二节第三目中"国民党统治区的政治经济危机"、第三节第三目中"第三条道路的幻灭"和第四节第一目"南京国民党政权的覆灭"的辅助教学。迫迁地质所的事件体现了国民党对人民安全、国家利益的漠视,表明了以尹赞勋为代表的学界先辈在黑暗和炮火中追求光明、发展科学的爱国之心。人民解放战争中,国民党对民主党派、民主人士的迫害和反人民的内战政策遭到国内各阶级的强烈反对,迅速失去民心的国民党的溃败已成必然。

案例三可用于第八章第一节"中华人民共和国的成立与新生人民政权的巩固"部分的辅助教学。新中国成立初期,百废待兴,无数地质工作者投身新中国地学教育事业。这一时期培养了多批地学界的青年人才,他们为新中国地学发展、工业建设立下不朽功劳。尹赞勋作为老一辈地学研究者,将敢为人先、接轨国际、孜孜以求、爱党爱国的精神展现得淋漓尽致。

二、教学分析

(一)教学目的

(1)结合案例一,学生能够了解五四运动发生的历史背景,正确认识五四运动的爆发过程和历史意义,通过尹赞勋等爱国先进青年投身革命、为国科研的故事引起学生共鸣,深刻感悟五四精神。结合对案例三的学习,学生能够了解以尹赞勋为代表的地质教育工作者为新中国的地学建设和工业化建设做出的牺牲与贡献,认识到地大人延续七十年的爱国血脉,坚定新时代青年的使命和担当。

(2)结合案例二,带领学生回顾抗战胜利后国民党撕毁《双十协定》、发动内战的历史,使学生认识到国民党反动派代表了大地主大资本家的利益,其阶级属性、反人民的本性不会改变,加深学生对解放战争的历史意义的理解。

(二)教学重难点

(1)五四运动的发展及历史意义(重点)。

第五章　尹赞勋：南京解放中抗迁护所的地大学科奠基人

(2)五四精神的内涵(重点)。
(3)解放战争的爆发过程(难点)。

三、教学思路与方案设计

(一)教学思路

案例一可用于第四章第一节第三目"五四运动：新民主主义革命的开端"部分的教学。五四已经成为一个象征，成为青春年华特有的象征，成为青年优秀群体特有的象征，成为与爱国主义传统紧密相连的民族特征[①]。教师可通过电视剧《觉醒年代》第34集中五四运动的片段引入教学，介绍尹赞勋受五四运动影响后赴法留学、科研报国的故事，激发学生的学习热情，带领学生回顾鸦片运动之后、五四运动之前中国不同阶级的爱国群体为救国所做出的各种尝试，结合新文化运动的发展历程，引导学生思考五四运动为什么成为中国新民主主义革命的开端。新民主主义革命胜利后，以尹赞勋为代表的新中国地质工作者，在各自的领域里为祖国的教育和建设事业接续奋斗。

在案例二的教学中，可以带领学生模拟尹赞勋在国民党当局强迁地质所时与众人召开的紧急会议，由学生陈述前往台湾或留在大陆的理由和办法，体悟尹赞勋等老一辈科学家在历史的十字路口前的勇敢与坚韧。教师通过展示和解说解放战争中国民党当局横征暴敛、滥发货币对人民生活造成的巨大苦难的视频和图片，使学生理解在蒋介石领导下的国民党反动派的反人民本性，认识解放战争的伟大历史意义。

(二)教学方案

1. 教学方案一(适用于案例一、三)

教学步骤	教学内容	设计意图	时间/分钟
导入新课	播放电视剧《觉醒年代》第34集五四运动的片段，结合案例一讲述青年尹赞勋赴法留学、科研救国的故事	播放爱国影视片段，讲述案例故事，激发学生的爱国情感和奋斗热情	6
简介教学目标	简要介绍本次教学要达到的目标	使学生对本次教学要达到的目标有清晰的认识	2

---

① 傅治平：《精神的升华——中国共产党的精气神》，人民出版社2007年版，第93页。

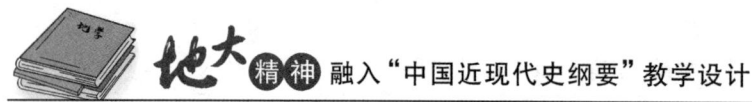

教学步骤	教学内容	设计意图	时间/分钟
呈现教学材料，引导学生学习	知识点一：五四运动以前各阶级的救国方案 带领学生梳理鸦片战争到五四运动的80年间中国不同阶级的爱国群体为救国所做出的各种尝试，总结他们失败的根本原因，使学生思考新民主主义革命的历史任务和历史意义	巩固所学知识，梳理历史脉络，使学生认识到五四运动的重要地位，理解新民主主义革命的历史意义	32
	知识点二：新文化运动的历史进程 首先，向学生展示鲁迅《狂人日记》和陈半农《叫我如何不想她》片段，介绍新文化运动的具体内容；其次，介绍新文化运动发展的主要阶段与主要领导者；最后，讲明随着新文化运动的开展，"民主"与"科学"的含义也更加丰富，为五四运动的爆发奠定了思想基础	使学生了解新文化运动的发展历程，加深对五四运动的历史背景的认识和理解	
	知识点三：五四运动、五四精神 结合尹赞勋的故事，带领学生回顾五四运动的爆发经过、胜利的原因和历史意义，以及为建设新中国鞠躬尽瘁的爱国先辈，讲解五四精神的伟大内涵，思考五四精神的当代价值。 在授课时，教师可以多运用媒体资源，使用与五四运动、新文化运动相关的图片和视频资料，激发学生对五四运动时爱国青年和革命先辈的敬佩之情	使学生清楚五四运动的历史意义，对五四精神有更深入全面的理解，深入思考新时代中国青年的使命与担当	
教学小结	教师简要梳理本节课教学内容，并强调重点内容		3
课后作业	要求学生观看或阅读习近平总书记2019年4月30日在纪念五四运动100周年大会上的讲话，并提交500字以上心得体会	帮助学生巩固课堂知识，锻炼学生的思考和写作能力	2

2. 教学方案二（适用于案例二）

教学步骤	师生活动	设计意图	时间/分钟
导入新课	引入案例二中尹赞勋抗迁护所的故事，向学生提问，假设自己身处这一历史环境，会对中央地质调查所的未来做出哪种选择	假设学生身处历史环境，了解学生作何选择	6
简介教学目标	教师向学生简要介绍本次课堂教学要达到的目标	使学生对本次教学要达到的目标有准确清晰的把握	2

教学步骤	师生活动	设计意图	时间/分钟
呈现学习材料,引导学生学习	知识点一:解放战争的爆发 抗战胜利以后,国共两党为分配胜利果实展开斗争与协商,蒋介石电邀毛泽东来重庆会谈。经过四十三天的谈判,国共签订《双十协定》,协议刚一签订,蒋介石便对解放区发起进攻。广大要求和平建国的中国人民发起"反对内战,争取民主"的大规模民主运动,在国内政治压力和美国总统特使马歇尔的调停下,国共签订停止国内冲突的协定。1946年6月底,国民党反动派撕毁停战协议,对解放区发动全面进攻,全面内战爆发。讲解战争爆发的历史背景时,重点说明国民党的政治主张是与中国人民要求民主和平的呼声背道而驰的,使学生认识到国民党反动派的实质是反人民的	教师通过对解放战争爆发过程的讲解,使学生认识到抗战胜利后国民党假和平、真内战的政治阴谋,认识到中国共产党为争取和平民主的努力,明白谁该为抗战胜利后的内战负责	32
	知识点二:国民党在战争中失败的原因 首先,播放电影《一九四二》国民党官兵横敛民财、百姓无助逃荒的片段,结合案例二,介绍国民党当局迫迁地质所的无理要求以及尹赞勋抗迁护所的壮举,讲清国民党反动派对中国人民发展前途的漠视和破坏;其次,通过展示国民党军队在接收日占区时的强取豪夺和推行的币制改革,以及国民党官员在战争中的贪腐无能,讲清国民党的地主阶级和官僚资产阶级的阶级属性与中国民主改革的要求无法相适应;最后,通过对比解放区人民安定、团结一心和国民党在中国的独裁专制统治,使学生深刻理解中国共产党的胜利是"得民心者得天下"的真实写照	使学生对国民党反动派在解放战争中破坏人民群众生命财产安全的罪行有直观的了解,从而对国共两党所代表的阶级有清晰的认识	
	知识点三:解放战争胜利的历史经验 通过展示解放战争中国共两党的军事力量对比,引导学生思考主导战争走向的原因。在解放战争中,中国共产党在思想、组织、经济、军事、舆论等方面都取得了重大胜利。讲明中国人民在经历了十四年抗战的动乱后,有民主改革、和平建国的强烈要求,中国共产党充分考虑人民群众的这种愿望,并做出了极大的牺牲和努力,而国民党凭借前期的军事优势和美国政府的支持,民心向背,倒行逆施,其失败是必然的	使学生准确把握解放战争胜利的原因和历史经验,认识到在解放战争中,中国共产党的各项措施都顺应了民心,并在全国人民的帮助和支持下取得了战争的伟大胜利	
教学小结	教师对本节课的内容进行总结,引导学生回顾课堂内容,感悟尹赞勋献身科学、热爱祖国、勇于斗争的英雄气概和非凡智慧		2
课后作业布置	要求学生到校史馆参观尹赞勋的相关展览,并结合相关历史知识,搜集解放战争期间为争取民主、反对内战而牺牲的革命英烈的故事,以小组为单位提交一份讲演PPT	通过实地学习,激发学生对爱国先辈的崇拜与认同,提高学生探索与创新的自我意识	3

四、教学方法推荐

(1)对"五四运动:新民主主义革命的开端"的教学适宜使用专题式教学法和案例式教学法相结合的方式组织教学。

"九·一八"事变后,中华民族灾难空前深重,各种矛盾交织激化,在国内外局势的影响下,五四运动爆发了。五四运动以前,中国社会各阶级为救国做了许多有益的尝试,但并未找到真正的救国强国之路,五四运动因其彻底地不妥协地反对帝国主义和封建主义的斗争,使中国革命进入了一个新的历史时期,构成了中国新民主主义革命的开端。这一部分教学内容前后知识点的联系较强,教师采用专题式教学法,可以使学生对五四运动爆发的历史背景有更系统的了解和学习,对五四运动是中国近代史中"新民主主义革命的开端"这一历史地位和形成原因有清晰认识。结合教学案例与课堂多媒体素材,通过课堂提问、情景联想,以案例式教学法加深学生对五四运动与五四精神的感悟,引导学生思考五四精神的当代价值。

(2)对"第三条道路的幻灭"和"南京国民党政权的覆灭"适宜使用讨论式教学法和启发式教学法。

课堂开始可以先将学生置于"解放战争结束前夕国民党迫迁地质所"的历史情境中,假设学生作为当时地质所的一名研究人员,在解放战争结束后需要对前路做出选择,或者服从决定去台湾,或者顶住压力留守大陆。教师安排学生分组讨论发言,并引出案例二中尹赞勋的故事,锻炼学生的判断力和思考能力,使学生更快进入学习状态,理解课堂内容。抗战结束后,国民党撕毁《双十协定》,发动内战,暴露了其反人民的本性。教师可以运用启发式教学法,结合国民党在解放战争中搜刮民脂民膏、横征暴敛的史料和音频资料,以及解放战争初期国共两党的军事实力对比,向学生展示这一时期的国民党是如何迅速失去民心,以及最终走向战争失败的,回顾解放战争爆发的历史背景和战争发展、胜利的相关历史知识,使学生感悟到在解放战争中,得民心者由弱变强,失民心者由强变弱,认识到历史的选择就是人民的选择,中国共产党始终将人民利益放在第一位是解放战争胜利的根本原因,增强学生对中国共产党的政治认同。

第六章 袁复礼：西南联大风骨，地大学术先驱

一、教学案例——袁复礼

袁复礼（1893年12月31日—1987年5月22日），字希渊，河北徐水县人，我国著名地质学家、地质教育家，中国地质学会的创始会员之一。1915年毕业于清华学堂高等科，1920年获美国哥伦比亚大学地质学硕士学位，回国后在北京地质调查所工作。1927—1932年，袁复礼在中国与瑞典合组的西北科学考察团任中方代理团长，后历任清华大学教授，地学系、地质系主任，北京地质学院、武汉地质学院北京研究生部教授，1987年5月22日，袁复礼于北京病逝。

袁复礼是中国近现代地质事业的开拓者，是中国田野考古工作的先驱之一，他辛勤奋战、泽被桃李，从事地质教育工作60多年，培育了几代地质人才，为我国地质科学领域树立了一座丰碑。作为地质学家，袁复礼把论文写在中国大地上，为中国地质科技事业呕心沥血；作为爱国教育家，他为人师表，言传身教，以人生为教科书，将对地质事业的执着追求和对祖国的无限忠诚注入学生心田。他留给国家的不仅有满园桃李和累累硕果，还有求实求知、勇于探索的科学精神和诲人不倦、为国为民的高尚品质。

（一）案例呈现

案例一：学贯中外，地质报国创基业

20世纪初，面对当时积贫积弱、任人宰割的中国，无数有志青年带着中华儿女追寻民族复兴的志气，选择了出国留学，寻求"救国"良方，以图振兴中华的道路。袁复礼便是选择了这条道路。

袁复礼于1893年生于北京。1913年，他考入清华学堂高等科（图1）。两年后，袁复礼怀着知识报国的志向赴美深造，在布朗大学学习生物学、考古学、植物学等课程。在一次听了著名地貌学家D.W.约翰逊教授关于海岸地貌的演讲后，他对地质学产生了浓厚兴趣。1917年，袁复礼毅然转入哥伦比亚大学，开始学习地质学。

有着强烈爱国精神的袁复礼发奋求学，废寝忘食地汲取知识的养料，并将所学用于实践。学习期间，他到得克萨斯州进行三角测量，到俄勒冈州观测潮汐，参加纽约市地下铁道的工程地质工作，还研究了德逊河西岸玄武岩的重力分异，首次划分出橄榄岩，并以此项研究成果获得硕士学位。6年丰富的学习实践，为袁复礼的地质事业生涯打下了坚实基础。

图1 在清华学堂读书时的袁复礼

1921年10月，袁复礼因母病重提前回国，在北京农商部地质调查所任技师，并迅速投入到地质调查工作中，践行着科学救国、报效祖国的壮志。袁复礼曾说："欲发展地质科学，当务之急应建立一个学术团体，以便进行国内外的学术交流，开阔视野，跟上时代。"20世纪20年代，我国地质科学发展滞后，面对内忧外患、贫穷落后的祖国，袁复礼等试图通过学术联合将中国地质科学发展壮大。1922年1月27日，中国地质学会正式成立，这是中国成立最早的自然科学学会之一，对促进中外学术交流和发展中国地质事业起着重要作用。

1923年，为改变甘肃地区缺乏燃料、森林大量被毁的状况，袁复礼不顾野外的危险和艰苦，先后在兰州、张掖等地找寻含煤地层、调查旧煤窑、评价可供开采的煤田。其间，在平凉找到了奥陶纪的笔石化石，在武威西南发现了丰富的海相化石，首次确定了我国有早石炭世晚期地层，为研究我国石炭系及生物对比和古地理打下了基础。在回国后的几年，袁复礼和志同道合的伙伴结伴野外考察，足迹遍布大江南北。袁复礼不是两耳不闻窗外事的学者，相反，严峻的社会现实激起了他强烈的民族情感，让他满怀激情，用自己的学识来报效国家。

西北边疆，是多数人眼中的荒芜穷僻之地，实际却满藏宝藏。近代以来，不少外国人以考察的名义将中国西北文物、地理资料掠夺至境外。资源的流失，在袁复礼这样有深厚民族情感的知识分子的心中留下了难以磨灭的印迹。也正是这种屈辱，让他在西北考察中坚韧坚

第六章 袁复礼：西南联大风骨，地大学术先驱

定、勇于开拓，誓要为国家争一口气。

1926年，已在中国西部三次历险的斯文·赫定再次组织起一支探险队来到北京，欲再次前往西北考察。他们得到了北洋政府的批准，农商部地质调查所的翁文灏与之签订了协议。协议中提出：只容中国二人参加，负与当地官厅接洽之义，限期一年，到新疆后即需东返。此外，采集之历史文物先送瑞典研究。不对等的协议以及没有中国学者参加的条款，激起中国学术界的强烈不满，学术界随即召开北京各学术团体联席会议，与斯文·赫定再次展开谈判，坚决反对外国人单独对中国的土地进行考察，攫取珍贵资料。据理力争后，双方终于达成新协议：中外学者共同参加科学考察，考察所得采集品决不许擅自运出境外。至此，"中瑞西北科学考察团"成立。

按照协议规定，中方选派5名学者和4名学生加入探险队。袁复礼是中方5名学者之一。1927年5月，在斯文·赫定、徐炳昶两方团长的带领下，考察团登上北京到包头的列车，西北考察的帷幕正式拉开（图2、图3）。

图2 1927年，袁复礼（左）和斯文·赫定（中）、徐炳昶（右）在一起研究工作

图3 1929年，"中瑞西北科学考察团"部分成员在乌鲁木齐合影（右三为袁复礼）

"今夜不知何处宿,平沙万里绝人烟",这是大西北真实的写照。历经沙漠迷路之艰险,承受风沙雨雪之苦,饱尝土匪骚扰之患,甚至缺水断粮。如此苛刻的环境下,袁复礼的科学考察从未间断(图4、图5)。

1928年,袁复礼在新疆吉木萨尔县三台大龙口首次发现了水龙兽、二齿兽和袁氏阔口龙等三叠纪爬行动物化石,消息一经传出便轰动国内外学术界。5年中,袁复礼共发现了72具恐龙化石、4个化石点、5个化石层位以及10种有伟大科学意义的古脊椎动物化石。其后,他先后撰写并发表了《新疆二齿兽的发现》《准噶尔盆地地质》等文,对地质事业的发展作出了卓越贡献。特别是此次考察期间发现的大量脊椎动物化石研究成果的发表轰动国内外。

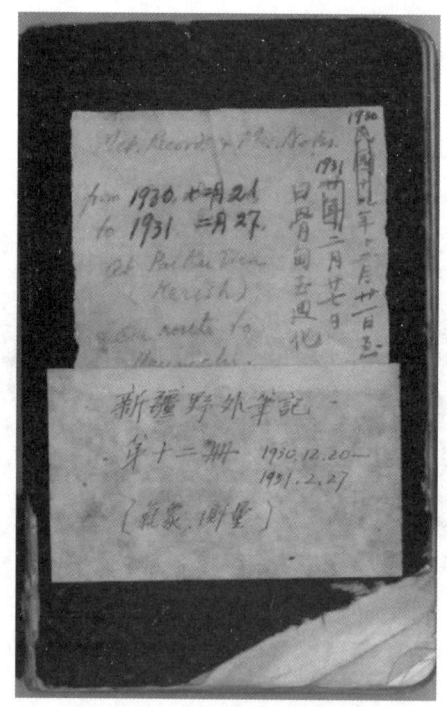

图4 袁复礼的西北考察笔记

图5 袁复礼西北考察途中使用过的相机

第六章 袁复礼:西南联大风骨,地大学术先驱

1934年,袁复礼获得瑞典皇家科学院授予的"北极星"奖章(图6)。这是对袁复礼在西北科学考察团作出突出成就和贡献的嘉奖,也是对袁复礼科学精神的肯定。袁复礼是第一个到新疆进行长期野外考察的中国科学家,自他开始,中国人自己开始谱写了在西北的科学考察历史。至今,中外科学家仍在沿着袁复礼的足迹不断探索着。

图6 瑞典皇家科学院授予袁复礼的"北极星"奖章(左)和西北科学考察团团徽(右)

案例二:仰韶拓荒,地学考古护文脉

仰韶文化遗址的首次发现作为20世纪中国考古100件大事之一,标志着中国现代考古学的诞生,证实了中国存在非常发达的远古文化,使世界认识到中国有自己的新石器文化。虽然袁复礼是一位地质学家,但中国考古史上的几次重大发现都有他的参与,袁复礼被考古界誉为"中国考古事业的先驱者之一"。他参与的考古第一件大事就是发掘仰韶文化遗址。1921年,刚从美国归来的学者袁复礼在仰韶村遗址的第一次发掘中起到了核心作用,不仅对遗址进行了全面测量,并按照1∶2000和5厘米等高线绘制了中国考古史上的第一幅等高线地图——《仰韶村遗址地形图和仰韶村南部等高线图》,还承担了与北洋军阀当局的交涉工作。这幅精准的仰韶村遗址地形图为后来该地的考古调查和发掘工作提供了科学依据。

1921年10月至12月,袁复礼协同瑞典学者安特生在河南渑池仰韶村开展考古发掘工作(图7)。日常的发掘工作由袁复礼主持,他积极发挥自己的地质和考古知识优势,发掘出带土实物十余箱,包括骨器、石器、陶器等。

地下埋藏的文物终于破土而出并展现在世人面前,成为传承中华文明的载体。仰韶遗址,这个袁复礼积极参与考古的地方,拉开了科学探索华夏史前文化的序幕,使所谓的"中国无石器时代"的理论不攻自破,强烈冲击了"中华文明西来说"。自此之后,中国考古学一次次以科学的调查发掘,系统、完整地向世界揭示了源远流长、灿烂辉煌的中华文明。

在18世纪20年代,我国自然科学十分落后,以田野调查发掘为基础的现代考古学亦是如此。作为一名学者,袁复礼的社会责任感极为强烈,他化所学为行动,挑起了中国现代考古学发展的重担。1925年冬和1926年秋,袁复礼与清华大学的李济等人再次组成小型田野考

图 7　1921 年,袁复礼(左一)、安特生(左二)在仰韶文化遗址发掘考察

古队,两次前往山西夏县的西阴村考古,采集到了 76 箱出土文物,并以"三点记载法"与"层叠法"进行登录,实现了中国历史上第一次由中国人自己主持、用现代考古方法所做的遗迹挖掘。1928 年,袁复礼在西北考察期间,对北庭遗址进行了考古探索,并测绘完成了 1∶1 万的《北庭故城遗址测绘图》。

正是这种不畏艰险、勇于挑战的精神,让袁复礼在考古学方面取得了丰硕成果,他用渊博的知识和挥洒的汗水浇灌着考古学,使考古学不断成长,为中国现代考古学的发展奠定了坚实的基础。

案例三:扎根西南,育人抗战树丰碑

"国难危机的时候,我们的教育精华辗转周折聚集在这里,形成精英荟萃的局面,最后在这里开花结果,又把种子播撒出去。所培养的人才在革命、建设、改革的各个历史时期都发挥了重要作用。"2020 年 1 月 20 日,习近平总书记在考察国立西南联大旧址时,深有感触地这样谈到。他在讲话中高度赞扬了国立西南联大结茅立舍、弦歌不辍的家国情怀。

1937 年卢沟桥事变爆发后,日本发动全面侵华战争。北平、天津相继沦陷。华北之大,再也放不下一张平静的书桌。为保存中华民族教育文脉,华北及沿海许多大城市的高等学校纷纷内迁。清华、北大、南开三校在湖南长沙联合组建国立长沙临时大学。但时局不稳,随着上海、南京接连失守,武汉也岌岌可危,1938 年 2 月,长沙临时大学再度选择西迁昆明,后改称国立西南联合大学(简称国立西南联大)。

山路崎岖坎坷,暴雨侵袭,匪患骚扰,使得这次西迁征程变得举步艰难。历经磨难的师生激情不减,一路上,利用各种机会学习、采风,进行爱国主义宣传,收获颇丰。年近五十的袁复礼始终保持乐观心态和充沛精力。他带领学生沿途采集标本、寻找化石、观察地貌、测制路线地质图。徒步行进时,他时不时停下来,手持地质锤,腰系罗盘,敲打着岩石露头,有时还在小

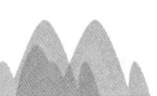

第六章 袁复礼：西南联大风骨，地大学术先驱

本上记录和画图，他每天都能画出一张地质路线图。一路上，还有很多好学的学生请教，他总是非常耐心地进行解答。在他看来，这次步行迁移是一次难得的野外地质考察，不仅锻炼了意志和体魄，也是亲自给学生们实践教学的好机会。他艰苦奋斗、乐观豁达的精神潜移默化地影响着每一位师生。

学校初创，条件之艰苦令人难以想象：教室的屋顶是铁皮的，一到下雨，叮当声不绝于耳，宿舍的屋顶是草搭的，夏天漏雨，冬天灌风，更艰难的是师生们隔三差五就要"跑警报"，在郊外的山上等待空袭结束。"跑警报"是国立西南联大司空见惯的场景，联大的师生，对"跑警报"太有经验了，从来不惊慌失措。据统计，战争期间，日军战机先后281次空袭云南，最多的一天，出动27架飞机轰炸昆明。电影《无问西东》中有这样一幕：空袭警报响起，师生们不疾不徐地跑出学校，来到郊外。袁复礼不失仪容，慢慢地来到防空洞，提着恐龙标本，淡定地给学生讲课。这一幕高度还原了国立西南联大在烽火硝烟中教学的情形。

这是最具血泪和硝烟的联大岁月。他们或掀起奔赴前线战场的从军热潮，或进行教学科研，保存民族文脉，避免国家因抗战而致人才断层。

"一二·一"运动中，国立西南联大师生发起反内战的爱国民主运动，4名青年学子在"一二·一"运动中牺牲，29名师生重伤。运动中，袁复礼不惧生死，挺身而出，救护爱国学生，却惨遭特务毒打，以致多日不能下床。面对反动派的屠刀，国立西南联大师生和云南爱国人士没有被吓倒，民主运动一浪高过一浪。

国立西南联大的命运与山河破碎的国家紧紧相连，它不是与战火隔绝的象牙塔，而是爱国师生的救国堡垒。他们用自己的一生，撑起了中华民族的脊梁。

国立西南联大这所被称为"中国教育史上的珠穆朗玛峰"的战时大学，在仅存的八年多时间里，赓续了中华民族的文化血脉，充分践行了抗战救国的时代使命，谱写了一曲爱国主义精神、民族精神和抗战精神的时代赞歌，铸就了中国乃至世界教育史上的不朽丰碑。

从国立西南联大风骨征程中走出的袁复礼，用"年近五十（岁），步行三千（里）"的壮举，铸造着一代爱国教育家的风范。他秉持坚守理想、赤忱报国的骨气，探索求知、敢为人先的志气，迎难而上、艰苦奋斗的勇气，至诚至真、兼容并包的底气，延续了战时中国奄奄一息的地学学脉，培植了国立西南联大的学脉根基。

一路走来，在袁复礼等大师的浸染下，国立西南联大地质地理气象学系学生学有所成，相继成为新中国地质教育的脊梁（图8）。1952年北京地质学院成立，继承了国立西南联大地质地理气象学系的主要学脉与血脉。国立西南联大地质地理气象学系培养的学生中共有两院院士23人，其中11位在北京地质学院任教。在他们的带领下，学校继承发扬了国立西南联大优秀的精神与品格，并潜移默化地影响着一代又一代地大人，为学校的发展壮大提供了丰厚的精神滋养。

案例四：为国尽忠，丹心风骨传后人

当五星红旗第一次在天安门广场上冉冉升起时，动乱的中国顿时充满了无限希望，属于科学发展的好时代来到了。在人民的欢声笑语中，袁复礼感到无比畅快。光明就在前面，我

图8 1940年,国立西南联大地质地理气象学系部分师生合影(前排右二为袁复礼)

们应当努力,要为培养更多地质人才全力以赴,袁复礼立下了豪言壮语。新中国诞生了,他看到国家建设的百废待兴,虽年逾花甲,仍以饱满的热情积极投入祖国的各项建设事业,并立即给海外的学生写信,召唤他们回国效力。袁复礼对池际尚说:"显微镜都给你准备好了,就等你和光炽回来开新课"。1950年,在袁复礼的感召下,池际尚、涂光炽等一批地质学家陆续回国,新中国地质人才队伍得到不断充实。

1952年,全国高校院系调整,由袁复礼领导的清华大学地学系与北京大学地质系、天津大学地质工程系和唐山铁道学院采矿系组合并组建了北京地质学院(图9)。袁复礼作为学校筹备委员会委员,在北京地质学院百端待举的状态下,积极参与学院筹建工作。

图9 袁复礼和北京地质学院地貌组同事一起探讨

作为一名从旧时代走到新时代的地质学家,袁复礼对家国苦难有着切肤之痛。因此,他一心为国,60年来都在为地质科学事业和地质教育事业奉献自己(图10)。1949年,袁复礼将西北考察归来后绘制的1∶50万新疆地形图交予解放军,促进了西北解放;1950年,又将收集到的1∶10万朝鲜中部地形图交予志愿军,助力了抗美援朝军事行动;1952年,帮助河北省圈定和评价了迁安铁矿;1953年,参加了中科院编译局地质学名词编译工作;1956年,参加长江三峡工程地质考察和鉴定工作以及刘家峡水电站地质论证工作;1959年,解答了南京长江大桥工程问题。正如古脊椎动物与古人类研究所写给袁老的信所言:"您是中国地质学的一位奠基人,您所走过的路程就是中国地质学、古生物学从弱到强不断壮大的过程。您60余年来一直孜孜不倦地、热情地把全部精力倾注在中华民族崛起的伟大事业之中。您培养的一代又一代学生,也正像您一样,在地质学领域各个学科中,为可爱的祖国作出自己的贡献。"

图10　1985年,年逾90高龄的袁复礼仍每天伏案工作

回首袁复礼光辉的一生,他的功绩、他的精神,构成一本极其丰富、生动的"教科书",指引着一代代地质人开拓进取、奋勇向前,努力守护好、建设好伟大祖国,创造无愧于历史和人民的崭新业绩。1987年5月22日,袁复礼于北京病逝,享年94岁(图11、图12)。斯人已逝,风范永存。他的风骨已熏陶感染了一代又一代地质人,一脉相承,赓续不断。

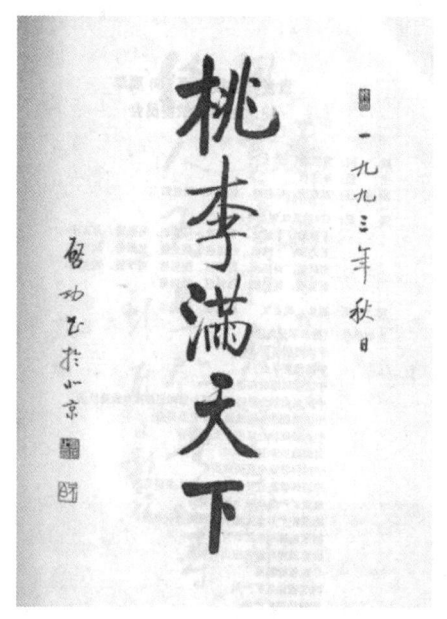 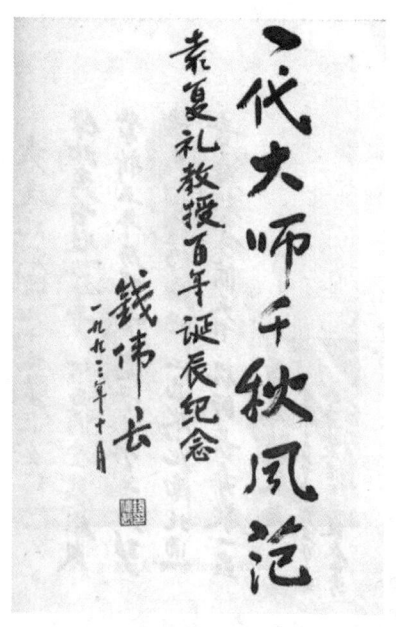

图 11　1993 年,书法家启功为袁复礼百年诞辰题写"桃李满天下"　　图 12　1993 年,钱伟长为袁复礼百年诞辰题词"一代大师　千秋风范"

(二)案例点评

案例一、二中,袁复礼心怀知识救国之念留学西洋,回国后投身祖国的地学研究和教育事业,驻扎在大西北,保护和发掘祖国的地质和考古资源,将一腔热血献给祖国的地质事业,践行了少时科学救国、报效祖国的壮志。20 世纪初的中国时局动荡、内忧外患,有志之士纷纷探索救国之路。科学救国是由一部分中国知识分子提出并产生深远影响的救国主张,但在旧社会反动政权的统治下,注定了科学只是反动政权维护统治的工具,而非救国强国之道。五四运动后,科学救国的思潮使更多层次和阶级的中国人认识和了解了科学,鼓舞更多知识分子走上了科学救国的道路。

卢沟桥事变爆发后,当地中国驻军奋起反抗,中国共产党通电全国,中国由此进入全面抗战阶段,筑成抗日民族统一战线的坚固长城。多难殷忧新国运,动心忍性希前哲,国立西南联大是中国抗日战争开始后高校内迁设于昆明的一所综合性大学,国立西南联大共存在了 8 年 11 个月,在抗战期间保护了祖国的重要科研力量,培养了一大批卓有成就的优秀人才,留存了中国大地上的科学火种。国立西南联大"内树学术自由,外筑民主堡垒",被誉为抗战时期全国的"民主堡垒",在大西南、大后方开展爱国民主运动中发挥了重大作用①。

案例三讲述了袁复礼在国立西南联大迁校和办学中刚毅乐观、坚卓奋斗的故事。读书不忘救国,救国不忘读书。国立西南联大这所诞生于抗日烽火中的高等学府,成为抗战时期教书育人、救亡图存的精神高地,以袁复礼为代表的国立西南联大的教职工在炮声和空袭的侵扰下,在紧张的物资供应中完成了南迁,在警报声中有条不紊开展了教学工作。案例四中,袁

---

① 候晋雄:《中共中央南方局的群众路线实践及其当代价值》,人民出版社 2022 年版,第 124 页。

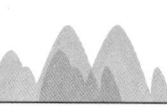

复礼虽已年逾花甲,仍全身心投入到新中国的地质教育事业中,召回了许多留学海外的著名地质学家,培育了几代地质人才,为祖国的地质学、古生物学事业发展立下汗马功劳。

(三)教学建议

案例一、二可用于第四章第一节第一目"新文化运动与思想解放的潮流"部分的辅助教学。1915年兴起的新文化运动提倡科学,反对迷信盲从,打开了新思想涌流的闸门。通过学习案例一、二中袁复礼保护和发掘中国历史文物和考古遗迹的故事,学生能够对新文化运动有更深入的了解,认识到科学文化发展对救国强国的重要性,体悟到在抗战中以国立西南联大师生为代表的中国知识分子艰苦学习、报效祖国的责任担当,从而引导学生心怀报国之志奋发学习,为祖国的科学和学术事业发展接续奋斗。

案例三、四可用于第六章第二节第三目"抗日民族统一战线的建立与全民族抗战的开始"、第八章第一节第二目中"教育科学文化卫生事业除旧布新"部分的教学。结合案例三中袁复礼在国立西南联大的故事引出国立西南联大成立的历史背景和南迁经过,深入阐释国立西南联大精神。播放电影《无问西东》片段,让学生们了解国立西南联大在炮火和硝烟中艰苦办学、共克时艰的历史,认识到在袁复礼等国立西南联大教授的影响下,一批批国立西南联大学子,先后成为中国地质事业建设的先驱和领军人物。

在结合案例进行讲授时,可让学生阅读2020年1月20日习近平总书记参观国立西南联大旧址的讲话,揆诸当下,或带领学生观看纪录片《国立西南联大》第一集片段并在课上进行讨论和分享。

二、教学分析

(一)教学目的

(1)通过对案例一、二的学习,学生能够对新文化运动的历史背景、内容和意义有更深入的了解,明晰文化运动中"科学"的狭义与广义之分;认识到20世纪初科学救国思潮的发展及其对马克思主义在中国传播的推动作用,感受到爱国知识分子深厚的历史责任感与赤诚的救国之志。

(2)通过对案例三、四的学习,学生能够理解华北事变后中国面临的危难处境和抗日民族统一战线的伟大意义,认识国立西南联大南迁教学的历程,感悟在战火的洗礼中铸造的联大风骨和联大师生笃志学习、科学报国的崇高精神信念,以及新中国成立后爱国知识分子在祖国教育科学文化事业建设中的赤子之情。

(二)教学重难点

(1)科学救国思潮和新文化运动(重点)。

(2)国立西南联大的历史地位与国立西南联大精神(难点)。

(3)抗日民族统一战线形成的伟大意义(重点)。

(4)新中国教育科学文化卫生事业除旧布新(重点)。

三、教学思路与方案设计

(一)教学思路

课堂教学内容分为三个部分:一是"新文化运动与思想解放的潮流",二是"抗日民族统一战线的建立与全民族抗战的开始",三是"新中国教育科学文化卫生事业除旧布新"。

在第一部分的教学中,首先引导学生回顾科学救国思潮与新文化运动的背景和主要内容,讲清新文化运动冲击了封建迷信思想,推动了马克思主义在中国的传播。结合案例一、二,介绍以袁复礼为代表的爱国青年在科学救国思潮、新文化运动的影响下投身科学、立志报国的故事,总结新文化运动的历史意义。这一部分的教学可参考第五章尹赞勋的教案。

在第二部分的教学中,首先播放纪录片《国立西南联大》第一集片段,介绍国立西南联大成立的历史背景,讲清抗日民族统一战线的历史意义。播放电影《无问西东》中袁复礼在警报声中淡定教学的片段,结合案例三介绍国立西南联大精神,指出国立西南联大精神是由心怀祖国的联大师生在八年颠沛流离的艰苦办学中形成的,校训"刚毅坚卓"是联大师生精神风貌和思想品格的集中体现,以袁复礼为代表的在颠沛流离中心怀祖国的学术大师们始终坚守民族气节,笃志赓续民族文脉。

在第三部分的教学中,教师通过案例四中以袁复礼为代表的爱国科学家的故事,介绍新中国成立后海外科学家们掀起的"归国热",对比当下部分高知分子的"移民热",引发学生思考,激发学生的爱国责任感与强国担当。

(二)教学方案

教学步骤	教学内容	设计意图	时间/分钟
导入新课	向学生展示1934年瑞典皇家科学院授予袁复礼的"北极星"奖章图片,介绍袁复礼扎根西北,保护和发掘祖国文物、标本的故事	以图片和故事导入本节课授课内容,增强课堂活力,激发学生的学习兴趣	3
简介教学目标	简要介绍本次教学要达到的目标	使学生对本次教学要达到的目标有清晰的认识	2

第六章 袁复礼:西南联大风骨,地大学术先驱

教学步骤	教学内容	设计意图	时间/分钟
呈现教学材料,引导学生学习	知识点一:科学救国思潮与新文化运动的意义 引导学生回顾近代中国器物救国、制度救国、文化救国的历程,思考在这些救国之路的探索中科学救国思潮与新文化运动的历史意义。新文化运动对封建专制制度和封建思想文化进行了一次猛烈的扫荡,促进了中国人民特别是知识青年的觉醒,为马克思主义在中国的传播创造了条件,也为中国共产党的诞生做了思想准备,它对推动中国科技、教育、经济、军事、文化的进步起着十分重要的作用。新文化运动所弘扬的爱国主义精神和科学精神对落实科教兴国战略和实现中华民族的伟大复兴具有重要的现实意义	带领学生学习回顾科学救国思潮和新文化运动的相关历史知识,使学生认识到我国近代爱国知识分子对救国之路的探索和人生道路的选择,培养学生的家国情怀,以实现中华民族伟大复兴为己任,与祖国同呼吸、共命运	35
	知识点二:国立西南联大的成立背景与抗日战争胜利的伟大意义 播放电影《无问西东》中袁复礼在空袭警报声中提着化石标本不疾不徐走向防空洞的片段,让学生回忆相关历史知识,思考国立西南联大建立的历史背景。 首先,讲明国立西南联大成立的背景。国立西南联大是中国抗日战争期间设于昆明的一所综合性大学,是我国在抗日战争的特殊背景下建立起来的高校,保存了抗战时期的重要科研力量,培养了一大批卓有成就的优秀人才,形成了伟大的国立西南联大精神,具有重要的时代意义。其次,带领学生回顾抗日战争胜利的历史意义。在抗日民族统一战线的领导下,中国迎来了近代百余年来反对资本帝国主义侵略的民族解放战争的第一次完全胜利。经过抗日战争的磨砺,中国共产党更加强大和成熟,中国共产党领导的人民革命力量得到空前发展壮大,为之后新中国的成立奠定了坚实的基础	带领学生学习国立西南联大的成立背景与抗日民族统一战线的历史意义,回顾中国近代基本国情,了解中国的知识分子、教育工作者们在民族危亡时期所采取的特殊政策,感悟国立西南联大师生在战火纷飞时对科学、对祖国的一片热忱,使学生坚定新时代接班人的使命与担当	
	知识点三:新中国教育科学文化卫生事业除旧布新 结合音频资料和案例三中古脊椎动物与古人类研究所写给袁复礼的信,例举新中国在科学教育文化卫生事业领域的突出成就	使学生认识到在中国共产党的带领下新中国发生的巨大变化,感悟老一代爱国科学家不畏艰险、无私奉献、执着探索的崇高风范	

教学步骤	教学内容	设计意图	时间/分钟
教学小结	教师简要梳理本节课教学内容,并强调重点内容		3
课后作业	观看电影《无问西东》,结合习近平总书记在中国共产党第二十次全国代表大会上的报告精神,提交一篇不少于800字的学习感悟	学生巩固、深化课堂知识,培养学生的思考能力	2

四、教学方法推荐

"新文化运动与思想解放的潮流""抗日民族统一战线的建立与全民族抗战的开始""新中国教育科学文化卫生事业除旧布新"在本次教学中适宜采用专题式教学法和启发式教学法。

袁复礼是中国考古事业的先驱之一,在新民主主义革命时期和社会主义革命时期对中国科学发展做出了重要贡献,提高了中国科学家在国际学术界的地位。课堂讲授可以围绕袁复礼的生平经历展开,讲述在不同历史时期中,袁复礼是怎样发掘和保护祖国历史资源、发展祖国地质事业的。

专题教学的第一部分讲解科学救国思潮与新文化运动的意义。鸦片战争后,民族危机越加深重,西方列强不仅对中国进行经济掠夺,还对中国丰饶的自然资源和深厚的历史文化资源虎视眈眈。袁复礼受科学救国思潮的感召和影响,在留美学成后回到国内进行考古研究,保护了西北的文物资源。在进行本部分内容授课时,可以结合袁复礼等爱国科学家的事例,使学生了解在新文化运动的影响下,中国近代爱国知识分子对救国路径的探索与选择,感悟他们心忧家国、不畏艰险的赤子之情。专题教学的第二部分讲解国立西南联大的成立背景和抗日战争胜利的伟大意义。日军铁蹄下,袁复礼同国立西南联大师生在大后方筑起一座坚韧的救国堡垒,稳固了抗日民族统一战线,加速了战争胜利的到来。专题的第三部分讲解新中国教育科学文化卫生事业建设的突出成就。学生通过观看视频和了解案例故事,认识到爱国知识分子在建设新中国时强烈的爱国精神和执着的探索精神。结束三个专题的讲授后,教师对相关内容进行回顾和总结,讲明爱国主义是知识分子的最高情怀,爱国是我国知识分子具有的优良传统和责任担当。

第七章 冯景兰：引领中国近代矿床学的地大教学楷模

一、教学案例——冯景兰

冯景兰(1898年3月9日—1976年9月29日)，字淮西(怀西)，河南唐河人，幼时热爱地学，1918年公费赴美留学，1921年获美国哥伦比亚大学地质学硕士学位。1938—1946年担任国立西南联合大学地质地理气象学系教授；1956年被评为社会主义建设积极分子；1957年当选为中国科学院学部委员(院士)。冯景兰一生科研成就众多，是"丹霞地貌"的发现者和命名者，是我国著名的矿床学家、地质学家、教育家。1976年9月29日，冯景兰在北京逝世，享年78岁。

云山苍苍，江水泱泱，先生之风，山高水长。心具家国情怀，一派君子之风，是对冯景兰的真实写照，他腹有诗书、学贯中西，矢志弘毅载道，在随近代中国走向独立和强大的过程中，他始终豁达坦荡、坚韧不拔，以身戴行，足迹遍及大半个中国，所到之处虽多涉山川险峻，却在身后留下了一束照亮地学大道的耀眼光芒。

（一）案例呈现

案例一：与石结缘，叩开中国丹霞门

1898年，冯景兰出生于河南省唐河县祁仪小镇的冯家大院里。这个大院诞生了3个重要的文化人——老大友兰，老二景兰，小妹沅君。

冯友兰为中华民族哲学理论的发展作出了重要贡献，是中国现代的著名哲学家。冯沅君是我国新文学史上第一代有影响力的女作家之一，是著名的文学史家、教育家。而冯景兰与兄妹的文学路线不同，他是中国最早一批的地质学家、矿床学家和地质教育家，在另一个领域成就了非凡的人生。三兄妹以各自不同的建树鼎立于人世间，冯家大院为此光彩夺目，祁仪小镇因之声名鹊起。当地人自豪地称他们为"唐河新三冯"（图1）。

图1 唐河新三冯：冯友兰（左）、冯景兰（中）、冯沅君（右）

冯景兰的地质之路，最早来源于一块"石头"。在他六七岁随父宦居武昌时，不仅读着"有字人书"，还读了一本"无字天书"，那就是洪山这本大"书"。他家住的地方离洪山不远，冯景兰非常喜欢在山上扒扒拣拣，找些奇石怪根玩玩。一次，他捡到一枚形色特别的石头，爱不释手，就带回去给妈妈看，妈妈也不识得是什么石类，又送给父亲鉴别，父亲说是大冶矿石，可以冶炼铁铜，很有价值。

自从捡到那枚"很有价值"的矿石后，冯景兰心里一直热乎乎的，绚丽的矿石在他童年的心灵里埋下了钻研地质学的种子，他想长大以后，一定要寻找很多矿石，让它们为人类发光发热。1916年夏，18岁的景兰带着童年时的梦想，开启了地质学习之路。1916年，冯景兰考入北京大学工科地质门预科；1918年，公费赴美留学，入美国科罗拉多矿业学院学习，1921年毕业，获矿业地质工程师学位；同年，获得美国哥伦比亚大学地质学硕士学位，1923年回国，走上了献身祖国地质教育事业和矿产地质勘察事业的漫长道路。

第七章　冯景兰：引领中国近代矿床学的地大教学楷模

"小时候，我们喜欢看父亲作画……我们印象最深的是粤北区的一些地貌素描，悬崖峭壁，奇峰林立，远看颇似城垣、碉堡，景观独特。这就是父亲1927年在粤北诸县进行过深入研究后命名的'丹霞地貌'"。冯景兰长女冯钟芸在回忆文章《父亲》中这样写道。

1927年，广东仁化县丹霞山，那一片已寂寞伫立了千百万年的红色巨岩，与一个来访者相遇了，这位来访者便是冯景兰。当年，冯景兰离开河南中州大学到广州任两广地质调查所技正，为期两年，这是他一生唯一一从事的专职地质调查工作。在此期间，他与同事对两广地区进行了区域地质调查，这也是中国人自己首次在两广境内进行的现代地质调查工作。

在对粤北地区的地形、地层、构造和矿产进行调查研究时，冯景兰注意到：区内第三纪（距今6500万年—165万年）的红色砂砾岩层分布广泛，在仁化县的丹霞山发育最完全。因而，以当地地名中的"丹霞"二字为其命名，故为"丹霞层"。

厚达数百米的岩层被流水、风力等长期侵蚀，形成了堡垒状的山峰和峰丛，以及千姿百态的奇石、石桥与石洞。精通岩石学、矿床学、地层学的冯景兰立刻意识到，这是一种独特的地貌景观，然而并没有任何一部地学著作提到过它。

冯景兰开始研究这种特别的红色岩层，1928年发表的论文《广东曲江仁化始兴南雄地质矿产》中对这种地形（貌）特征、分布、形成等均进行了详细精辟的阐述。1939年，冯景兰在《关于〈中国东南部红色岩层之划分〉的意见》中，再次对"丹霞层""丹霞地形"进行了深入研究及表述。

他叩响的这扇"中国丹霞之门"，在之后的80多年间不断吸引着中国学者进行深入研究，并已形成了一支颇为壮大的队伍和专门的地质地理学的分支。考察研究在不断深入，考察研究的范围也日益扩大，现国内已发现的丹霞地貌有近800处，世界其他国家也陆续发现了同类地貌，地学术语也由"丹霞地形"改为与国际接轨的"丹霞地貌"。2010年，联合国第34届世界遗产大会通过了"中国丹霞"为世界自然遗产。冯景兰，这位为地质奉献一生的先驱，将与"丹霞"一起被世界铭记。

案例二：刚毅坚卓，战乱年代育硕果

认识冯景兰的人都说，他是"一个把工作看成享受的人"。冯景兰的确是一位视探山寻宝为乐事的人。几十年间，带着一双探寻的眼睛，越过无数荒山野岭、大漠江河，披荆斩棘，荷星戴月，履板桥，宿野店，遭遇过许多凶险，吃过许多苦头。虽累虽苦心却甘，因为他是为国家的建设与发展而寻宝。

1937年，抗日战争全面爆发后，冯景兰随北大、清华等校转移昆明，在国立西南联大地质地理气象学系任教，并兼云南大学工学院院长及采矿系主任。壮心不已、躬身向前，冯景兰在烽火中教书育人的同时，更以赤子之心践行着"科学家心有祖国"的爱国情怀。为支援抗战，仅在云南，他就到过永胜、东川、路南、玉溪、呈贡等地做过系统的地质矿产调查，围绕当时酝酿修建的滇缅铁路，他去保山、昌宁、顺宁、蒙化等地进行过沿线地质矿产的调查（图2）；在大

理做了地文考察,1946年发表的《云南大理县之地文》,认为该地区有分水岭迁移及改流现象,可以利用地理特点,自甸头开渠,提出了开发水力和水利资源的卓越见解。

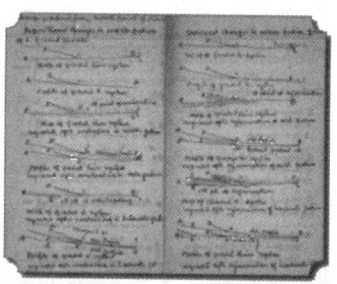
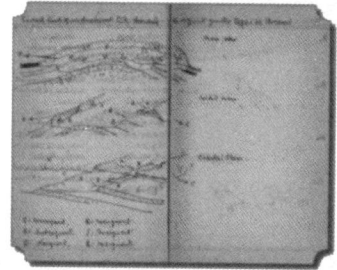
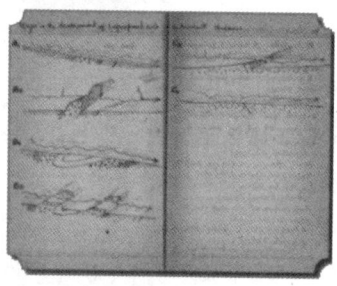

图2　1939年,冯景兰的野薄绘图(部分)

抗战对矿产资源的需要使冯景兰特别重视铜矿资源调查。除了在云南东川进行铜矿的调查外,他还前往四川荥经进行铜矿勘查(图3)。1942年,冯景兰编写《川康滇铜矿纪要》一书,在分析成矿地质背景的基础上,撰文讨论川康滇铜业的将来。该书既有理论概括又有实际意义,获当时教育部学术奖。后又通过研究提高,撰文《川康滇铜矿之表生富化问题》,提出了富矿生成的规律,丰富了矿床学理论。

冯景兰常说:"后生可畏,年轻人才是中国地质事业的未来",他最喜欢的一句话是"譬如积薪,后来居上"。正是秉持着这种信念和干劲儿,冯景兰默默地为年轻人耕耘、铺路。曾繁礽是冯景兰早期的学生,他写道:"冯先生一直关心我的成长。"这样的事例还有很多。冯景兰希望学生超过先生,他认为只有青出于蓝而胜于蓝,学术水平才能不断提高,才能更好地为祖国做贡献。

从1923年起,冯景兰先后在河南中州大学(今河南大学)、北洋大学、清华大学、国立西南联大、云南大学任教,1952年,北京地质学院成立后,冯景兰任北京地质学院教授。

冯景兰的学生们,很难不被他渊博的知识和讲课的特色吸引。刘乃隆形象地回忆:"淮西师以他浓重的河南口音与极为响亮清晰、抑扬动听的口语,生动通俗、深入浅出地讲授了地质科学的基本概念,使学生们很快对地质学有了初步认识而且产生了兴趣。"曾繁礽回忆:"冯先生讲课很有条理,听课笔记很好记。3年级时岩石学讲得全面而系统,配合标本和薄片鉴定,以实物印证理论。4年级时对矿床学提高了要求,他用英语讲授,课后要求我们写读书报告"。

冯景兰十分重视野外教学,使学生从标本和实物中来认识、印证课堂上所学到的知识。每次野外考察,冯景兰总是走在最前边,走起山路来也能如履平地。他的学生苏良赫写道:

第七章 冯景兰：引领中国近代矿床学的地大教学楷模

图3　1940年，冯景兰与夫人和幼女冯钟潮在西康荥经铜矿

"在野外他总是大步走在前边，学生们必须紧步才能跟上。他边讲边行，行进速度既快又均匀。在行进途中遇到地质现象，就详细讲解。同学们虽然感到劳累，但收获则是丰富的"。他常常告诫自己的学生，搞地质，就要学会走山路，这是野外工作的一项基本功。冯景兰的学生刘浩龙曾问他怎样看待野外工作，他说："野外工作不一定都那么艰苦，我们是来做地质工作的，要乐观对待。"这些在常人看来非常艰苦的生活，冯景兰则是乐在其中。因为在山村野店，他能更多地接触到生活贫困的父老乡亲，能更直接地感受到祖国山河的壮丽美好。这些都激发了他对祖国与乡亲的热爱，坚定了他从事地质工作的信心与决心。

在传授地质知识的同时，冯景兰也把坚韧、顽强的中国人志气刻进了学生的心里。"深感东风暖，喜见桃李芳；大好形势下，衰老也坚强。"这是他年逾古稀写的诗句，体现了他作为一名中国人对祖国深深的爱，也是他作为一名教育工作者，对学生的殷切期盼。他曾为他大学毕业的儿子写下"到建设祖国的最前线去"的条幅，这是父亲对学生和子女潜心培养的最大期望，也是他对地质事业重任的理解。在他的熏陶下，其子女大多从事地质事业，为我国地质科学发展做出了许多贡献。在冯景兰100周年诞辰之际，其子女根据父母遗愿，将他们生前节俭下来的10万元人民币捐赠给中国地质大学，用于设立奖励基金，鼓励学生奋进，继续在地质领域攻克难关（图4）。

冯景兰一生为中国地质人才的培育呕心沥血。在从事地质教育的半个多世纪里，冯景兰立足讲坛，辛勤耕耘，为国家培养出一代又一代地质新人。而今，他的学生中，有的成了院士，有的成了教授、研究员、高级工程师等地质战线上的精英。桃李不言,下自成蹊。他们的作为就是对冯景兰的最高赞美。

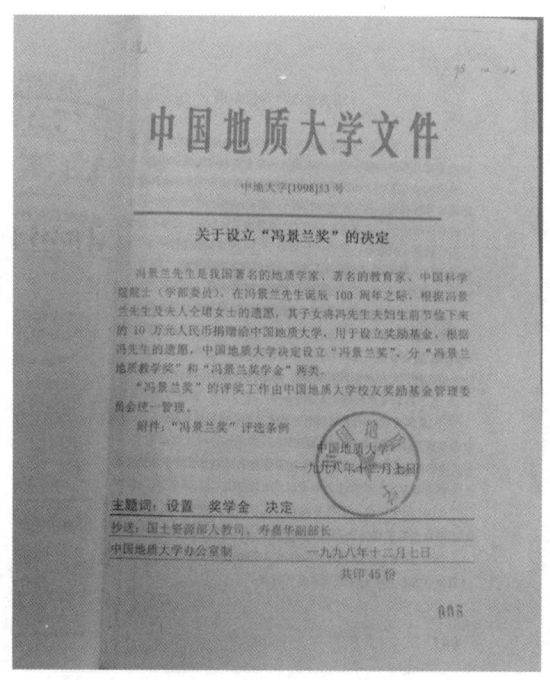

图4 1998年,中国地质大学设立"冯景兰奖"

案例三:国之大者,地质战线树丰碑

"我们六万万聪明勤劳的人民,必须迎头赶上科学技术的新发展,以具有高度科学水平和技术水平的新姿态,出现在全世界人民的面前。"这是冯景兰先生于1965年五四青年节之际在北京地质学院校报上发表的五四献词中的话语,他饱含激情地勉励全院师生,应在时代召唤下勇扛重任,争当科技创新生力军。新中国成立后,为建设所需,需大规模地进行区域地质调查和矿产普查工作,面对祖国的召唤,冯景兰义无反顾,积极投身于祖国的建设事业。在清华大学和北京地质学院任教培养人才的同时,还为新中国的发展开展了一系列地质矿产和水利资源的调查研究。

早在1926年,冯景兰就著有《开封附近沙堆之成因分布与风力水力风向之关系》等文章,探讨黄河岸边沉积物的成因等问题。20世纪50年代初,应水利部邀请,参加豫西黄河坝址地质勘察。调查了三门峡、八里胡同、小浪底和三家滩等坝址地质后,他指出,三门峡坝址的地质条件最好,并写出报告。其中的《豫西黄河坝址地质勘测报告》《黄河的特点和问题》等文章,是治理黄河工程地质基础方面的力作。对于根治黄河,冯景兰提出"治河必先知河",应当科学地、充分地了解黄河的基本特点,才能把历史上对人民闯祸的黄河改变为给人民造福的黄河。他还指出:黄河在它那广大的冲积平原上,不但不汇聚华北平原之水,反成为河北水系和淮河水系之间的分水岭。当人们沉浸在悠久的黄河文化历史中时,认真研究这些治理黄河根本性的大课题,无疑是更有意义的。

1955年6月,中苏合作全面展开长江流域的规划工作。袁复礼担任中苏联合长江三峡工程地质考察和鉴定组中方组长,冯景兰和张忠胤为鉴定组成员,为三峡水利枢纽工程选址做出了重要贡献(图5)。

图5　1956年,长江三峡工程地质考察和鉴定中苏专家合影(中排左三为冯景兰)

1969年11月至1972年春,冯景兰与夫人在江西峡江五七干校度过。从干校回京后,他看到国外新出版的多册《岩浆矿床论文集》,觉得对中国的矿床勘探与研究很有意义,便计划予以翻译。在得到翻译出版的许可之后,他立即投入翻译工作。不久,唐山大地震爆发,北京城里人心惶惶,政府要求人们住进抗震棚。此时,冯景兰的身体也很不好,但他不敢懈怠。他把书和译稿装进一个黑布包里,不论是回宿舍,还是进抗震棚,都随身携带,只要一停下来,就伏在桌子或床上继续翻译,直到心脏病突发。这时,人们打开他的黑布包一看,已经有9篇论文被他译了出来。

"希望能在祖国的伟大建设时期,贡献出我所有的经验和力量。"这不是口头支票,而是冯景兰在用几十年的时光真切地践行。从1923年学成回国至1976年辞世,冯景兰献身祖国的地质事业53年,一生足迹遍及祖国各地,为我国地质调查和矿产资源开发立下了不朽功勋。他在矿床的普查勘探,尤其是有色金属(其中金矿、铜矿等矿床)的普查勘探领域,具有丰富的实践经验。正因为如此,他被公认为我国著名的矿床学家、地质学家和教育家,中国近代矿床学的奠基者,1956年时,被评为全国"社会主义建设积极分子"(1956年全国先进生产者代表),出席了全国和北京市先进工作者代表大会。1957年,被选为中国科学院学部委员、一级教授。

1976年9月29日上午8时,一代地质学大师冯景兰永远闭上了那双探宝的眼睛。10月

7日,包括地质部老部长何长工、武汉地质学院老院长高元贵、85岁的老同事袁复礼等在内的同事、学生数百人在八宝山公墓向冯景兰告别。黄汲清院士亲自送上条幅"百篇论文足迹遍神州,一代宗师桃李满天下"以纪念冯景兰对中国地质界的贡献。同行们叹息道:"这是我国教育界和地质界的巨大损失!"

"衣带渐宽终不悔,为伊消得人憔悴。"冯景兰始终以国家为重、以育人为重。他在抗战硝烟中求学救国,在百废待兴中受命报国,把对国家的忠诚书写在一生的奉献中。他为中国地质事业耗尽了最后一滴热血。爱国奉献、追求真理、勇攀高峰、仁厚坚毅、育人不倦的科学家精神和教育家品质在以冯景兰为第一作者的120篇(部)论著中闪耀,在同事、同行、学生多种形式的回忆中永存,在展出的冯景兰野外笔记中见证,在中国地质事业的蓬勃发展中熠熠生辉,在一代代地大人心中薪火相传。

(二)案例点评

受传统文化和政治的影响,近代中国的科学与工业体系发展迟缓,鸦片战争以后,中华民族的危机不断加深,"科学救国"逐渐成为中国近代史上一股经久而不衰的政治思潮、社会思潮。科学救国的基本要旨就是通过提倡、研究和发展科学技术以实现强国富国和救亡图存的目的[①]。从"师夷长技以制夷"到"洋务救国",再到"科学救国",无数仁人志士为祖国的强国强军事业挺身而出,抛头颅、洒热血,为守护热爱的大地殊途同归,冯景兰先生便是其中的佼佼者。

案例一讲述了冯景兰小时与石结缘,长大后学成归国,投身中国地质事业的故事。冯景兰自小便有强国利民的宏愿,立志发掘矿藏造福祖国和人类,及至少年,祖国山河动荡、社会混乱,各种救国思潮兴起,乌云压顶,丹心仍炽,冯景兰始终心系祖国的地质教育事业和矿产勘探事业,将胸中大爱与希望寄予祖国的大好河山中。五四运动使科学救国思潮得到了有效的宣传和理解,冯景兰的故事体现了爱国知识分子们初心不改、为国科研的高尚精神风貌。

案例二、三讲述了冯景兰先生作为教育学家兢兢业业、诲人不倦,作为科学家潜心科研、以身许国的璀璨人生。抗战爆发后,众多留守在大后方的爱国科学家们将自己的研究急转至工业所需领域以支持抗战,冯景兰在国立西南联大任教期间,对云南及其附近地区的铜矿和水文有深入的研究,坚定了人们持久抗战和抗战胜利的信心,促进了大后方工业建设的开展。冯景兰的学术贡献数不胜数,他参与治理黄河水患,为中国和世界带来了美丽的丹霞地貌研究;冯景兰对教学认真勤勉,重视基础与实践,强调要去祖国的一线工作,他的言传身教使他的学生们获益无限,为新生的共和国培养了众多地质人才,为新中国的工业建设做出了非凡的贡献。

---

① 余发良:《文化视角下的中国共产党科学技术思想研究》,人民出版社2011年版,第42页。

第七章 冯景兰：引领中国近代矿床学的地大教学楷模

(三) 教学建议

案例一可用于第四章第一节"新文化运动和五四运动"部分的教学。教师可结合案例一，讲解新文化运动和五四运动的宣传主张和历史影响；同时带领学生对比回顾近代中国积贫积弱、内忧外患的国情，使学生认识到新文化运动和五四运动的必要性，展示近代爱国知识分子忧国忧民、赤心报国的高尚精神世界。

案例二、三可分别用于第六章第二节第三目"抗日民族统一战线的建立与全民族抗战的开始"和第八章第二节第二目"社会主义工业化的起步"部分的辅助教学。冯景兰在国立西南联大任教期间不仅注重教学，还研究了云南附近的矿产和水文资源，支持了云南的工业发展和持久抗战的物资需要。中国共产党推动建立的抗日民族统一战线有着坚实的群众基础，顺应了时代要求和人民期待，案例展示了抗战期间爱国科学家们义无反顾、共赴国难的家国情怀。新中国成立以后，全国的工人、农民、知识分子对国家工业化发展迸发出极大的劳动热情，冯景兰先生为新中国地质矿产和水利资源开发和保护做出的贡献，以及他对子女和学生的教导，充分展示了一名爱国知识分子对新中国的憧憬与热爱。

二、教学分析

(一) 教学目的

(1) 结合对案例一的学习，学生回顾新文化运动的兴起背景、指导思想，了解清政府愚民政策下的国民精神面貌，认识到新文化运动是资产阶级民主革命在思想文化上的继续发展；认清五四运动之前新文化运动的局限，对新文化运动和五四运动的性质和历史意义有更全面和深刻的理解；感受爱国知识分子在新文化运动和五四精神的感召下远渡重洋、学成报国的赤诚忠心。

(2) 通过对案例二、三的学习，学生能够了解华北事变后深重的民族危机与紧迫的时局，认识到中国共产党推动建立的抗日民族统一战线的重要意义，认识到党提出的全民抗战路线和持久战战略方针在思想上武装了广大军民，坚定了全民族抗战胜利的信心和决心；了解工业发展对新中国的重要意义，认识到社会主义工业化是国家独立富强的重要条件，认识"一五"计划的主要成就；感受爱国科学家们对祖国始终如一的赤子之心。

(二) 教学重难点

(1) 新文化运动和五四运动的爆发背景与历史地位 (重点)。

(2)抗日民族统一战线与持久战战略的历史意义(重点)。
(3)社会主义工业化的起步(重点)。

三、教学思路与方案设计

(一)教学思路

案例一适用第四章第一节"新文化运动和五四运动"部分的教学,教师播放视频《丹霞的命名》,结合冯景兰远渡回国的历史背景,激发学生的学习兴趣,并通过案例一引入新课,讲述新文化运动和五四运动的宣传主张和历史影响,探讨新文化运动和五四运动的必要性,展示近代爱国知识分子忧国忧民、赤心报国的精神风貌。

案例二和案例三分别用于第六章第二节第三目"抗日民族统一战线的建立与全民族抗战的开始"和 第八章第二节第二目"社会主义工业化的起步"部分的教学。教学过程中,教师首先可向学生提问"如果你此时是国立西南联大的一名学生,为了支持抗战会怎么做?"并结合案例二中冯友兰的故事对学生的回答作针对性引导,结合案例二讲授抗日民族统一战线形成的原因和历史背景,带领学生分析中国共产党在建立抗日民族统一战线过程中坚持的方针与原则,感受抗日民族统一战线形成过程中爱国科学家们义无反顾、共赴国难的家国情怀。在第二部分"社会主义工业化的起步"部分的教学中,教师首先可以带领学生了解新中国成立初期我国工业化起步的艰难背景,结合案例三,带领学生感悟我国知识分子在工业化起步时期的奉献精神以及在建设过程中展现出的不畏艰险、舍我其谁的拼搏精神,引导学生分析"一五"计划中的主要成就及其对我国经济发展的深远指导意义。

(二)教学方案

1. 教学方案一(适用于案例一)

教学步骤	教学内容	设计意图	时间/分钟
导入新课	播放视频《丹霞的命名》,并向学生提问:"冯景兰同志是在什么背景下远渡回国的?"引发学生的学习兴趣,从而通过案例导入新课	以视频和人物故事作为导入,调动学生学习的积极性,增强课堂活力	5
简介教学目标	简要介绍本次教学要达到的目标	使学生对本次教学要达到的目标有清晰的认识	2

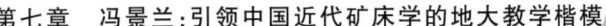

第七章 冯景兰:引领中国近代矿床学的地大教学楷模

教学步骤	教学内容	设计意图	时间/分钟
呈现教学材料,引导学生学习	知识点一:新文化运动的历史背景 带领学生回顾新文化运动的历史背景。首先,在政治方面和思想方面,北洋军阀对知识分子实行封锁和钳制,袁世凯复辟帝制推行尊孔复古的逆流,中国社会日趋黑暗;其次,分析新文化运动所处的时代背景;最后,结合电视剧《觉醒年代》的相关剧照,讲解先进知识分子发起的反对封建主义的思想解放运动	使学生明晰新文化运动的历史背景,使学生认识到北洋军阀对中国的黑暗统治,感悟近代知识分子不畏强权、义无反顾的家国情怀	30
	知识点二:新文化运动的发展过程 从1915年到1919年,从《新青年》杂志创立开始到五四运动前夕,五四运动以宣传民主与科学思想为主,向封建复古势力进行猛烈冲击。五四运动是新文化运动的转折点,是一场彻底的反对帝国主义和反对封建主义的爱国运动,使中国青年的思想得到空前解放。以五四运动为界,新文化运动在1919年进入新阶段,马克思主义逐步在思想文化领域中占据主导地位。 五四运动以后,马列主义等社会主义思想广泛传播,为中国共产党的成立奠定了思想基础。教师应带领学生分析五四运动的背景和意义,把握马列主义在中国的传播和中国共产党成立的历史背景	使学生了解新文化运动的过程,认识新文化运动两个阶段在思想和主张上的区别,着重把握五四运动的意义,弘扬爱国知识分子的家国精神,坚定共产主义理想信念	
	知识点三:新文化运动的历史意义 结合案例一,带领学生回顾新文化运动的发展过程,总结新文化运动的历史意义。在此基础上,引导学生思考新文化运动对中国工人阶级登上历史舞台和中国共产党的成立有哪些重要作用,理解五四运动的伟大意义	加强学生对新文化运动和五四运动的历史意义的理解,以及五四运动对中国共产党成立的重要影响	
教学小结	教师简要梳理本节课教学内容,并强调重点内容		3
课后作业	要求学生围绕课堂内容,谈一谈近代爱国知识分子的家国情怀,提交不少于500字的心得体会	学生巩固、深化课堂知识,训练学生的思考能力	5

2. 教学方案二（适用于案例二、三）

教学步骤	教学内容	设计意图	时间/分钟
导入新课	教师向学生提出问题："如果你此时是国立西南联大的一名学生，为了支持抗战，你能做哪些事情？"学生发言后进行点评	以问题作为导入，激发学生的学习兴趣，提高课堂活力	5
简介教学目标	简要介绍本次课堂教学需要达到的目标	使学生对本次教学要达到的目标有准确清晰的把握	2
呈现学习材料，引导学生学习	知识点一：抗日民族统一战线的建立与全民族抗战的开始 首先，带领学生梳理抗日民族统一战线形成的历史背景；其次，讲明中国共产党在建立抗日民族统一战线过程中所坚持的方针策略和原则；最后，着重分析中国共产党对待进步势力、中间势力和顽固势力的不同态度	使学生认识到抗日民族统一战线建立过程中，中国共产党深明大义，团结一切力量进行全民族抗战的崇高精神	33
	知识点二：社会主义工业化的起步 首先，展示图片《1956年，长江三峡工程地质考察和鉴定中苏专家合影》，播放纪录片《国家记忆》中《万里长江第一桥》片段，分析冯景兰等知识分子对中国社会主义工业化的贡献和作用；其次，结合案例二、三，带领学生了解党在社会主义工业化起步时期的艰难处境，学习新中国初期党在解决遗留问题和促进工业化等方面的努力；最后，分析"一五"计划在实现国民经济恢复和促进工业化发展方面的作用，结合冯景兰的故事，使学生感悟我国知识分子在社会主义工业化起步时期艰苦卓绝、顽强拼搏的精神	使学生通过案例的相关图片全面理解和把握新中国成立初期在促进社会主义工业化方面所做出的巨大努力，总结党在进行社会主义工业化方面的经验，感悟知识分子迎难而上、舍我其谁的奉献精神	
教学小结	教师对本节课的内容进行总结，引导学生回顾课堂内容		2
课后作业布置	要求学生结合课堂展示的图片及学习内容，思考当代青年应具有的使命和担当，谈一谈作为地大学子如何参与社会主义建设，提交一篇不少于800字的报告	巩固所学知识，回顾课堂内容，锻炼学生的思考和写作能力	3

四、教学方法推荐

(1)对"新文化运动和五四运动"部分的教学适宜运用案例式教学法和启发式教学法。

这部分内容主要讲解新文化运动的历史背景和发展阶段、五四运动的兴起及其意义、马克思主义在中国的传播和工人阶级登上历史舞台等内容。教师采用启发式教学可以使学生更好地理解新文化运动兴起的历史背景,梳理新文化运动的历程,把握五四运动对中国共产党成立和马克思主义在中国传播的重要影响。通过播放视频和讲述案例故事,引导学生梳理新文化运动的主要脉络,使学生更好地记忆这一部分的内容,加深对这一时期爱国知识分子冲破黑暗、思想解放的理解和感悟。

(2)"抗日民族统一战线的建立与全民族抗战的开始"及"社会主义工业化的起步"适宜运用专题式教学法和案例式教学法相结合的方式组织教学。

第一部分"抗日民族统一战线的建立与全民族抗战的开始"适宜使用专题式教学法和案例式教学法。这部分内容涉及的历史事件较多,专题式教学法可在较短时间内使学生系统地了解、掌握中国共产党建立抗日民族统一战线的历史过程,结合案例二引导学生梳理抗日民族统一战线形成的主要脉络,分析以冯景兰为代表的知识分子在支持抗战中发挥的重要作用。第二部分"社会主义工业化的起步"可先采用讨论式教学法进行教学,通过展示图片,引导学生分析知识分子对中国社会主义工业化的贡献,使学生深入了解新中国成立初期社会主义工业化面临的考验,培养学生的思考能力和理解能力。结合案例三,讲述新中国在各个方面取得的显著成就,使学生认识到新中国在一穷二白、百废待兴的情况下,中国人民在中国共产党的领导下同心同德、艰苦奋斗,新中国的工业建设扎扎实实地取得了进展。

第八章 马杏垣：中共中央南方局走出的地大建校硕勋

一、教学案例——马杏垣

马杏垣(1919年5月25日—2001年1月22日)，吉林长春人，祖籍河北乐亭。1931年华北沦陷后，马杏垣流亡关内，1938年加入中国共产党并考入国立西南联合大学，1942年留校任教，抗战胜利后前往英国爱丁堡大学攻读博士，三年后回国任北京大学教授；1952年—1978年任教于北京地质学院；1978年任国家地震局副局长、地震局地质研究所所长；1980年当选为中国科学院学部委员(院士)；1981年—1985年任中国地震局地质研究所所长，2001年1月22日，马杏垣先生在北京逝世，享年82岁。

"群山是我师，我是群山友"是马杏垣一生的写照，他赤诚报国的崇高理想和无私奉献的博大胸怀，严谨求实的实干态度和追求卓越的创新精神，艰苦奋斗的质朴本色和为人师表的高尚品德早已与群山融为一体，仰之弥高、巍然屹立。群山有幸，见证了马杏垣先生深厚的家国情怀、杰出的治学成就和执着的实践追求，他留下了一条永远激励后人奋勇前进的精神印记。

第八章 马杏垣：中共中央南方局走出的地大建校硕勋

（一）案例呈现

案例一："马蹄"声急，联大求学宣传先锋

虽出身名门望族，但从少年时代起，马杏垣的求学道路就充满坎坷，这注定是一段不平凡的历程。

1919年，马杏垣出生于吉林长春，1931年，"九·一八"事变爆发，东北沦陷，小学刚毕业的马杏垣不得不流亡关内，先后就读于河北昌黎汇文中学和天津南开中学。日本侵略下的山河破碎、民族危亡之难与亡省亡家、颠沛流离之痛在他幼小的心灵中留下了深刻的印象，同时也激起了他强烈的爱国热情。

1935年，"一二·九"爱国学生运动爆发，马杏垣参加南下请愿团，与大家一起卧轨拦截火车，后辗转抵达南京，抗议国民党政府不抵抗政策。

抗日战争爆发后，马杏垣随一批革命青年和进步人士到达抗日大后方的重庆。当时，马杏垣在思想上受到了进一步的熏陶，他以"马蹄"为笔名在中国共产党主办的《新华日报》上发表了一幅表现八路军战士的木刻画，表达他投身革命、为国奉献的坚定信仰。

华北事变后，民族危机日益严峻。1935年8月1日，中国共产党公开发表的八一宣言主张停止内战、组建抗日联军对日作战，同年12月，中共中央在陕北召开的瓦窑堡会议提出，党要建立广泛的抗日民族统一战线。在中国共产党的推动和影响下，1937年9月，以国共第二次合作为基础的抗日民族统一战线正式形成。

1938年，马杏垣加入中国共产党。其后，他怀着一颗挽救国家和民族于危难、振兴中华的爱国之心，考入国立西南联大，选择就读地质地理气象学系这个面向实际的专业，以实现让"马蹄踏遍祖国山河"、报效国家的美好理想。在校期间，马杏垣成为党的外围组织"群社"的发起人，不仅成为该社墙报的两名主编之一，也成为该社木刻研究会的主持人，将木刻作品作为当时最流行的革命斗争武器，宣传爱国主义思想，积蓄革命力量。

1938年10月，武汉失守，日汪勾结进一步加紧，加强对国民党当局的统战工作极其重要。与此同时，在日本与汉奸拉拢、战线不再大变的"和平"背景下，国民党的反共活动也陡然升级。在重庆设中央局，加强统战工作，遏制反共趋势，也显得刻不容缓。1939年1月16日，以周恩来为书记的中共中央南方局在重庆正式成立。作为全国抗战时期中共中央派驻重庆的秘密机构，南方局通过各种公开和秘密渠道，争取和团结各界抗日进步力量。

马杏垣当时是中共中央南方局地下党组织的成员之一。在周恩来等人的领导下，马杏垣接受八路军办事处党性教育和秘密培训，冒着生命危险在白区从事地下革命活动。长达8年艰苦卓绝的斗争，中共中央南方局以《新华日报》和《群众》周刊为阵地，积极宣传共产党的主张，并在统一战线、群众工作、文化工作、军事工作和党的建设等方面取得卓越成效，将国统区共产党组织建设成为坚强战斗堡垒，为巩固抗日民族统一战线、争取民族独立和人民解放事业建立了不朽的历史功勋。

在西南地区,为了更好地开展群众工作,在中共中央南方局、中共云南省工委的领导下,马杏垣、邢福津等以地下党员和"民先"队员为骨干,在国立西南联大成立了公开社团"群社",党组织和"民先"不能公开出面的场合,都通过"群社"进行或联合其他社团共同行动。"群社"主办了"群社"机关报《群声》、文艺刊物《腊月》、画刊《热风》、壁报《书评》等刊物,他们巧妙地宣传进步思想和革命主张,用鲁迅所写杂文的笔调撰写小品文,发表在这些刊物上,讽刺、回击校内国民党三青团对共产党的攻击。此外,"群社"大力举行时事报告会,开展各种文娱、体育活动,组织群众歌咏队、戏剧研究社、暑期夏令营、下乡宣传等活动,成为贯彻党的政策、宣传抗日救亡、活跃民主空气、团结广大同学与国民党反动宣传进行斗争的重要阵地。社员最多时发展到400余人,是当时影响最大的进步社团,国立西南联大成为云南地下党的主要阵地,得到了中共中央南方局的肯定。

宣传革命的同时,马杏垣也不忘读书的初心,他是年级当之无愧的尖子生。四年的大学生活中,受孙云铸、袁复礼、冯景兰、王恒升等老一辈地质学家的熏陶,马杏垣养成了注重实践、一丝不苟的优良学风。大学毕业后,仍然留在国立西南联大当助教。1945年抗战胜利,他以优异的成绩获得了公费留学的机会,赴英国爱丁堡大学地质系攻读博士学位。

1948年8月,马杏垣以优异的成绩获得博士学位,并在伦敦召开的第18届国际地质大会上宣读了他的论文。当他获悉人民解放军就要解放全中国的消息,毅然放弃国外良好的研究环境和优厚的待遇,返回阔别三年的祖国,担任北京大学地质学系副教授,从此投入到为新中国培养大量地质人才的教育事业。

2018年3月10日,习近平总书记在参加十三届全国人大一次会议重庆代表团审议时发表重要讲话,他强调:"以周恩来为首的中共中央南方局在这里驻守8年,高举抗战民主旗帜,坚持和发展抗日民族统一战线,为争取政治民主和抗战胜利以及战后中国光明前途作出了卓越贡献,在此过程中培育了伟大的红岩精神,还产生了影响几代人的《红岩》小说及相关作品背后的故事,烈士们的真实事迹远比艺术加工更加感人,'狱中八条'作为烈士们临终前给党留下的血泪嘱托,至今仍然具有很强的现实意义。"中共中央南方局的历史,见证了中国共产党主张建立的抗日民族统一战线的曲折发展道路。在风雨如磐的抗战岁月里,马杏垣等一大批坚守在"白区"的共产党员和革命志士展现出坚如磐石的理想信念和不屈不挠的斗争精神。在国民党统治区艰险复杂的环境中,他们以崇高的思想境界、非凡的政治智慧和浩然的革命正气,团结了许许多多爱国知识分子和进步人士,为宣传党的政治主张、凝聚全民抗战力量、筹备敌后根据地的抗战物资等作出了不朽贡献。他们凝结着中国共产党人的优秀品格和坚韧意志,是历史留给我们的宝贵精神财富。

案例二:为国育才,杏垣夯实办学根基

1952年,党中央筹备成立北京地质学院。马杏垣积极响应国家号召,参加了北京地质学院的筹建工作,并担任北京地质学院地质矿产勘察系副主任。

随着北京地质学院的日益发展,他先后任教授、教研室主任、副教务长和副院长等职。虽然他一直担任领导职务,却仍坚持工作在教学、科研第一线,为培育新一代的构造地质学人才

第八章 马杏垣：中共中央南方局走出的地大建校硕勋

而辛勤耕耘。

1960年，马杏垣将普通地质教研室的构造组、地貌及新构造组与地史教研室的中国区域地质组合并，成立了中国区域地质教研室。他组织年轻教员和学生到全国各地采集教学标本，亲自教授"构造地质学"课程，主编《构造地质学基础教程》，编制1∶400万中国大地构造教学用图。并通过教与学相融的方式，组织老师和学生共同编写《中国区域地质》教材，该教材1963年由工业出版社出版，是当时高校大地构造学专业的主要教材（图1）。

图1　1960年，马杏垣（右五）指导师生编写《中国区域地质》和编制《中国大地构造教学用图》

马杏垣常说，"我们办的是具有中国特色的社会主义大学，首先要注意学生的政治素质，要树立为国家富强、为地质事业发展而奋斗的理想。"他教导学生们要成为一个优秀的构造地质学家，首先必须掌握辩证唯物的构造观和方法论，这样才能驾驭不同尺度和不同层次的构造现象，才能在研究中国地质时防止出现教条主义或经验主义。他既创立了一系列的优秀教学思想，又继承了前辈的优良传统，并始终重视实践。

马杏垣坚持教学和科学研究与生产劳动相结合，组织全校师生到国家建设急需和具有重要地质意义的地区进行生产实习。他亲临第一线，直接主持五台山、秦岭、大别山和嵩山等地的区域地质填图和找矿工作，使当时的北京地质学院成为全国地质和矿产研究的中心之一，也为培养优秀地质学家和高级工程人才打下了坚实的基础。

1953年，马杏垣选择地质内容丰富的周口店作为教学实习基地。经过长期建设，周口店实习基地逐步发展成为国家培养地质工作者的摇篮，30余位中国科学院院士、中国工程院院士先后在此历练，成功攀上世界七大洲最高峰的李致新、王勇峰，登山从这里起步。2004年，为庆贺周口店实习基地建站50周年，温家宝同志专门为纪念书籍题写了书名"摇篮"。

20世纪70年代，学校南迁湖北江陵，再迁武汉，马杏垣被任命为学院革委会副主任。在教职工颠沛流离、学校选址艰难曲折的时刻，马杏垣初心如磐，以高度责任感担起重任，团结广大教职工，积极恢复办学，恢复学院各项工作。

1978年，马杏垣离开学校转入国家地震局，但他对学校的关心和对学生们的指导始终没有间断过，学校改名为"中国地质大学"后，他被再聘为兼职教授，担任构造地质学科的学术带头人，马杏垣义不容辞地担负起培养研究生的担子。长期奔波，再加上工作繁重，他的健康状况日益下降，严重的甲状腺功能亢进导致心房纤颤，使他数次住院。即使在医院里他也不忘工作，不断约研究生谈话，指导他们的研究工作。他培养了十余名博士，数十名硕士，从研究生的选题、野外工作、论据的获取、结果的得出和验证、论文的结构他都要一一过目，亲自指导，从不当挂名的空头导师（图2）。

图2　马杏垣（前排左二）参加地球化学专业博士生毕业答辩会

数十年来，马杏垣在新中国急需大量地质人才的关键时期，精心教学，编写教材，筹建教学实习基地，主持大量区域地质填图和找矿工作，夯实了学校的学科根基，培养和造就了一批优秀地质学家和高级人才。他培养的研究生有的已是研究所所长、教授、地学部门的高级研究人员。

案例三：为人师表，夕阳虽迫自奋蹄

"年近花甲逢转变，地震战线献余年。重视实际求实是，四化建设做贡献。"

1978年，马杏垣从武汉地质学院奉调国家地震局担任副局长，兼任刚刚从中国科学院地质研究所分立出来的国家地震局地质研究所的第一任所长。已近花甲之年的马杏垣迎来了他事业上的重大转折。

数十年的辛勤耕耘和追求，马杏垣已是誉满全球的著名地质学家、地质教育家，但时代召唤，对他来说没有年龄和健康状况的约束，只有将毕生献给祖国繁荣的崇高境界。作为科学家，他怀有更高层次的理想和追求。在国家地震局春节座谈会上，他激情满怀，以诗铭志，表达了他在夕阳岁月中的壮志豪情。

第八章 马杏垣：中共中央南方局走出的地大建校硕勋

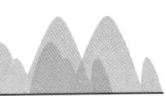

"全球地学大断面的编辑和综合研究"是20世纪80年代国际岩石圈计划后五年的又一全球性综合研究项目，马杏垣主持了"国家地震局地学大断面的编制和综合研究"项目，主持完成了地震局系统6条断面的编制和研究工作，国际地学断面计划委员会两任主席 J. W. H. Monger 和 H. J. Gotze 评价："以马杏垣院士为首的科学家为全球地学断面计划（GGT）做出了最出色的成果，你们的断面显示了科学上的高水平，并为岩石圈的结构演化和动力学提供了重要轮廓，全世界的GGT工作组都将从你们伟大的工作和经验中获益。"

马杏垣是一位学者，也是一位有60多年党龄的老共产党员。他连任第五、六、七届全国政协委员，参政议政。在历次全国政协会议期间，他都积极提出提案，对我国的对外开放政策、国家的建设与发展，尤其是科学文化水平的提高，提出了许多意义重大的建议。他先后当选为中国地质学会副理事长、构造地质专业委员会主任委员、地质力学专业委员会副主任委员、中国地震学会副理事长。1980年，马杏垣当选为中国科学院学部委员（院士）。

"老马明知夕阳短，拼命扬鞭万里行"是马杏垣晚年的工作写照，他的立身格言是"自强不息"，敬业之道在于"奋力拼搏"（图3）。马杏垣生活朴素、学风严谨、为人谦和，对师长、同事、学生都以诚相待、给以尊重。在工作上兢兢业业，又真诚地为他人着想。

图3　1981年，马杏垣在美国华盛顿州野外考察

马杏垣在教导年轻人时，循循善诱、孜孜不倦。徐锡伟（现任应急管理部国家自然灾害防治研究院院长、党委书记）在写博士论文时，会经常收到马杏垣的留言小纸条，留言内容一般都是和论文相关的国际前沿进展、工作要求等。"他传授的思想为我建立了人生坐标，也成为我从事科研工作的航标"，徐锡伟这样说道。

马杏垣十分关心学生，1972年夏，吕新媛向干校领导请假几日送孩子回京看病。在学校遇到马杏垣，当他知道吕新媛过两天就要回湖北干校时说："还回去干吗？去把教研室的标本和挂图好好整理一下，准备上课吧。"吕新媛说："因为当时整个国家还陷在混乱中，人们的身体和思想都在囚禁中,前途渺茫,做梦也不会想到还有机会回京上课。马杏垣提出要复课并付诸行动,展现出了强大的政治洞察力和无畏的勇气!这样的表现正是梅校长当年赞颂大师的人格魅力。"

赵鹏大院士在文章中写道,"马先生利用周日的时间,第一次带我们去居庸关野外实习,沿公路做地质剖面。他讲课时精炼的语言、秀丽的板书、优美的素描、生动的内容给我留下十分深刻的印象。记得他带我们班去下花园实习时,让每个同学自己独立观察,绘制一条完整的信手剖面,然后每人介绍自己的成果并谈自己的认识,最后由他点评,这种启发式教学提高了我们的自学能力。"

傅昭仁说:"1960年,先生亲自到湖南检查我们1:2万区域地质调查工作。那时正值'三年困难时期',先生与我们'同吃、同住、同劳动',也不让我告诉当地招待所先生是学校的教授和领导。不论是在浏阳还是在祁东,先生吃完'双蒸饭'后,就带我和他的大弟子上山,我们一边汇报,他一边指点,很少停歇。"

马杏垣孜孜不倦的教诲深刻地留在学生们的记忆中,学校师生处处以马杏垣为榜样,他传授的思想为广大学子建立了人生坐标,他治学、处事和为人的崇高精神也成为学子们学习、工作的航标。

2001年1月22日,马杏垣逝世,享年82岁(图4)。

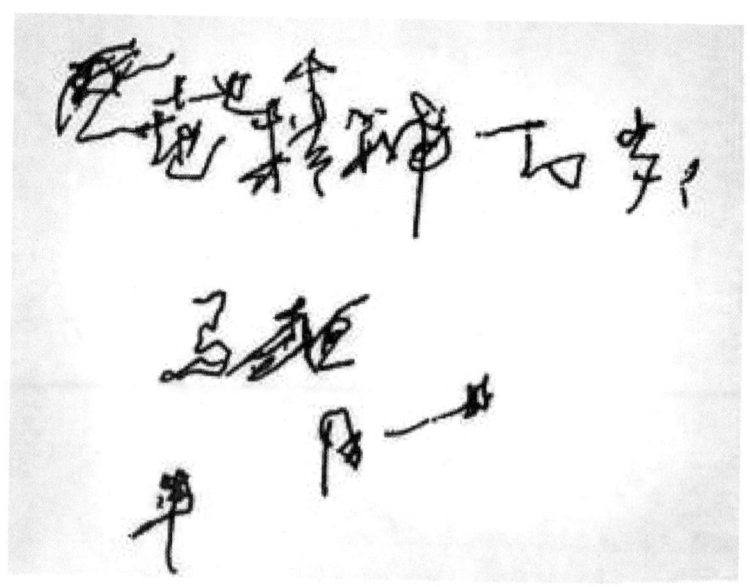

图4　2000年,马杏垣在医院病榻上留下最后的手迹——"区地精神万岁"

马杏垣是我国当代构造地质学界的领军人物之一,也是老一辈地质人的杰出代表。在马杏垣100周年诞辰之际,中国地质大学、中国地震局、地质出版社联合举办纪念马杏垣先生100周年诞辰座谈会,重温马杏垣教书育人和科学报国的光辉之路,缅怀他自强不息、奋力拼搏的崇高精神。座谈会上,时任校长王焰新发言说,"马杏垣先生是一名优秀的共产党员,卓越的地质教育家,著名的构造地质学家、地震地质学家,他深厚的家国情怀,高尚的道德情操,先进的教育理念和卓越的学术成就,时至今日仍然熠熠生辉,值得我们永远纪念。"

2019年，校友温家宝亲笔撰写文章《纪念马杏垣先生》，文章开篇写道，"今年是马杏垣先生100周年诞辰。我以这篇文章，纪念我的老师马杏垣先生，以表达我对马先生以及原北京地质学院所有老师的感念。"他在文章中表达了马杏垣重视实践、探索真知的科学精神，记述了马杏垣对他读书期间及工作后的重要影响，他还在文章中饱含深情地写道，"尽管我的工作变动很大，但我总为先生曾是我的研究生导师而感到骄傲。"

（二）案例点评

1939年，由周恩来同志等组成的中共中央南方局，主要是在国民党统治区促进团结抗日等工作，中共中央南方局在四处弥漫的白色恐怖中，如同一块沉稳坚毅的红色岩石，广泛团结了国统区和部分沦陷区社会各阶层的力量，巩固发展了抗日民族统一战线。

案例一讲述了马杏垣幼时被迫流亡、青年时期投身抗日民主宣传活动、留英学成归国的故事。"九·一八"事变后，侵华日军加快了对东北三省的侵略脚步，马杏垣被迫从吉林、天津一路辗转来到南方求学。苦难不改赤子心，马杏垣在国立西南联大发起的"群社"成为党的外围组织，为党的宣传工作扛枪冲锋，"群社"在国民党统治区宣传革命主张和进步思想的工作，得到了中共中央南方局的肯定，以马杏垣为代表的革命者们用实际行动展示了中国共产党人在黑暗中永不退缩、积极斗争的智慧和勇气。

新中国成立初期，工业基础极为薄弱，专业人才非常匮乏。1956年1月，中共中央召开关于知识分子的问题会议，动员全党和全国人民特别是广大知识分子"向现代科学进军"。周恩来同志在会上代表中央作报告，充分肯定知识分子在社会主义建设中的地位和作用，宣布他们的绝大部分"已经是工人阶级的一部分"①。

案例二、三讲述了马杏垣为祖国的地质教育事业春风化雨、鞠躬尽瘁的故事。"一五"计划提出以后，全国上下掀起了工业化建设的热潮，作为一名老党员，他跟随中国共产党走过艰难岁月，新中国成立后仍奋战在教学和科研一线，以高度的科研热情和责任感在国际地学界为祖国增光添彩。马杏垣在教学中注重考查学生的政治素质和实践能力，培养了许多勤勉上进、思想坚定的社会主义人才，为新中国地质教育事业立下汗马功劳，马杏垣先生的事迹展示了爱国知识分子对新中国社会主义建设的忠诚与热忱。

（三）教学建议

案例一可用于第六章第四节第五目中"大后方的抗日民主运动和进步文化工作"部分的教学。教师可带领学生回顾抗战后期国民党在政治、经济、军事方面的腐败和倒退，使学生明白国民党无法带领人民走向抗战胜利；通过马杏垣在白区从事地下革命宣传活动的事例，引

---

① 《中国近现代史纲要（2023年版）》编写组：《中国近现代史纲要》，高等教育出版社，2023年版，第219页。

出国统区爱国民主运动的开展和中国共产党促进团结抗日的相关工作;通过播放有关"红岩精神"的相关影视资料,展示共产党人在国统区舍生忘死、冲破黑暗的斗争勇气和政治智慧。

案例二、三可用于第八章第四节第一目"探索适合中国国情的社会主义建设道路"部分的教学。新中国成立后,为了满足新中国工业化建设对矿产资源和地质人才的需求,大批科学工作者投身于地质研究和地质教育事业中。以地质勘探队为例,旧中国只有200多人,新中国成立后,国家从各方面调集专业人员,将地质专业和其他专业的学生转到地质专业,通过采取大规模培训等办法,使新中国的地质工作者数量迅速增加到数以万计。教师可播放纪录片《国家记忆》:科学巨匠李四光肩负重任(节目编号20210429),使学生了解新中国成立初期地质事业的匮乏和空白,以及爱国知识分子对新中国建设的巨大贡献,感受到社会主义工业化任务的艰巨和人民的奋斗热情①。

二、教学分析

(一)教学目的

(1)通过对案例一的学习,学生能够了解国民党政府在抗战后期的统治危机,认识其在美国扶蒋反共政策下暴露的反民主本性;了解大后方的抗日民主运动,认识到中国共产党对坚持全民族抗战的重要作用;感悟中国共产党人在国统区复杂严峻的环境中不惧强权、勇敢斗争的革命信念。

(2)通过对案例二、三的学习,学生能够认识到新中国社会主义工业化建设的急迫性和重要性;认识"一五"计划的历史成就和深远影响;感受全国建设社会主义时艰苦奋斗、勠力同心的高涨热情。

(二)教学重难点

(1)坚持抗战、团结、进步的方针(重点)。
(2)大后方抗日民主运动的开展(重点)。
(3)"一五"计划的提出、实施和成就(重点)。

---

① 胡绳主编:《中国共产党的七十年》,中共党史出版社1991年版,第167页。

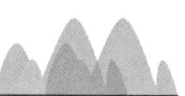

第八章 马杏垣：中共中央南方局走出的地大建校硕勋

三、教学思路与方案设计

（一）教学思路

案例一适用于第六章第四节第五目中"大后方的抗日民主运动和进步文化工作"。首先，教师向学生展示抗战后期国民党统治的腐败和倒退的历史资料，尤其是官僚资本的膨胀造成了国统区物价飞涨、民生凋敝的相关资料，与共产党在抗日民主根据地的经济与文化建设形成对比；其次，教师可展示《红岩》的封面，引发学生的学习兴趣，进而引出抗战时期中国共产党在国统区促进团结抗日的相关工作；最后，结合案例一中马杏垣在国立西南联大时发起"群社"和地下宣传工作的故事，讲明中国共产党始终坚持抗战、团结、进步的方针，在抗战中得到了民主党派和文化界人士的支持和拥戴，与国民党统治集团大肆杀害进步人士、散布白色恐怖形成对比，使学生明白国民党在抗战后期无法担任领导抗战胜利的任务的历史事实。

案例二、三适用于第八章第四节第一目"探索适合中国国情的社会主义建设道路"部分的教学。教师可首先播放央视纪录片《国家记忆》：科学巨匠李四光肩负重任（节目编号20210429）部分片段，激发学生的爱国使命感，使学生对新中国成立初期工业化建设的矿产资源、地质人才的需求有直观和深刻的理解；其次讲解"一五"计划的提出和实施，结合案例二、三中马杏垣先生投身中国地质教育事业的事例；最后通过"一五"计划前后国内经济发展的对比，带领学生总结"一五"计划取得的成果。

（三）教学方案

1. 教学方案一（适用于案例一）

教学步骤	教学内容	设计意图	时间/分钟
导入新课	向学生展示《红岩》的封面，阅读小说第十四章中关于叛徒出卖，江姐被捕的描写，并向学生提问有关小说背景的问题	通过熟知的革命者的艺术形象引发学生思考，增强课堂活力	5
简介教学目标	简要介绍本次教学要达到的目标	使学生对本次教学要达到的目标有清晰的认识	2

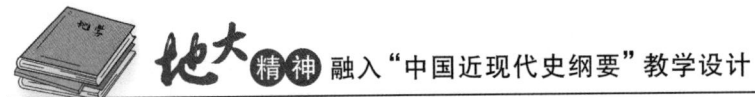

教学步骤	教学内容	设计意图	时间/分钟
呈现教学材料,引导学生学习	知识点一:国民党统治的腐败和倒退 首先,向学生介绍抗日战争后期国民党政府逐渐实行避战、观战的政策,在美国实行扶蒋反共后,国民党的腐败和倒退更加严重了。其次,讲解国民党的统治。政治方面,国民党加强特务组织和保甲制度;经济方面,国民党大发国难财,国统区经济崩溃、物价飞涨;军事方面,国军士气低沉,豫、湘、桂战场的大溃败与敌后战场的形势形成了鲜明对比。最后,讲明国民党统治的腐败,使得抗日民主运动在国统区普遍开展起来	使学生认识到国民党政府在抗战后期的腐败统治,认识到国民党统治集团不能带领中国抗战走向胜利,不能维护中国的独立和发展	30
	知识点二:大后方的进步文化工作 结合曹禺的戏剧《雷雨》片段和文化界在报刊中抨击国民党法西斯专政的图片、视频,向学生介绍在中国共产党的领导和支持下,大后方的文化界提出"抗战、团结、民主"的文艺创作目标,成为推动抗日文化工作的主要阵地,激发了群众和各界人士的抗战热情,巩固了抗日民族统一战线基础	使学生对这一时期文化界在国统区进行的活动有直观的认识,加深对民主党派的理解	
	知识点三:大后方抗日民主运动的开展 首先,向学生介绍皖南事变后国民党实行高压政策后,不仅反共,还大肆迫害其他爱国民主人士;其次,介绍抗战后期国民党统治区民主人士开展的争取民主的斗争;最后,讲解中共中央南方局高举抗日和民主两大旗帜,在国统区白色恐怖下积极开展进步工作,推动了抗日战争继续向前发展。这一部分的教学可以结合电视剧《周恩来在重庆》第17集中关于中国民主政团同盟成立的片段,讲解中国共产党在国统区的具体工作,使学生对大后方抗日民主运动有更加生动直观的认识	使学生认识到国统区的爱国民主运动,理解第二战线的形成,感悟中国共产党人在严峻复杂的政治环境下的政治智慧与革命勇气	
教学小结	教师简要梳理本节课的教学内容,并强调重点内容		3
课后作业	要求学生阅读习近平总书记的《在同各界优秀青年代表座谈时的讲话》(2013年5月4日)《在北京大学师生座谈会上的讲话》(2018年5月2日)全文,并提交不少于800字的学习体会	巩固学生所学知识,培养学生的写作能力和逻辑思维能力	5

第八章 马杏垣:中共中央南方局走出的地大建校硕勋

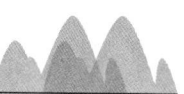

2. 教学方案二(适用于案例二、三)

教学步骤	教学内容	设计意图	时间/分钟
导入新课	播放纪录片《国家记忆》:科学巨匠李四光肩负重任(节目编号20210429),引导学生思考地质事业对新中国建设事业的重要性	使学生对新中国成立初期的复杂形势和种种困难有直观的了解	5
简介教学目标	简要介绍本次教学要达到的目标	使学生对本次教学要达到的目标有清晰的认识	2
呈现教学材料,引导学生学习	知识点一:国民经济的调整与恢复 第一,通过展示相关数据和图片,使学生了解在解放初期,由于长期的战乱以及国民党发行金圆券、四大家族资产转移、国军撤退时对工业基础设施的破坏等影响,新中国面对的是一个在经济上千疮百孔的烂摊子;第二,讲解新中国成立后经过"三反""五反"后的三年经济恢复的成就,讲明国民经济得到全面恢复和初步发展;第三,播放电视剧《破晓东方》,观看第36集中政府与企业家座谈的片段,讲解中国共产党为国民经济的恢复和发展作出的努力	使学生认识到新中国成立时在经济建设方面面临的巨大考验,认识到中国共产党领导下我国经济的恢复和国民经济结构的深刻变化	30
	知识点二:工业化建设的高潮 首先,播放电视剧《百炼成钢:中国共产党的一百年》第31集,介绍"一五"计划的开始与发展过程;其次,结合案例二、三中马杏垣的故事,讲解全国工人阶级、工程技术人员和科学工作人员对新中国工业化建设的热情;最后,通过展示"一五"计划我国取得的建设成就,总结"一五"计划对我国经济社会发展的历史意义	使学生看到全国人民和科技工作者在中国共产党的带领下,为国家稳定同心同德、艰苦奋斗,激发学生的爱国热情和时代使命感	

教学步骤	教学内容	设计意图	时间/分钟
呈现教学材料,引导学生学习	知识点三:向现代科学进军 第一,讲解中共中央在1956年召开的关于知识分子问题的会议与《1956—1967年科学技术发展远景规划纲要》的制定,播放《科学启示录》第6集《希望》片段,讲明科学文化工作迎来了发展的春天,无数爱国知识分子为祖国科技进步、提高科学技术水平而不懈奋斗。第二,结合案例二、三中马杏垣的故事,介绍我国科学界和教育界在20世纪五六十年代取得的伟大成就。教师可以展示相关图片与视频,使学生感悟爱国科学家砥砺自新、无私奉献的奋斗精神,使学生认识到在中国共产党的领导下,爱国知识分子迎难而上,着力解决国际和国家突出的学科研究难题,社会主义建设取得了长足的进步	使学生认识到中国共产党对科学教育事业工作的重视,感受到爱国知识分子投身祖国科学事业发展的蓬勃朝气。引导学生珍惜美好生活,为中华民族伟大复兴的时代目标发奋学习、贡献力量	
教学小结	教师简要梳理本节课的教学内容,并强调重点内容		3
课后作业	要求学生了解著名地质学家、教育家李四光先生的生平故事,并结合课堂所学和时政热点,提交1份不少于500字的报告	学生巩固、深化课堂知识,培养学生的思考能力	5

四、教学方法推荐

（1）抗日战争后期国民党的黑暗统治以及"大后方的抗日民主运动和进步文化工作"的教学适宜运用专题式教学法和讨论式教学法组织教学。

这一部分主要讲述了抗日战争后期国民党在军事、经济、政治方面的腐败和倒退,与敌后战场形成了鲜明的对比。在世界反法西斯战争形势大好时,豫、湘、桂战役的溃败彻底暴露了国民党政府的腐败无能,国统区经济崩溃、政治专制,爱国民主运动不断高涨。中国共产党在大后方积极开展和具体领导的抗日民主工作,巩固了抗日民族统一战线,加快了解放事业胜利的到来。

这一部分教学内容的连续性较强,采用专题式使学生教学法可以使学生较快掌握抗日战争后期国民党统治的黑暗与国统区爱国民主运动的发展,认识到国民党对人民利益的漠视和对人民财产的强取豪夺,深入思考国民党倒行逆施、破坏民主的根本原因,从而认识到国民党政府的阶级属性使其注定无法带领人民建立自由民主的新中国。教师可以通过展示文学作品和经济数据的对比分析,加强学生对国民党腐败统治的思考和理解。对于大后方爱国民主运动的开展,教师可以结合《雷雨》《屈原》等剧作展示进步人士对自由和民主的追求。通过展示1943年新华日报社赠送给中共中央南方局办事处的对联"白日辄濛千层雾;红岩屹立五周年",引导学生思考中国共产党在维护抗日民族统一战线和推动抗战胜利中的伟大历史功绩。

(2)对解放初期国民经济的恢复以及"探索适合中国国情的社会主义建设道路"的教学适宜采用主题式教学法和案例式教学法组织教学。

这一部分主要讲解为促进新中国经济的发展,加快社会主义工业化进程,中国共产党通过调整国民经济和制定"一五"计划,促进了国民经济的恢复和新中国工业化的起步。在"一五"计划建设结束后、党的八大召开前夕,中央召开了关于知识分子问题的会议,要求"向现代科学进军",为中国国防、经济、文化各方面的进一步发展提供了科学保障。

从教学内容上来看,本部分主要有两个知识点:第一是新中国成立后国民经济恢复与"一五"计划,第二是"一五"计划建设结束后,"向现代科学进军"的提出。在讲授"一五"计划时,要强调新中国工业化的重要性以及全国人民的劳动热情;在讲授"向现代科学进军"时,可以结合案例二、三中马杏垣的故事,讲述新中国地质教育事业的迅速发展,以及爱国知识分子投身新中国科学教育事业的赤诚忠心。通过学习这两个知识点,学生能够认识到爱国先辈建设新中国时艰苦奋斗、迎难而上的高尚品德和崇高精神,感受如今美好生活的来之不易,领悟当代青年人应有的使命和担当。

第九章 池际尚：克己奉公的地大教学元勋和南建主帅

一、教学案例——池际尚

池际尚(1917年6月25日—1994年1月1日)，湖北安陆人，矿物岩石学家、地质教育家，中国科学院院士、中国地质大学教授(图1)。1936年考入清华大学物理系，1938年加入中国共产党，1941年毕业于国立西南联合大学地质地理气象学系。1946年赴美国留学，1949年获宾夕法尼亚州布伦茂大学博士学位，曾任美国加州大学伯克利分校岩石学博士后高级研究员。1950年，她毅然踏上归国之路，回国后任清华大学地质学系副教授。1952年调入北京地质学院任教并担任地质矿产专修科主任。1975年担任武汉地质学院第一副院长。1980年当选为中国科学院学部委员(院士)。

图1　池际尚(1917—1994年)

第九章 池际尚：克己奉公的地大教学元勋和南建主帅

池际尚始终把祖国放在至高无上的位置，一生报效祖国、服务人民，是中国优秀知识分子的典范。1994年3月，中共中央统战部、中国科学技术协会、中华全国妇女联合会和中华人民共和国地质矿产部共同发出通知，号召各行各业的知识分子向池际尚学习，学习她热爱祖国、矢志报国的爱国主义精神，鞠躬尽瘁、全心全意为人民服务的优良品质，热爱科学、顽强拼搏、勇攀地质科学高峰的献身精神，严谨求实、精心育人的治学思想，淡泊名利、助人为乐、甘为人梯的高尚情操。

(一) 案例呈现

案例一：祖国至上，深藏红色学地质

1917年，池际尚出生在湖北安陆一个普通职员家庭，4岁随父母到北平。她自幼勤奋好学，1936年以优异成绩考入清华大学物理系（图2）。时值日寇猖獗、国难当头，她主动接受进步思想，积极投身到"一二·九"爱国运动和其他抗日救亡活动。

图2 中学时期的池际尚

1937年7月，抗日战争全面爆发，池际尚随清华大学师生南下，辗转至湖南长沙。在那里，她响应进步学生会的号召，报名参加"战地服务团"，开展抗日救亡工作（图3）。1938年，在党的感召下，池际尚经同学郭建恩介绍在长沙加入了中国共产党。她经常到八路军办事处联系工作，有幸见到董必武等党中央领导同志，聆听他们的教诲，坚定了抗战必胜的信心。池际尚和熊

向晖(隐蔽战线的英雄,受周恩来指派在胡宗南身边潜伏12年)等3人组成党小组,被派往在西安的国民党胡宗南部队进行抗日宣传工作,后在"西北干部训练团"担任政治指导员。出众的言谈和风度,让她受到胡宗南的器重,依托便利为党组织搜集有用情报。后来,由于情况复杂,党员身份有暴露的危险,池际尚根据上级熊向晖的指示暂时离开"战地服务团"。

图3 1981年,池际尚(后排左一)与抗战时期"战地服务团"老战友相聚北京

1938年,池际尚辗转来到昆明,进入国立西南联合大学继续求学(图4)。在国立西南联合大学时,她经常写信与熊向晖单线联系,汇报学校师生抗战的情况。目睹了祖国的深重灾难和人民的贫困生活,她决意改学地质,期望学习寻找和开发矿产的知识,以此振兴贫穷的祖国。当时,地质专业几乎是清一色的男生,野外实习非常艰苦,但她没有被吓倒,毫不动摇学习地质的决心。她说:"我选择了地质,便选择了献身祖国的地质事业,我不会后悔和后退。"1941年,池际尚在国立西南联合大学毕业并留校任教,以优异的成绩荣获中国地质学会设立的第一届马以思女士纪念奖金。

图4 1940年,池际尚(后排右一)大学毕业前与国立西南联合大学地质地理气象学系部分师生合影

1946年,经袁复礼教授推荐,池际尚获得了美国布伦茂大学研究生奖学金,新婚仅20多天便只身远渡重洋赴美深造。1949年,池际尚以出色的研究成果通过论文答辩并获得博士学位。她的博士论文研究了当时国际地质界热烈争论的花岗岩化问题,她不仅阐明了其成因机理,改正了构造岩石学权威克劳斯所提出的成因观点,还提出了一个"变形—组构"的统一模型。学校授予学位那天,校长念到池际尚的名字时说道:"我们学校有池际尚这样的优秀毕业生,我为此感到骄傲!"

案例二:立志报国,毅然踏上归国路

1950年8月初,"威尔逊总统"号邮轮缓缓驶离美国旧金山港,开始了它开往香港的漫长旅程。在这艘搭载300余名乘客的远洋邮轮上,有100多名中国旅美留学生和科学家,池际尚就是其中一员(图5)。他们是新中国诞生后第一批留学归国人员,也是人数最多的一批留学归国人员(图6)。

就在一个多月前,美国悍然发动了朝鲜战争,同时乘机出兵中国台湾,下令第七舰队开进台湾海峡。美苏冷战的阴云骤起,美国国内麦卡锡主义猖獗,美国政界和社会极度仇视社会主义和共产主义,美国当局加剧了对中国留学生的审查和离境阻碍。这批中国留学生们在华罗庚等人的倡议下,坚定"为了抉择真理,我们应当回去;为了国家民族,我们应当回去;为了为人民服务,我们应当回去……"的信念,冲破重重阻拦,毅然地踏上了归国之路。

当初怀着"科学救国"梦想远渡重洋、学有所成的池际尚,此时归心似箭!她婉言谢绝了自己的博士后导师、国际著名地质学家特涅尔(F. J. Turner)教授的竭力挽留,中断了当时的国际学术前沿——岩组学以及岩石高温高压变形的研究,放弃了优裕的物质生活,告别了美国加州大学伯克利分校,义无反顾地登上了"威尔逊总统"号,同船的还有邓稼先、涂光炽、张炳熹等人。

图5 1950年,"威尔逊总统"号上归国科学家留影(前排左四着白衣者为池际尚)

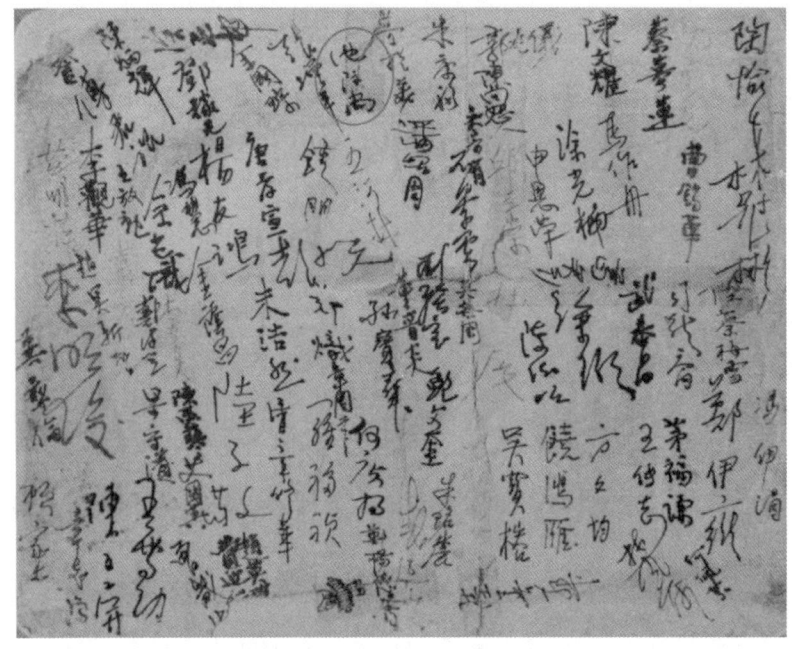

图 6　池际尚等中国留学生同船回国时的签名

邮轮抵达日本横滨时,3 名留学生被美国特工搜查并被追截羁押到日本,其余人员逃过一劫抵达中国香港。尽管船上的中国留学生持有中国香港的过境签证,但是他们还是被阻留在"威尔逊总统号"舱室,一个也不准上岸。面对留学生的是数百名荷枪实弹的英国警察和几十辆装甲车,宪警的枪械和装甲车黑森森的铁皮发着恐怖的寒光,码头已经戒严,码头与外界的电话和交通联系全部被切断。美国政府通过英国政府,与港英当局互相串通、沆瀣一气,声称这批中国留学生都是"共产赤色分子",共同导演了这幕不准中国留学生在中国香港登岸的丑剧。

为向港英当局表示强烈抗议,在船上留学生组织的领导下,池际尚带领留学生们一遍遍高唱《国际歌》和《义勇军进行曲》,表达对帝国主义者丑恶行径的愤慨。最后,通过层层检查,港英宪警用架着机枪的小艇分批押送留学生到九龙,让他们徒步走向深圳罗湖桥口岸。此时,深圳这边早已是红旗招展,锣鼓喧天,解放军和同胞们隆重热烈地迎来了新中国第一批回国的学子。

这次充满波折的回国之旅,不仅给新中国带来了一批堪当大任的科教英才,还带动了海外学子回国效力的强劲热潮,激发了海外华侨的爱国热情和对新中国的关注与憧憬,为形成"学成归来、报效祖国"的留学生优良传统起到了示范引领作用,影响了整整一代知识分子对中国共产党的政治认同和情感信任。池际尚用"毅然回国"的壮举,实践着科教兴国的梦想。她把个人的理想和祖国的命运紧紧联系在一起,她用地质救国的初心、心系祖国的情怀、矢志教育的品格、克己奉公的精神,为新中国地质事业带来了生机和活力,为中国地质大学植入了红色基因,孕育了岩石学科的优秀学脉。

案例三：矢志教育，呕心沥血育人才

回国后，池际尚任清华大学地质学系副教授。1952年，全国高等学校院系调整，池际尚参与筹建北京地质学院。学院初建之时，只要工作需要，她从不讲条件，勤勤恳恳做好工作。她担任地质矿产专修科主任，积极培养国家建设需要的地质人才。为改变我国贫油面貌，她又毅然改变学术方向，担任石油教研室主任，培养找寻石油和煤田的人才。1957年起主持普查系（大系）工作，她又亲自修订构造地质、岩矿和古生物地层3个理科专业教学计划。

她开拓性地填补了我国地质研究的空白领域，积极找寻国家急缺的矿产资源。新中国成立初期，为了迅速找到矿产资源，池际尚将出生不久的儿子交给保姆哺养，1956—1957年两年间，在人称"望山跑死马"的祁连山，参加了中苏联合祁连山综合地质考察队，先后两次横跨祁连山开展地质构造及矿产调查（图7）。

图7　中苏联合祁连山综合地质考察队留影（后排左二为池际尚）

国家急需金刚石资源，她又带领科研团队在山东蒙阴寻找原生金刚石矿床，指导完成了中国第一批山东含矿金伯利岩的研究成果，这项成果在1978年全国科学大会上荣获集体奖。

在花岗岩研究上，她提出了两个重要概念，即同源岩浆系列与深部和就地岩浆分异同化作用，这一开创性研究和学术思想在当时处于国际领先水平（图8）。

池际尚一直惦念我国北方缺乏磷矿资源的问题。1958年，她在山东研究磷矿的分布情况，研究了区域含磷的特征。20世纪70年代初，身处逆境的她随教改小分队在河北宽城劳动时，发现了华北偏碱性超镁铁岩中的岩浆岩型磷灰石矿床，为在北方寻找同类型矿床、扭转中国南磷北调局面开辟了新的前景。

图 8　池际尚带领科研团队在八达岭考察花岗岩体

池际尚几十年如一日坚持地质科研,足迹踏遍了包括西藏在内的20多个省份的崇山峻岭,指导地质找矿并取得了丰硕的成果,为经济社会发展作出了贡献(图9)。她在岩石学的许多领域中进行了开拓性的研究,为中国岩石学的发展树立了标杆,使中国岩石学长期处于国际先进水平。

图 9　1983 年,池际尚在考察北京西山地质时观察岩石

池际尚培养出了中国科学院院士叶大年、刘宝珺、莫宣学等一大批地质人才(图10)。她注重人才梯队的建设,把中国地质大学岩石学科人才梯队建设成全国少有的各年龄段都有带头人的最佳组合,该成果荣获国家教委授予的最高教学成果奖。中国地质大学"岩石学"课程始终引领着全国"岩石学"课程建设方向,继承和发扬重教学、重实践、重改革的优良传统。

第九章　池际尚：克己奉公的地大教学元勋和南建主帅

图 10　池际尚（前排左七）和北京地质学院岩矿专业 1960—1965 年全体毕业生合影

2005 年 10 月，时任国务院总理温家宝致信中国地质大学老校长赵鹏大院士，送上自己接见第五届高等教育国家级教学成果奖获奖代表时的讲话，并写道："送上我的一篇讲话。我以这篇文章献给我敬爱的老师池际尚教授。我常怀念她。"温家宝在讲话中谈道："我的晶体光学就是池际尚教授讲的，她不是仅仅讲一堂课，而是整整给我们讲了半年。至今，我都清清楚楚地记得她的音容笑貌，她讲得是那么清楚、那么深刻，甚至费氏台的操作她都自己进行。我希望各个学校都要继承和发扬这一优良传统。"

案例四：克己奉公，南迁建校筑丰碑

"文化大革命"时期，池际尚的丈夫李璞先生不幸逝世，儿子远在陕西农村插队劳动，磨难和坎坷没有动摇她对党和共产主义事业的坚定信念，没有磨掉她为国家地质事业和教育事业奉献一生的决心。她身体力行，用自己的实际行动潜移默化地影响着一代又一代人。

在河北第八地质大队，池际尚天天和年轻人一起爬山越岭，填地质图、跑路线，回到农家整理标本和野外记录。1971—1972 年，教改小分队移师福建大田，为福建省重工业厅培养 40 余位工农兵学员。1975—1976 年，池际尚带领 10 多名地质系教师在羊楼洞，与湖北省地质局合办"七二一"大学。没有实验室和图书馆，食堂一到雨天就漏雨，晚上经常停电，在这种条件下，池际尚和大家同吃同住，自编教材、精心备课，认真讲授并指导学员野外实习，为湖北省培养了 100 多名急需的地质人才。1970 年，北京地质学院南迁至湖北江陵，更名为湖北地质学院。在学校漂泊、动荡的时刻，池际尚临危受命，到江陵校本部复职并被任命为地质系主任，团结广大教职工，积极恢复办学。

1974 年底，学校定址武汉，更名为武汉地质学院，在南望山麓建校。1975 年 8 月，国家计委、教育部发来电报，"武汉地质学院为地质方面的骨干院校，该院全体教职工必须于暑假全部迁汉,并安排今年秋季对几个急需专业招进一部分新生"。池际尚坚决执行上级和学院党委的决定,二话不说就处置了北京居所的家具,打包行李,甚至把自己的衣柜锯开做成木箱装书,义无反顾来到了武汉,并常年在武汉工作(图11)。

由于迁校的影响,学校师资大量流失,教学设备、教学材料严重损毁,办学任务十分繁重,办学条件极其困难。在这样严峻的情形下,池际尚克服多方困难,为武汉地质学院的恢复和重建做了大量卓有成效的工作。

图11　1971年3月,池际尚在湖北地质学院大门口留影

1980年11月,池际尚任武汉地质学院第一副院长(图12)。1981年5月,学校获批设立党委会,池际尚又任党委常委。为加强学科建设,提高教学水平,她选送年轻教师出国深造,吸纳研究生充实师资队伍,采取各种措施恢复和重建师资。她主持申请利用世界银行贷款,购置先进仪器,扩充实验设备,筹建了武汉地质学院测试中心。她瞄准地质科学的国际前沿,主持多项重点研究课题。到1982年,武汉地质学院基本建设已初具规模,教学秩序业已恢复,逐渐进入新的发展时期,形成了"两地办好,以武汉为重点"的办学原则和"立足武汉本部,横跨南北办学"的发展格局。1984年,67岁的池际尚完成了南迁建校的阶段性使命,卸任副院长回到北京,潜心培养研究生并开展科学研究,继续发光发热。

池际尚为学校南迁建校呕心沥血,把自己的党性修养和科学精神融入办学事业中,将自己的热血和汗水无私播洒在中国地质大学的建设里。

第九章 池际尚:克己奉公的地大教学元勋和南建主帅

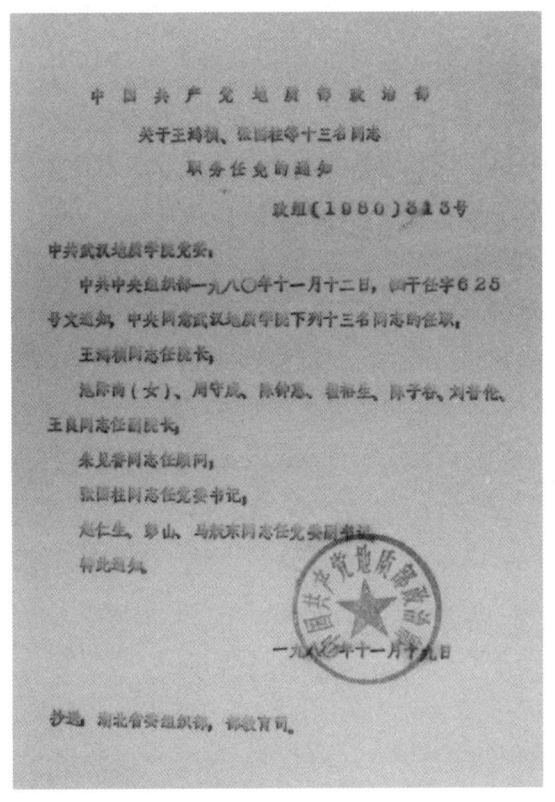

图 12　池际尚被任命为武汉地质学院副院长的文件

(二)案例点评

华北事变后,中日民族矛盾进一步激化。在中国共产党救亡图存、全民抗战的号召和地下党组织领导下,1935 年 12 月 9 日北平学生举行声势浩大的抗日游行,喊出"反对华北自治""打倒日本帝国主义""停止内战,一致对外"等口号,遭到国民党军警严酷镇压。12 月 16 日,北平学生和市民共 1 万多人召开市民大会,会后举行了更大规模的示威游行。由此开始的"一二·九"运动迅速波及全国,它促进了中华民族觉醒,标志着中国人民抗日救亡运动新高潮的到来。

案例一讲述了池际尚作为一位共产党人,在民族危亡时刻投笔从戎,参加"战地服务团",投身抗日救亡运动的事迹。池际尚主动投身"一二·九"运动,并在跟随清华大学师生南下至长沙时加入中国共产党,在加入战地服务团工作中被派往胡宗南部队进行抗日宣传,为党组织积极搜集情报,虽为女儿身,但胸怀家国志,思想坚定,献身革命,是坚定的共产主义者。日本侵华战争给中国教育和工业造成了巨大的破坏,中国被迫进行教育西迁和工业西迁,在教育西迁中涌出很多宁折不屈的大学者,堪称民族脊梁。广大师生克服巨大困难,为民族独立和复兴坚持教学科研,展现出中华民族伟大的民族精神与文化顽强不息的生命力。池际尚在国立西南联合大学求学期间,目睹祖国深重灾难,决意改学地质学,立志要以矿产振兴祖国,正是如斯志士为民族危亡暗影笼罩的中华民族点亮了一抹前行的希望之光。

案例二展现了池际尚立志报国、服务人民的赤诚之心与责任担当。新中国成立后,百废待兴,各条战线均急需人才。她在1950年坚定"为了抉择真理,我们应当回去;为了国家、民族,我们应当回去;为了为人民服务,我们应当回去……"的信念,放弃优裕的物质生活,中断国际前沿研究,以科研救国之志向,克服重重阻拦,义无反顾踏上回国之路。在祖国面临困难与考验之时,她把个人的理想和祖国的命运紧紧联系在一起,胸怀科教兴国的梦想,为新中国地质事业带来了生机与活力,为中国地质大学植入了红色基因。

案例三讲述了池际尚参与北京地质学院建立,呕心地质教育,投身地质研究的事迹。她积极响应国家需要和改革高等教育的要求,倾注满腔热忱,投入全国高等院校调整工作,领导创建岩石学教学与研究体系,培养了大批地质人才。时任国务院总理温家宝曾致信老校长赵鹏大院士,并在信件的抬头写道:"送上我的一篇讲话。我把这篇文章献给我敬爱的老师池际尚教授。我非常怀念她。"

案例四展现了池际尚听党指挥跟党走,身体力行,实事求是,积极南迁,艰苦创业,为国家地质事业和教育事业奉献一生的事迹。从河北第八地质大队的翻山越岭到福建大田的教改实践,从羊楼洞的风雨漂泊到南望山的建校办学,她克己奉公、坚定信念,用实际行动践行初心。在极为复杂的情况下,池际尚坐镇武汉,克服多方困难,提升办学条件,重建师资队伍,加强学科建设,为武汉地质学院的恢复和发展做了大量卓有成效的工作。

(三)教学建议

案例一适用于第六章第二节第三目"抗日民族统一战线的建立与全民族抗战的开始"及第三节第一目"战略防御阶段的正面战场"的教学。教师通过讲授池际尚参与革命、奋起抗战的故事,帮助学生深入了解抗日民族统一战线建立的背景、发展历程和全民族抗战的背景与意义。通过讲述池际尚跟随清华大学内迁的故事,说明国民政府在抗日战争初期实行过若干有利于抗战的政策,梳理国民政府在不同阶段对内对外政策的变化,分析国民党在正面战场发挥的作用,总结国民政府正面战场退却、失败的原因,并总结中国共产党成为抗日战争中流砥柱的原因。池际尚英勇抗战、求学救亡的故事展现了高校师生壮怀激烈、坚韧不拔的民族精神与中华儿女宁死不屈、百折不挠的必胜信念,是伟大抗战精神的生动体现。

案例二适用于第七章第四节第三目"中国革命胜利的原因、意义和基本经验"与第八章第一节第二目"捍卫巩固新政权的斗争"的教学。结合新中国成立初期世界局势与中国国情,讲述池际尚心怀祖国、毅然归国、科研报国的事迹,帮助学生认识中国革命胜利的原因、伟大意义、基本经验与新中国成立的重要意义,了解新中国成立初期急需解决的困难与面临的严峻考验及所作的斗争,理解中国共产党领导的重要性。展现以池际尚为代表的归国科学家一片赤诚、以身许国的拳拳爱国之情,心有大我、至诚报国、以身许国的精神境界,激励大学生勇担历史使命与时代责任。

案例三适用于第八章第一节第二目"捍卫巩固新政权的斗争"与第二节第二目"社会主义工业化的起步"的教学。通过讲述池际尚响应全国高等院校调整的事迹,使学生了解为巩固新政权中国共产党在完成民主革命的遗留任务、领导国民经济恢复工作、教育科学文化卫生事业除旧布新、巩固民族独立及维护国家主权和安全、加强中国共产党的自身建设五个方面所作出的努力与付出。帮助学生认识到当今幸福生活来之不易,引导学生加以珍惜并为祖国建设发展贡献青春智慧与力量。

案例四适用于第八章第四节第一目"探索适合中国国情的社会主义建设道路"与第五节第四目"全面建设社会主义的成就"的教学。通过讲授池际尚在地大南迁及建设中的事迹,使学生了解社会主义建设取得的成就;通过讲授池际尚在社会主义革命建设时期坚守初心使命、发展地质专业的事迹,让学生了解新中国在地质领域之所以能够取得重大突破,与老一辈科学家们热爱祖国、艰苦奋斗、无私奉献、自力更生的精神分不开,更与中国共产党领导下举国艰苦奋斗的创业精神分不开。

二、教学分析

(一)教学目的

(1)通过案例一的学习,使学生认识到抗日民族统一战线建立与全民族抗战的重要意义;理解中国共产党是中国人民抗日战争的中流砥柱;正确评价国民党政府在抗日战争中的地位与作用;领悟中国人民抗日战争胜利对实现中华民族伟大复兴的重要意义;深刻理解中国共产党团结带领人民群众铸就的伟大抗战精神,是夺取抗战胜利的强大精神力量。

(2)通过对案例二的学习,使学生认识到中国革命胜利的原因、意义和基本经验,中华人民共和国成立的伟大意义,新中国成立初期的国情及面临的考验;明确没有共产党就没有新中国是中国人民基于自己的切身体验所确认的客观真理,中国共产党的领导是历史和人民的必然选择。

(3)案例三的学习,使学生了解在新中国成立初期的困难与挑战面前,中国共产党坚持不懈带领全国各族人民进行巩固新政权、建设新中国的伟大斗争;认识到中国共产党是能够经受住执政考验的。

(4)通过案例四的学习,使学生了解中国共产党探索适合中国国情的社会主义建设道路的历程,理解中共中央提出一系列新方针的重要意义,把握我国在推动科学技术领域发展所做的努力。

(二)教学重难点

(1)抗日民族统一战线的形成及意义(难点)。

(2)中国共产党是中国人民抗日战争的中流砥柱(重点)。

(3)正确评价国共两党及两个战场在抗日战争中的地位与作用(难点)。

(4)中国人民抗日战争胜利的意义(重点)。

(5)中国革命胜利的伟大意义和基本经验(重点)。

(6)全面建设社会主义的成就(重点)。

三、教学思路与方案设计

(一)教学思路

案例一适用于第六章第二节第三目"抗日民族统一战线的建立与全民族抗战的开始"的教学,同时可用于第三节第一目"战略防御阶段的正面战场"导入新课教学部分。放映视频《讲巾帼英雄故事》(20210527 池际尚),引导学生重点关注池际尚投身抗日救亡运动、参加"战地服务团"的片段,向学生提问:"池际尚在'一二·九'运动爆发后开始投身抗日救亡运动,她参与了哪些工作?"通过视频与问题的导入激发学生兴趣,带领学生梳理抗日民族统一战线新政策的形成。在知识点讲解时可播放视频《国立西南联大口述史——国立西南联大校歌》,在满头华发的教授们悲壮苍劲的歌曲中提问:"国立西南联合大学是如何建立的?地大有一位女教授曾经见证内迁,先后前往长沙、昆明求学,见证国立西南联合大学的成立,同学们知道这位教授是谁吗?"从池际尚跟随清华大学一路南下求学的经历讲起,讲清抗日战争时期高校的内迁背景与过程,客观评价国民政府在抗战中的表现,尊重历史事实,力求全面公正,并分析总结抗日战争胜利的原因、意义以及中国共产党的中流砥柱作用。

通过展示搭乘"威尔逊总统号"远渡重洋回国的科学家合影照片引入课程,提问:"合影中

第九章 池际尚：克己奉公的地大教学元勋和南建主帅

有哪些科学家？为什么科学家们选择在此时回国？"引发学生对新中国成立初期世界局势与国内环境的兴趣，为知识点讲解交代背景。在"中国革命胜利的原因、意义和基本经验"的教学中，结合池际尚等科学家回国的背景，分析中国革命取得胜利的原因，讲清中国革命胜利的意义与经验，重点说明中国共产党领导的重要性。在"捍卫巩固新政权的斗争"的教学中，播放《中华人民共和国中央人民政府成立典礼原始影像》《习近平总书记在庆祝中华人民共和国成立 70 周年大会上的讲话》视频，引导学生思考新中国成立的伟大意义，通过《党史故事百校讲述——听中国地质大学（武汉）讲述池际尚院士的故事》视频，以池际尚跨越重重阻隔毅然踏上回国之路的事迹为线索，鼓励学生结合国际背景分析当时新中国面临的困难，正确认识新中国在政治、经济等方面所面临的考验。

案例三适用于第八章第一节第二目"捍卫巩固新政权的斗争"与第二节第二目"社会主义工业化的起步"的教学。"捍卫巩固新政权的斗争"的教学，从带领学生回顾新中国成立初期面临的考验引入课程；以西藏和平解放为例，介绍新中国成立初期中国共产党完成民主革命遗留任务的举措；结合视频《让历史告诉未来：1952——完成国民经济恢复工作》片段，讲述通过稳定物价、统一全国财政收入、物资调度等方式，在安定人民生活、恢复和发展工农业生产创造了有利条件；通过展示时任国务院总理温家宝致赵鹏大院士信件的照片，分析温家宝在接见第五届高等教育国家级教学成果奖获奖代表时的讲话内容，讲解池际尚参与北京地质学院建院的事迹，使学生了解新中国在教育科学文化卫生事业除旧布新的措施与成绩；通过电影《长津湖》片段，详细介绍抗美援朝战争的意义，可增加"抗美援朝精神"内涵介绍，展示新中国在巩固民族独立、维护国家主权和安全方面的努力；以纪录片的形式展现新中国成立初期中国共产党在加强自身建设、密切党同人民群众的联系方面所做的工作，说明新中国成立初期中国共产党带领全国各族人民所作的伟大斗争和不懈努力。池际尚跨越千山万水、不畏千难万险为祖国寻找矿产资源的事迹，体现了社会主义工业化的建设与发展。

案例四适用于第八章第四节第一目"探索适合中国国情的社会主义建设道路"与第五节第四目"全面建设社会主义的成就"的教学。详细介绍《百年党史中的红色经典》第七讲《论十大关系——探索中国的社会主义建设道路》片段所处时代背景与历史条件，讲清苏共二十大暴露的苏联经验的缺点和错误，强调中国共产党探索中国特色社会主义建设道路的必要性。探索社会主义建设道路必然会经历艰辛和曲折，但是在中国共产党的领导下，仍然在经济建设、民生改善等方面获得了巨大的成就。其中，在文化教育医疗科技事业的发展部分，视频《党的女儿》第 72 集《池际尚：中国第一代地质学家》展现了池际尚在社会主义革命和建设时期不畏艰难找矿、奠定岩石学科基础、助力地大南迁等感人事迹，以帮助学生了解该时期文化教育医疗科技事业的发展；视频《理想照耀中国》第 4 集《为人民和祖国服务》介绍王进喜、邓稼先、钱学森热爱祖国、艰苦奋斗、无私奉献的事迹，形成了"大庆精神""两弹一星精神"等中国共产党人的精神谱系，鼓励学生学习先进典型与英雄模范，用实际行动书写忠于祖国与人民的时代华章。

(二)教学方案

1. 教学方案一(适用于案例一)

教学步骤	教学内容	设计意图	时间/分钟
导入新课	放映视频《讲巾帼英雄故事》(20210527 池际尚),引导学生重点关注池际尚投身抗日救亡运动、参加"战地服务团"的片段,向学生提问:"池际尚在'一二·九'运动爆发后开始投身抗日救亡运动,她参与了哪些工作?"	以视频中的人物故事作为导入,影像素材能够集中学生的注意力;用问题导入,帮助学生进行思考,发现问题,解决问题	5
简介教学目标	教师向学生简要介绍本次教学要达到的目标	使学生对本次教学目标有清晰的认识	2
呈现教学材料,引导学生学习	知识点一:抗日民族统一战线的建立与全民族抗战的开始 首先,介绍"一二·九"运动背景及发展过程,展示图片《中国苏维埃政府、中国共产党中央为抗日救国告全体同胞书》(八一宣言)《停战议和一致抗日通电》,梳理中共抗日统一战线新政策的形成。 其次,介绍西安事变及其和平解决的重要意义,讲解国共两党第二次合作成为不可抗拒的历史潮流。 再次,通过梳理时间线,国共合作,共赴国难,讲解国共合作过程。 最后,以视频《习近平讲述的故事——英雄母亲邓玉芬》《民族英雄马本斋》引出"全民族同仇敌忾,奋起抗战"知识点,讲解中华儿女在祖国生死存亡关头表现出的民族气节与英雄气概	通过对时代背景的了解与时间线索的梳理,使学生认识到国共合作实行第二次合作成为不可抗拒的历史潮流,感受到全民族同仇敌忾、奋起反抗的民族凝聚力与抗日军民的爱国情怀	33
	知识点二:战略防御阶段的正面战场 播放视频《国立西南联大口述史——国立西南联合大学校歌》,分析校歌歌词的含义和作用,并向学生提问:"国立西南联合大学是如何建立的?地大有一位女教授曾经见证内迁,先后前往长沙、昆明求学,见证国立西南联合大学的成立,同学们知道这位教授是谁吗?"根据池际尚随清华大学一路南下到国立西南联合大学求学的经历,讲解抗日战争时期高校的内迁背景与过程,讲解这一时期对日作战所做出的努力,说明国民政府在抗战初期实行的有利于抗战的政策	使学生能够理解抗日战争正面战场不同阶段作战的情况,结合史实,客观、全面评价国民政府在抗日战争中的表现	

教学步骤	教学内容	设计意图	时间/分钟
呈现教学材料,引导学生学习	知识点三:抗日战争胜利的原因和意义 通过池际尚参加抗战的事迹,引导学生分析抗日战争胜利的原因。观看视频片段《习近平在纪念中国人民抗日战争暨世界反法西斯战争胜利75周年座谈会上的讲话》,引导学生分析抗日战争胜利的意义,强调中国人民在抗日战争的壮阔进程中孕育出伟大抗战精神,向世界展示了天下兴亡、匹夫有责的爱国情怀,视死如归、宁死不屈的民族气节,不畏强暴、血战到底的英雄气概,百折不挠、坚韧不拔的必胜信念	使学生能够认清抗日战争胜利的真正原因及其重要意义,理解中国共产党的中流砥柱作用,引导学生厚植爱国主义情怀,坚定理想信念,传承伟大抗战精神,勇往直前,接续奋斗	
教学小结	教师简要总结本次教学内容,并强调重点内容:中国共产党高举抗日民族统一战线的旗帜,促成中华民族抗日统一战线的形成,中国共产党的中流砥柱作用是中国人民抗日战争胜利的关键		3
课后作业	要求学生围绕课堂授课内容与相关学习材料,思考如何客观评价抗日战争的正面战场,并写1篇不少于500字的报告	学生巩固课堂所学知识,增强思辨能力,训练逻辑思维能力	2

2. 教学方案二(适用于案例二)

教学步骤	教学内容	设计意图	时间/分钟
导入新课	通过展示搭乘"威尔逊总统号"远渡重洋回国的科学家合影照片引入课程,向学生提问:"合影中有哪些科学家?为什么科学家们选择在此时回国?"引起学生对新中国成立初期世界局势与国内环境的学习兴趣	以图片和问题作为导入,引发学生深入思考,为知识点讲解交代背景	5
简介教学目标	教师向学生简要介绍本次教学要达到的目标	使学生对本次教学目标有准确的把握	2

教学步骤	教学内容	设计意图	时间/分钟
呈现教学材料,引导学生学习	知识点一:中国革命胜利的原因、意义和基本经验 通过分析以池际尚为代表的科学家归国时的历史背景,强调中国革命胜利的意义。播放《100秒回顾百年党史》第1~4集视频片段,回顾中国共产党带领中国人民取得革命胜利的历史事件。请学生结合视频以及《中国近现代史纲要(2021年版)》第三~七章所学内容,开展"中国革命为什么会取得胜利?"的讨论,总结原因,说明中国共产党领导的重要性,讲清中国革命取得胜利的意义及经验	使学生认识到没有共产党就没有新中国,是依据近代中国革命的历史经验得出的科学结论,中国共产党的领导是历史和人民的必然选择	30
	知识点二:捍卫巩固新政权的斗争 播放《中华人民共和国中央人民政府成立典礼原始影像》《习近平总书记在庆祝中华人民共和国成立70周年大会上的讲话》视频后,学生分组讨论,引导学生思考新中国成立的伟大意义。 播放《党史故事百校讲述——听中国地质大学(武汉)讲述池际尚院士的故事》视频,使学生了解池际尚跨越重重阻碍毅然踏上回国之路的事迹,鼓励学生结合国际局势分析此时新中国面临的困难,讲解新中国在政治、经济、外部环境和执政党建设四个方面所面临的考验,认识新中国在完成民族革命的遗留任务、巩固民族独立、维护国家主权和安全等方面所作的努力	使学生认识到新中国成立初期,社会发生深刻变革的同时也面临着诸多困难与问题,对于刚刚执政的中国共产党来说,如何维护新生政权是中国共产党面临的新的严峻考验	
教学小结	教师简要总结本次教学内容,强调重点内容:没有共产党就没有新中国,是中国人民依据近代中国革命的历史经验得出的科学结论,是中国共产党带领中国人民解决新中国成立初期所面临的困难		3
课后作业	新中国成立之初,百废待兴,一批在海外学习和工作的科学家毅然归国,为祖国建设鞠躬尽瘁。请查阅相关资料,制作思维导图,总结这些科学家为祖国所作的贡献,并在此基础上撰写1篇不少于500字的心得体会	训练学生的逻辑思维能力与归纳总结能力,引导青年学生厚植爱国主义情怀,鼓励学生坚定科研报国志向	5

第九章　池际尚:克己奉公的地大教学元勋和南建主帅

3. 教学方案三（适用于案例三）

教学步骤	教学内容	设计意图	时间/分钟
导入新课	播放视频《我们走在大路上》第三集片段，带领学生回顾新中国成立初期面临的考验	回顾所学知识点，温故知新，引导学生对本课学习内容的兴趣	5
简介教学目标	教师向学生简要介绍本次教学要达到的目标	使学生对本次教学目标有准确的把握	2
呈现教学材料，引导学生学习	知识点一：捍卫巩固新政权的斗争 首先，播放视频《一跃跨千年——西藏和平解放70年》片段，介绍召开各级各界人民代表会议、土地制度改革等方面内容，教师对新中国初期完成民主革命的遗留任务进行讲解。 其次，播放视频《让历史告诉未来：1952——完成国民经济恢复工作》，讲解在新中国成立初期到1952年底，中国共产党领导国民经济得到全面恢复和初步发展的内容。 再次，展示时任国务院总理温家宝致赵鹏大院士信件的照片，通过温家宝在接见第五届高等教育国家级教学成果奖获奖代表时的讲话内容，教师讲述池际尚参与北京地质学院创建故事，延伸全国高等学校进行院校调整工作相关知识点，着重介绍在中国共产党的领导下，我国教育科学文化卫生事业除旧布新。 接着，以电影《长津湖》片段为切入口，展现抗美援朝战争中人民军队炽烈的爱国情怀和对党和人民的无比忠诚，生动诠释了伟大的抗美援朝精神，体现中国共产党在新中国成立初期巩固民族独立、维护国家主权与安全所作出的努力。 最后，播放纪录片《百年求索》中关于"开展三反五反运动"片段，立足自身建设，讲解新中国成立初期中国共产党如何加强自身建设	使学生认识到在新中国成立初期一穷二白的情况下，中国共产党领导中国各族人民为了国家的建设和发展作出不懈努力与伟大斗争。让学生意识到当今的和平环境与幸福生活来之不易，引导学生珍惜幸福生活，并为国家贡献青春力量	30

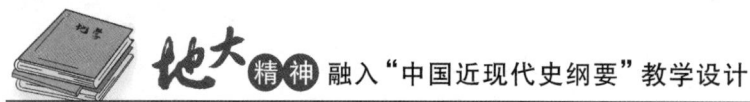

教学步骤	教学内容	设计意图	时间/分钟
呈现教学材料,引导学生学习	知识点二:社会主义工业化的起步 通过池际尚带领团队踏遍祖国崇山峻岭寻找矿产的故事导入,以矿产对工业发展的重要作用与意义引出社会主义工业化的起步内容。介绍"一五"计划的制订过程,引导学生理解"一五"计划较好地处理了我国经济建设中的几个重大关系。播放《百炼成钢》第31集相关内容,讲解"一五"计划的实施过程,展示"一五"计划取得的成就	使学生掌握"一五"计划提出、实施及获得的成就,并认识到工业化对国家进步与经济发展的重要性	
教学小结	教师简要总结本次教学内容,强调重点内容:面对新中国成立初期的种种困难与考验,中国共产党有条不紊地领导全国各族人民进行巩固新政权、建设新中国的伟大斗争,这些成就为领导人民有计划地进行经济建设和有系统地社会主义改造创造了重要条件		3
课后作业	登录超星学习通,观看《中华人民共和国的成立与新生人民政权的巩固》视频,结合所学内容,以表格形式总结巩固新政权伟大斗争的意义,须有支撑论据	巩固所学知识,训练学生逻辑思维能力,引导学生深入了解历史	5

4. 教学方案四(适用于案例四)

教学步骤	教学内容	设计意图	时间/分钟
导入新课	展示北京地质学院南迁与西安交通大学西迁的图片资料,请学生从两所高校迁校的时间、背景、原因、目的、成就等方面比较异同,着重介绍高校在社会主义建设中发挥的作用与展现的精神	结合图片材料,通过对比引导学生思考相同点和不同点,真正了解老一辈科学家的精神和品质	5
简介教学目标	教师向学生简要介绍本次教学要达到的目标	使学生对本次教学目标有准确的把握	2

教学步骤	教学内容	设计意图	时间/分钟
呈现教学材料,引导学生学习	知识点一:探索适合中国国情的社会主义建设道路 播放视频《百年党史中的红色经典》第七讲《论十大关系——探索中国的社会主义建设道路》片段,讲解苏共二十大暴露出苏联在社会主义建设中存在的缺点和错误,中国共产党决定探索中国的社会主义建设道路,提出马克思主义同中国实际的"第二次结合"。从"向现代科学进军"切入,结合池际尚为现代科学发展所做出的努力,介绍社会主义制度下保护和发展生产力的举措与内容	使学生了解中国开始全面建设社会主义时,已经认识到苏联经验的缺点和不足,中国共产党决心以苏联为鉴,探索一条适合中国国情的社会主义建设道路	
	知识点二:全面建设社会主义的成就 首先,播放视频《大党:自力更生 发愤图强》,引导学生了解中国共产党团结带领中国人民自力更生、发愤图强,创造出社会主义革命和建设的伟大成就。 其次,展示表格"1949—1957年主要工业品生产量""1952—1976国内生产总值"数据,结合艰难时期"三线建设"案例,强调我国建立独立的、比较完整的工业体系和国民经济体系的重要意义。 播放《党的女儿》第72集《池际尚:中国第一代地质学家》,通过池际尚在社会主义革命和建设时期不畏艰难找矿、奠定岩石学科基础、助力地大南迁等感人事迹,使学生了解该时期文化教育、卫生科技事业的发展。 再次,播放视频《理想照耀中国》第4集《为人民和祖国服务》,介绍王进喜、邓稼先、钱学森热爱祖国、艰苦奋斗、无私奉献的事迹,使学生了解面对重重困难,艰辛探索适合国情的社会主义建设道路过程中,涌现出大量先进典型和英雄模范人物,形成了跨越时空、历久弥新的时代精神。 最后,播放视频《筑梦中国》第3集《正道沧桑》片段,讲解中国国际地位提高与国际环境改善的具体内容	使学生了解在社会主义革命和建设时期,中国共产党领导人民在经济发展、民生改善、时代精神形成及外交发展方面取得的成就,这些成就为新的历史时期开创中国特色社会主义提供了宝贵经验、理论准备及物质基础。引导学生学习中国共产党的精神谱系,用民族精神与时代精神指引青年前行	30

教学步骤	教学内容	设计意图	时间/分钟
教学小结	教师简要总结本次教学内容,强调重点内容:虽然中国共产党建设社会主义国家没有现成的经验,一路"摸着石头过河",但在社会主义建设道路的探索过程中,仍在经济、民生等方面取得了巨大成就		3
课后作业	参观地大校史馆,结合所学内容,深入了解中国地质大学南迁校史。选择一位南迁人物,制作3分钟的视频,介绍人物事迹,分析其身上所展现的地大南迁办学精神	训练学生归纳总结能力与实践能力,引导青年学生爱党爱国爱校	5

四、教学方法推荐

(1)"抗日民族统一战线的建立与全民族抗战的开始""战略防御阶段的正面战场"及"抗日战争胜利的原因和意义"的教学适宜运用案例式教学法、启发式教学法和专题式教学法。

这部分内容以视频《讲巾帼英雄故事——池际尚》导入,采用启发式教学法引导学生思考"一二·九"运动背景。讲授内容需采用专题式教学法重点讲清楚以下问题:第一,梳理抗日统一战线新政策的形成过程;第二,西安事变及其和平解决的重要意义;第三,中国进入全民族抗战阶段,国共双方结成抗日民族统一战线,全民族同仇敌忾,共赴国难。同时还要结合大量案例,例如《习近平讲述的故事——英雄母亲邓玉芬》《民族英雄马本斋》等帮助学生理解"抗日民族统一战线的建立与全民族抗战的开始"知识点。在讲授"战略防御阶段的正面战场"部分时,主要采用启发式教学法与案例式教学法,播放视频《国立西南联大口述史——国立西南联合大学校歌》之后向学生提问,以池际尚南下求学事迹启发学生思考国立西南联合大学的建立过程,讲清抗日战争时期高校的内迁背景与过程,客观评价国民政府在抗战中的表现。"抗日战争胜利的原因和意义"主要采用案例式教学法,引导学生学习和弘扬伟大抗战精神。

(2)"中国革命胜利的原因、意义和基本经验"及"捍卫巩固新政权的斗争"适宜运用专题式教学法和讨论式教学法相结合的方式组织教学。

课程开始前,展示搭乘"威尔逊总统号"远渡重洋回国的科学家合影照片引入课程,采用讨论式教学法,鼓励学生对科学家们归国时的历史背景进行讨论;播放视频《100秒回顾百年党史》中国革命部分片段后,请学生讨论中国革命取得成功的原因,教师进行总结。"中国革命胜利的原因、意义和基本经验"是第七章教学的重点和难点内容,这一部分的学习需要与前面所学中国革命的内容进行联系,具有较强的理论性和总结性。使用专题式教学法,牢牢把

握"中国共产党的领导"这一核心来开展教学,讲清中国革命胜利的原因、意义和基本经验。"捍卫巩固新政权的斗争"部分的授课,请同学结合视频内容分组讨论新中国成立的伟大意义和新中国面临的困难与考验。

(3)"捍卫巩固新政权的斗争"及"社会主义工业化的起步"适宜使用专题式教学法、案例式教学法组织教学。

"捍卫巩固新政权的斗争"是第八章教学的重点和难点内容。由于这一部分教学与很多具体的历史事件相联系,在授课过程中,还需要结合大量的案例、视频、图片等材料进行辅助教学。例如,通过视频《一跃跨千年——西藏和平解放 70 年》片段,带领学生了解西藏和平解放的历史背景;通过时任国务院总理温家宝致赵鹏大院士信件的照片,了解以池际尚为代表的科学家、教育家在教育科学文化卫生事业除旧布新方面的贡献;通过电影《长津湖》片段,让学生明白没有这场立国之战,就没有新中国的稳定。通过专题式教学法和案例式教学法,生动讲述历史,告诫学生铭记历史,珍惜美好生活。

(4)"探索适合中国国情的社会主义建设道路"及"全面建设社会主义的成就"适宜运用专题式教学法、比较式教学法、案例式教学法组织教学。

课程以北京地质学院南迁与交通大学西迁的图片资料引入,带领学生以比较的方式进行分析,得出两所高校迁校的背景、原因、成就等方面的异同,以"西迁精神"作为辅助教学,突出介绍高校在社会主义建设中发挥的作用与展现的精神。"探索适合中国国情的社会主义建设道路"部分,以池际尚为现代科学发展无私奉献、艰苦奋斗的事例进行辅助教学,使学生了解中国开始全面建设社会主义时,在社会主义制度下保护和发展生产力的举措与内容。"全面建设社会主义的成就"是第八章的重点内容,需要通过专题式教学法与案例式教学法讲清楚具体内容。通过介绍池际尚、王进喜、邓稼先、钱学森等科学家的事迹,让学生看到社会主义建设时期的成就是靠建设者们付出了难以想象的努力才取得的。在讲授社会主义建设时期形成的时代精神时,以中国共产党人的精神谱系作为辅助教学,激发学生爱国热情,鼓励学生用爱国、奋斗、创新书写中华民族伟大复兴的壮丽篇章。

第十章 郝诒纯:从潜伏风云中走出的微体古生物学家

一、教学案例——郝诒纯

郝诒纯(1920年9月1日—2001年6月13日),湖北咸宁人,地质学与古生物学家,中国科学院院士(图1)。1936年加入中国共产党,1943年毕业于国立西南联合大学地质地理气象学系,1946年清华大学地层古生物学研究生毕业,1980年当选为中国科学院学部委员(院士)。曾任中国地质大学教授、九三学社中央副主席、全国妇联副主席。长期致力于生物地层学、古生物学和微体古生物学科研和教学。完成《松辽平原白垩——第三纪介形虫》《西宁民河盆地中侏罗世-第三纪地层及介形虫、轮藻化石》等重要著作。开展微体古生物的古海洋学及海洋地质学研究,完成《冲绳海槽第四纪微体古生物群及其地质意义》等专著。

图1 郝诒纯(1920—2001年)

不管是在革命斗争年代,以实际行动出色地完成党组织交给的任务,还是奔走于荒山野岭、河流大川,不辞辛苦地为祖国建设寻找宝藏,在统一战线上支持党和人民的事业,都源于她对祖国母亲的一片深情。纵观郝诒纯的一生,她始终没有忘记立志报国的初心,将自己的一生都奉献给了党的事业,将自己的命运与国家所需紧密相连。她大爱无疆、育人不倦的风骨与赤诚为国、竭力报国的情怀,为地质人点亮了理想之光,补足了精神之钙,激励着一代又一代有志青年在矢志奋斗中谱写新时代的青春之歌。

(一)案例呈现

案例一:心怀祖国,花季少年心向党

1920年9月,郝诒纯在湖北武汉出生。郝诒纯的父亲是前清秀才郝绳祖,曾追随孙中山先生参加辛亥革命,是同盟会会员。董必武与郝绳祖是同盟会时期的战友,北洋军阀统治时期郝绳祖与董必武、李汉俊等共产党人一同在湖北从事秘密革命活动。1926年,郝绳祖为躲避国民党反动派追捕只身逃离武汉时,曾将妻子儿女托付给董必武照顾。父亲为革命奔走的身影给年幼的郝诒纯留下深刻的印象,在父亲的熏陶下,郝诒纯年幼时就懂得"国家兴亡,匹夫有责"的道理。

大革命失败之后,1928年起革命高潮再次迭起,郝诒纯和同学们积极参加革命集会,会场上常常听周恩来、恽代英、董必武、叶挺等革命领导人的演讲,这对郝诒纯后来走上革命道路起到了很大作用。

1935年,"一二·九"抗日救亡运动爆发,就读于北平师范大学女附中的郝诒纯参加了这场爱国学生运动。她作为学生代表,积极参加宣讲活动和游行,组织读书会、报告会,努力传播革命的火种。

1936年,地下党外围组织"中华民族解放先锋队"成立,郝诒纯是最早一批的队员之一,因其表现突出,被委任为北平西城区区队长,参加党组织领导和组织的游行示威、下乡宣传以及各种抗日救亡活动。同年,这位热情的"小革命"就被吸纳为中共党员,年仅16岁就担起了为中华民族解放而斗争的责任。

"七七事变"后,为了保护在北平工作的地下党员,郝诒纯根据上级命令转学到天津,在姚依林(曾任中共中央政治局常委、国务院副总理)及其夫人周彬的直接领导下工作,并和周彬在同一个党支部。她们办无线电学习班,掩护地下党,发展进步学生。之后,郝诒纯参加中共"民先"支部,担任组织委员,投身地下党的秘密工作。

1938年,郝诒纯南下考入国立西南联合大学(图2)。读书期间,她代表中共进步力量,两次击败"三青团"(三民主义青年团)、国民党学生,夺得学生自治会的领导权,在学生中传播进步思想。为适应当时的政治形势,国立西南联合大学地下党组建了党的外围组织"群社",郝诒纯是"群社"的发起人之一,和其他学生负责人一起组织开展形势报告会、下乡宣传等抗日进步活动。她参与组织的反对国民党政府腐败现象的"反孔祥熙游行",从国立西南联合大学发起并走向全国,让陷入困顿的学生运动重燃希望。

图2　1938年,郝诒纯考入国立西南联合大学历史系的入学照片

  郝诒纯的婚姻也颇具传奇色彩。在国立西南联合大学时,各方反动势力借青年知识分子大批奔赴延安之际向中国共产党派出渗透者,迷惑了昆明一些青年学生。当时昆明地下党组织已掌握这伙人的背景,告诫党员及相关进步人士远离他们。但郝诒纯作为学生自治会主席,不得不与之周旋。这伙人中有两个男青年追求郝诒纯,两人为此还动手打架,给郝诒纯带来了负面影响。在如此不利的情形下,郝诒纯找到黄元镇商议对策。当时黄元镇不仅是昆明地下党组织安排的单线秘密联络人,也是郝诒纯的上级,亦是"一二·九"运动和南下昆明的战友。经上级党组织批准,为了摆脱这伙人的纠缠,也为了党的事业安全,郝诒纯与黄元镇举行了高仿真"订婚"仪式。后因为联系工作和频繁往来,两人逐渐互生真情爱意。1944年10月,郝诒纯与黄元镇正式在昆明结婚。他们互敬互爱,始终如一,相濡以沫数十年(图3)。

图3　八十岁的郝诒纯与爱人黄元镇合影

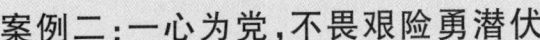

案例二：一心为党，不畏艰险勇潜伏

1945年，《双十协定》墨迹未干，蒋介石就发布了进攻解放区的密令，调集百万大军在华北、华东和东北大打出手，图谋迅速控制交通要道，抢占东北各大城市。为了保卫人民抗战的胜利果实，壮大人民革命力量，党中央先后从各解放区抽调11万人的军队和2万名干部进入东北。

在这种形势下，美国总统杜鲁门派遣马歇尔将军作为总统特使，来华调解国共双方的冲突。1946年1月5日，国共双方达成关于停止国内军事冲突的协定。1月10日，国共双方正式签订停战协定，分别下达"停战令"。

同时，为落实停战协定，避免军事冲突，在北平设立由共产党代表叶剑英、国民党代表郑介民、美国代表罗伯逊组成的"军调处执行部"，负责监督停战协定的执行。军调部办公地点设立在北平协和医学院。中共直接参加谈判的人员与国民党、美国代表等相关人员都住在北京饭店，中共机要、电台的同志则住在离北平协和医学院不远的翠明庄饭店。

根据协议，军调部三方工作、生活及安全等保障均由国民党方面负责。因此，中共代表团驻地周围布满了国民党的特务和暗哨。为便于开展工作，中共代表团与国民党方面斗智斗勇，使国民党特务的种种阴谋无法得逞。除此之外，中共代表团还通过军调部向党中央传送了许多重要信息，为解放区输送了大批干部和物资，让这里成了白色统治包围下的一个红色据点。

此时的郝诒纯，因其在国立西南联合大学时就是深受我党信任的学生领袖，也有着不易被国民党方面怀疑的特殊家庭背景，被党组织委派打入敌人内部承担情报收集的任务（图4）。在国民党特务的种种盯梢和防范下，在国民党军方风声鹤唳全城狙杀的白色恐怖中，郝诒纯冒着极大的危险，先后两次设法将国民党当局拟定逮捕的共产党员名单机智勇敢地抄出并辗转交给了地下党组织，保护了党组织和革命同志。

1946年6月，国民党政府撕破伪装和平的面具，公然撕毁停战协定和政协决议，大举围攻解放区，全面内战的硝烟从此点燃。1947年1月29日，美国宣布"终止其对三人小组之关系和终止对军调部执行总部之关系"，军调部工作正式结束。

军调部存在的短短一年零一个月时间里，为调停国共军事冲突、缓和中国政治紧张局势做出了一定的努力，给中国人民带来了和平希望。其间，在国民党特务机关的监视和捣乱下，在美方代表对国民党赤裸裸的偏袒下，中共代表团通过艰苦努力和尖锐复杂的斗争，有力配合了中共中央对国民党当局的政治和军事斗争，使党的和平建国方针获得国内外进步舆论的支持，取得了政治上的主动地位，也支援了中共北平地下党组织，促进了北平革命斗争的发展。

心中有魂，脚下生根。从北平军调部潜伏风云中走出的郝诒纯以强烈的爱国主义精神和大无畏的革命精神，铸造了一代知识分子的忠诚和风骨。她在危机困难面前挺身而出，在关键时刻用不怕牺牲、不畏艰险的胆识与魄力，为信仰而奔走展现的坚定和勇敢，生动展示了忠贞不屈的革命意志和对党忠诚、为党分忧的担当精神。

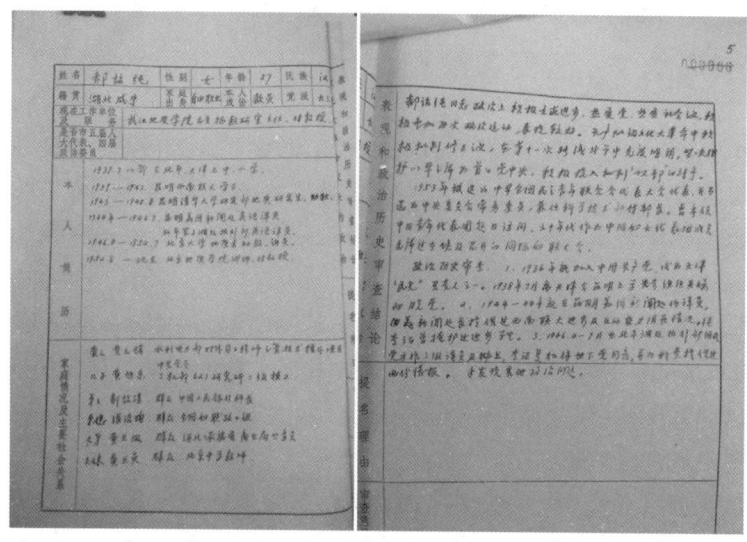

图 4　郝诒纯在北平军调部工作经历和组织审查结论的手迹档案

案例三：专心学术，投身地学图报国

1939 年，在国立西南联合大学入学不到一年，郝诒纯便做了一个令人震惊的决定：从历史系转到地质系。

地质学是室内理论学习和野外实践训练并重的学科。起初，身边的同学并不看好郝诒纯的决定，认为这个外形瘦弱、娟秀的女孩子吃不了苦。但郝诒纯心里很清楚，对地质学的向往不是一时兴起。早在初中时期，她的地理老师——后来成为北京师范大学著名教授的王均衡先生，在课堂上为郝诒纯埋下了学习地质学的种子。

王均衡先生是一位颇有爱国热情的老师，每每在课堂上提到中国的矿产资源正在遭受帝国主义掠夺时，他那愤慨的表情都给少年郝诒纯留下了深刻印象。这种表情，她并不陌生。在郝诒纯的记忆中，幼年时期父亲经常召集一些人在家里开秘密会议，他们都是老同盟会的成员，那种痛心和愤慨的表情经常会在他们脸上出现。在家庭氛围的影响下，郝诒纯显得比同龄的女孩更独立、更坚毅。

进入国立西南联合大学后，郝诒纯发现这里是学习地质科学的殿堂，她再次萌发了要学习地质的念头（图 5）。让郝诒纯坚定这个念头的人，是国立西南联合大学的教授袁复礼先生。一个偶然的机会，郝诒纯和几位同学一道访问了知名地质学家——袁复礼。袁先生向大家介绍了我国优越的地质条件，指出发展我国地质科学，能够促进本国找矿勘探事业的发展，振兴国民经济。讲到我国地质科学的发展和矿产资源的开发处处受帝国主义文化、经济的侵略和钳制时，袁先生的痛心与愤慨激起了学生的共鸣。给郝诒纯印象最深的是，当她问到女生学地质是否太艰苦时，袁先生引用两句中国古训解释说"有志者事竟成""世上无难事，只怕有心人"，只要意志坚定，专心致志，想办法克服困难，男生、女生都能学好地质。

袁复礼先生的鼓励，让郝诒纯彻底下定了学习地质的决心。作为一名爱国青年学生，她把自己的学习和祖国振兴联系到了一起。她深知,祖国将来的经济建设离不开地下资源。她相信抗战胜利后,会把地下资源的开采权从外国人手中夺回来。所以,在国立西南联合大学读了一年历史系后,她毅然转入地质地理气象学系学习,从此和地质结下不解之缘。

图5　国立西南联合大学时期的同学合影(前排右一为郝诒纯)

地质学注重野外实践训练,需要消耗较多的体力,女子学习困难自然会多一些。郝诒纯不愿放弃选学地质的初衷,体力不行,她就通过郊外跑步、练习登山、跨沟渠、跳田埂等方式加强锻炼,努力增强自己的体能,做到翻山越岭不掉队,甚至有时还会超过一些男生。当时,女生学习地质专业不光要克服生活上的困难和野外工作的艰苦,还要面对一系列的性别歧视,常常因"女人不能下矿井"的无理理由被拒之门外。部分女同学因此放弃了地质学习,但倔强的郝诒纯不为所动。"找矿报国"的壮志支持着她,神秘的大地吸引着她,困难、艰苦、歧视难不倒她,郝诒纯执拗地留了下来。

1943年,郝诒纯大学毕业后,任云南省建设厅地质调查所技士。她一边工作,一边发奋学习,同年考取了国立西南联合大学的研究生。1945年,因成绩优异,郝诒纯获得中国地质学会马以思纪念奖金。

案例四:潜心教学,新办专业育英才

抗战胜利后,郝诒纯申请进入北京大学担任地质系助教,却因"地质系从不招女助教"为由被北大招录部门拒绝了。当时北大地质系主任正是郝诒纯在国立西南联合大学的导师,后在导师的力荐下,这位成绩优异的学生才被录用。很快,郝诒纯就以刻苦的态度和极强的专业能力向北大证明了她的实力,并跻身北大校务委员会,成为最年轻的委员,彼时的郝诒纯还不到30岁(图6)。

图 6　1950 年,北京大学任教的郝诒纯在山西大同野外地质考察

1952 年,在全国高等院校调整中郝诒纯来到北京地质学院工作,先后担任讲师、副教授、教授。作为骨干教师,郝诒纯在学校基础地质学科建设中发挥了重要作用。

1956 年,杨遵仪、郝诒纯和陈国达合编出版《古生物学教程》,这是我国第一本高等学校古生物学教材。1959 年,郝诒纯协助杨遵仪创办了我国第一个地层古生物学专业,编写了我国第一本《微体古生物学》教材,并亲自为地层古生物专业学生授课,该教材后来获得全国教材奖特等奖(图7)。在郝诒纯的大力推动下,微体古生物学在我国成立了系统的独立学科,为我国培养了大批地层古生物专业人才。

图 7　1981 年,郝诒纯讲授微体古生物学课程

第十章 郝诒纯：从潜伏风云中走出的微体古生物学家

在教学科研中，郝诒纯对研究微体古生物的新理论、新方向十分敏感和关注。她是我国开创钙质超微化石研究的专家之一，填补了微体古生物方面的空白。在她的指导下，计算机技术首次被引入微体古生物的科研和教学，几个门类的数据库制作完成，新生代浮游有孔虫的自动化鉴定软件也制作完成。

曾学鲁老师曾谈到郝诒纯在学术上有两大特点：实践性和灵感性。她非常重视第一手资料，她认为道听途说的资料是站不住脚的。郝诒纯说："没有自己取得的第一手资料就不敢动手写文章，不敢下结论。"她认为，从事科学研究，要从实际出发，从对第一手资料的分析研究中老老实实地做出结论。认识自然，要尽最大努力；下结论时，认识多少说多少话。因此，她一直坚持出野外，坚持亲手做实验。20世纪60年代初，郝诒纯领导科研组参加大庆找油会战，3次赴大庆进行教学、科研和生产三结合的野外考察与研究。她曾三赴松辽，三下大港，三去新疆，亲自采样品、测剖面，她的足迹遍及祖国的西北、东北、华北和华中的许多油田与矿山。执着的追求，严谨的学风，使她在科学研究中获得了丰硕的成果（图8）。

图8 1981年，郝诒纯在新疆开展中新生代海相生物地层研究

郝诒纯为发展我国古生物学特别是微体古生物学做出了杰出的贡献。1978年被评为湖北省先进科教工作者，1980年当选为中国科学院学部委员（院士），1999年先后获何梁何利基金科学与技术进步奖、李四光地质科学荣誉奖（图9）。

图9 1999年，郝诒纯获李四光地质科学荣誉奖

案例五：受命入社，统一战线展风采

郝诒纯说："我是院士，是终身为国家服务的，只要活着一天，就要工作一天。"不仅在地质事业上如此，在党的事业上她也无怨无悔，尽职尽责做到最好。新中国成立初期，负责统战工作的董必武找郝诒纯谈话，建议她加入民主党派，做党外知识分子工作。1951年郝诒纯正式加入九三学社，积极参政议政，广泛开展社会活动。

从1983年起，郝诒纯历任九三学社第七、第八、第九届中央委员会副主席，中国人民政治协商会议第六届全国委员会常委，第七、第八届全国人民代表大会常务委员会委员，第八届全国人大教科文卫专门委员会副主任(图10、图11)。在社会工作中，她始终拥护中国共产党领导的多党合作和政治协商制度，在重大政治问题上立场坚定、旗帜鲜明，为国家的统一战线工作做出了重要贡献。

图10　1992年，郝诒纯(前排左三)第三次当选为九三学社中央副主席

图11　1983年，郝诒纯当选为第六届全国政协常委

从1988年起，郝诒纯又先后当选中华全国妇女联合会第六、第七届副主席，为争取女干部、女知识分子的合法权益，全面提高妇女素质、培养女性人才，提出了多项议案、建议和意见。

1993年，郝诒纯当选九三学社北京市委主任委员和北京市第十届人民代表大会常务委员会副主任。在担任北京市人大常委会副主任期间，为推动北京市文化卫生体育和民主法治建设作出了卓有成效的工作。

郝诒纯身兼数职，教学、科研、社会活动日益繁忙，但她从不叫苦叫累，用实际行动履行了一名党员、一位教师的职责。即使到了晚年，她仍然孜孜不倦、冲锋在前，为祖国的科学事业和教育事业内外奔波、开拓发展，把全部身心献给了党，献给了国家，献给了她热爱的地质事业。正如张弥曼院士在郝诒纯八十华诞庆祝会上所讲："我觉得一个人的一生能过到像郝老师这样，在各个方面能做到这样，确实让人敬仰，让人羡慕，特别是对年轻人来说。"

2001年6月13日，郝诒纯因病去世。凡与郝诒纯共事过的人，言语间总是对她充满敬意，称呼一声"先生"。这是人们对郝诒纯不断勇攀学术高峰的崇敬，更是对先生颇具风骨、精彩人生的最大肯定（图12）。

图12　2020年，纪念郝诒纯院士百年诞辰座谈会暨学术研讨会

（二）案例点评

案例一中，郝诒纯以行动诠释了年轻的共产党员为救国而不懈奋斗的责任担当。郝诒纯在父亲的影响下，幼时就懂得"国家兴亡，匹夫有责"的道理。"一二·九"抗日救亡运动中，她积极参加宣讲与游行；地下党外围组织"中华民族解放先锋队"成立，她是最早成员之一；"七

七事变"后,她投身地下党的秘密工作;在国立西南联合大学求学时,她代表中共进步力量夺得学生自治会的领导权,在学生中传播进步思想。16岁就加入中国共产党的郝诒纯,始终奔走在民族救亡运动的前线,舍生忘死,投身革命,贡献青年力量。1945年8月15日,日本宣布无条件投降,抗日战争取得胜利。

案例二展现了郝诒纯在北平军调部潜伏任务中对党忠诚、不畏艰险的勇气与魄力。《双十协定》签订后,蒋介石不断调兵、大打出手,美国派马歇尔来华调解国共双方冲突,为实现停战协定,在北平设置"军调处执行部"。军调处安全、工作、生活由国民党负责,中共驻地布满了国民党的特务和暗哨,郝诒纯不惧危险潜伏在军调处,打入敌人内部,为党组织承担收集情报的任务。郝诒纯的事迹生动展示了中国共产党人对党忠诚、不怕牺牲的革命精神。

案例三讲述了郝诒纯立志坚定、投身地质、科研报国的求学经历。在初中地理老师王均衡先生爱国热情的影响下,在知名地质学家袁复礼先生的引导和鼓励下,郝诒纯在国立西南联合大学入学不到一年,便决定从历史系转到地质系,立志投身地质,发展我国地质科学。为了帮助祖国发展找矿勘探事业,振兴国民经济,她努力克服生活和野外工作中的艰苦,靠着一股不服输的劲头取得了优异成绩,为地质科研事业的发展作出了突出贡献。

案例四展现了郝诒纯立足实践,潜心教学,兢兢业业为祖国培育地质人才的事迹。新中国成立以后,我国的主要任务转到了经济建设,首要任务就是开发边疆,找油找矿。20世纪60年代初,郝诒纯和她领导的科研组参加了大庆找油会战。从北国大庆到南海诸岛,从渤海之滨到塔里木腹地等多个油气勘探区都留下了她的足迹。她在北京地质学院工作期间,协助杨遵仪创办了我国第一个地层古生物学专业,合编了第一本高等学校古生物学教材,填补了微体古生物方面的空白,为我国培养了大批地层古生物专业人才。

案例五介绍了郝诒纯以国家利益为重,受命加入九三学社开展党外知识分子工作,为祖国的统一战线工作作出了重要贡献。1951年,郝诒纯加入九三学社,她先后担任了九三学社北京市委主任委员、九三学社中央副主席,团结广大九三学社社员和科技工作者与中国共产党肝胆相照、真诚合作。她始终坚持认为,九三学社具有科学教育人才荟萃的特点,应该根据自己的特点和优势,促进科教兴国。

(三)教学建议

案例一适用于第六章第二节第三目"抗日民族统一战线的建立与全民族抗战的开始"的教学,同时适用于第七章第一节第一目"中国共产党争取和平民主的斗争"的引入教学。教师通过讲授郝诒纯在不同人生时期的成长经历,帮助学生了解抗日民族统一战线建立时的时代背景。通过讲述郝诒纯多次参与民族救亡运动、为救国奔走呼号的事迹,帮助学生全面了解抗日救亡运动兴起的过程,引导学生凝聚民族自信,振奋民族精神。

案例二适用于第七章第一节第一目"中国共产党争取和平民主的斗争"的教学。通过讲述郝诒纯不惧危险潜伏在北平军调部、深入敌人内部收集情报,保护党的组织和革命同志的

第十章 郝诒纯:从潜伏风云中走出的微体古生物学家

事迹,使学生了解抗日战争胜利后国际国内政治形势和《双十协定》签订的重要意义,理解中国共产党对和平的真诚愿望与争取和平民主的方针。

案例三适用于第六章第三节第一目"战略防御阶段的正面战场"的教学。通过讲述郝诒纯南下考入国立西南联合大学历史系后转入地质系,誓为祖国找矿、立志地质科研报国的故事,帮助学生了解国立西南联合大学建立的背景与高校内迁的历史。

案例四适用于第八章第一节第二目"捍卫巩固新政权的斗争"的教学。郝诒纯从事地质科学研究与教育,立足实践,治学严谨;全国高等学校院系调整后,协助杨遵仪创办了我国第一个地层古生物学专业,合编了我国第一本高等学校古生物学教材,为我国培养了大批地层古生物专业人才。帮助学生了解新中国成立初期,中国共产党在巩固新政权方面所做的伟大斗争,在科技教育文化卫生事业上所付出的努力。

案例五适用于第七章第三节第三目"中国共产党领导的多党合作和政治协商格局的形成"与第八章第三节第二目"确立社会主义政治制度"。通过展示郝诒纯受命加入九三学社与中华全国妇女联合会的经历及她为政协事业和妇女工作作出的杰出贡献,使学生对中国共产党与民主党派团结合作有全面的认识和把握,对中国共产党领导的多党合作和政治协商格局的形成过程有所了解。引导学生将学术研究与国家需求紧密结合,将政治责任与民族复兴紧密结合,将个人命运与民族命运紧密结合。

二、教学分析

(一)教学目的

(1)通过案例一的学习,使学生了解抗日救亡运动兴起的过程;认识抗日民族统一战线建立与全民族抗战的重要作用;明确中国共产党是中国人民抗日战争的中流砥柱。

(2)通过案例二的学习,使学生能够了解抗日战争胜利后的时局及其对中国历史发展的影响;领悟饱受长期战乱之苦的中国人民对和平、民主的热切期待,清楚中国共产党为争取和平与民主所付出的努力。

(3)通过案例三和案例四的学习,使学生全面了解新中国成立初期的国情及面临的考验,把握新中国在巩固新政权方面所进行的伟大斗争。

(4)通过案例五的学习,使学生能够认识到中国共产党与各民主党派团结合作的政治基础是爱国和民主,双方在国共谈判和政协会议期间均开展了合作,对中国人民的解放事业起到了积极的作用。

（二）教学重难点

(1)抗日民族统一战线的形成及其意义（难点）。
(2)中国共产党争取和平民主的斗争（重点）。
(3)中国共产党领导的多党合作和政治协商格局的形成（难点）。
(4)正确认识社会主义基本制度确立的重大意义（难点）。

三、教学思路与方案设计

（一）教学思路

案例一适用于第六章第二节第三目"抗日民族统一战线的建立与全民族抗战的开始"的教学与第七章第一节第一目"中国共产党争取和平民主的斗争"引入教学。以视频《百年·父辈——郝诒纯：大地的女儿》导入课程，结合案例一讲解抗日民族统一战线新政策的形成过程，介绍西安事变和平解决的重要性，使学生对抗日民族统一战线建立与全民族抗战的开始等内容有全面的把握。

案例二适用于第七章第一节第一目"中国共产党争取和平民主的斗争"的教学。通过纪录片《山河岁月》《国家记忆》中对重庆谈判的介绍，讲解重庆谈判的历史背景与结果，引导学生了解抗战胜利后的政治时局，再结合案例二，强调中国共产党为争取和平民主所做的斗争。

案例三适用于第六章第三节第一目"战略防御阶段的正面战场"的教学。以纪录片《国立西南联大》中《大学之大》片段引发学生对国立西南联合大学的兴趣，结合案例三展开讲述抗日战争时期高校内迁的背景、过程与意义。

案例四适用于第八章第一节第二目"捍卫巩固新政权的斗争"的教学。结合案例四从完成历史遗留任务、领导国民经济恢复工作、教育科学文化卫生事业除旧布新、巩固民族独立与维护国家主权和安全方面说明新中国为巩固新政权所进行的伟大斗争。

案例五适用于第七章第三节第三目"中国共产党领导的多党合作和政治协商格局的形成"与第八章第三节第二目"确立社会主义政治制度"的教学。"中国共产党领导的多党合作和政治协商格局的形成"着重从第三条道路的内涵、国民党对民主党派的迫害等方面讲解第三条道路注定幻灭。"确立社会主义政治制度"借助案例五展开，强调社会主义政治制度确立的过程与重要意义。

（二）教学方案

1. 教学方案一（适用于案例一、案例二）

教学步骤	教学内容	设计意图	时间/分钟
导入新课	放映视频《百年·父辈——郝诒纯：大地的女儿》，引导学生了解郝诒纯积极投身民族救亡运动、致力科学报国的传奇人生。视频结束后，向学生提问："郝诒纯在抗日战争期间参加了哪些抗日救亡运动？"	通过视频中的人物故事导入课程，集中学生的注意力，调动学生的积极性	5
简介教学目标	教师向学生简要介绍本次教学要达到的目标	使学生对本次教学目标有清晰的认识	2
呈现教学材料，引导学生学习	知识点一：抗日民族统一战线的建立与全民族抗战的开始 首先，介绍"一二·九"运动与中共的抗日统一战线新政策，结合郝诒纯参与"一二·九"运动的事例，讲清"一二·九"运动的背景与发展过程，讲清抗日统一战线新政策的形成过程。 其次，介绍西安事变及其和平解决，讲清西安事变的和平解决成为时局转换的枢纽，十年内战局面结束，国共两党实现第二次合作成为不可抗拒的历史潮流。 再次，介绍国共合作、共赴国难的局势，中国由此进入全民族抗战阶段，筑成抗日民族统一战线的坚固长城。 最后，结合史实，讲解在中国共产党的领导下，以国共两党合作为中心，全民族同仇敌忾，奋起抗战。通过摄影作品《母亲叫儿打东洋，妻子送郎上战场》的展示，讲述晋察冀边区青年刘汉兴光荣入伍，展现保家卫国的坚定决心；"子弟兵的母亲"平山县戎冠秀妈妈带领全村妇女拥军支前、救护伤员，并带头为儿子报名参军，展现了天下兴亡、匹夫有责的浓浓爱国情怀	通过了解抗日民族统一战线建立的背景，体会全民族同仇敌忾抗击日本侵略者的蓬勃力量，感受中华儿女为国家独立、民族解放、家园安宁而战的责任和使命，以身许国、毁家纾难、同抗外侮的爱国热情	33

教学步骤	教学内容	设计意图	时间/分钟
呈现教学材料，引导学生学习	知识点二：中国共产党争取和平民主的斗争 首先，介绍抗日战争胜利后国际国内的政治形势，播放视频《山河岁月》第36集《山城风雨》片段，强调久经战乱的中国人民渴望和平的愿望。 其次，讲解中国共产党争取和平民主的方针。中共中央发表《对目前时局的宣言》，明确提出"和平、民主、团结"的口号，中国共产党基于和平期盼之上对局势认知清晰。 再次，播放记录片《国家记忆》中《一九四五重庆谈判》系列第2集《山城风云》引出第三目"重庆谈判和政治协商会议"，讲清重庆谈判的时间、内容和成果，介绍1946年政治协商会议的内容、性质与意义。 最后，通过讲述郝诒纯潜伏北平军调部收集情报、保护党组织和革命同志的故事，生动展示了中国共产党人对党忠诚、不怕牺牲的革命精神	使学生认识到抗战胜利后中国政治时局之复杂，了解到中国共产党和中国人民对和平的期望与对局势的清晰认识。尽管最终未能阻止全面内战爆发，但中国共产党争取和平民主的努力增进了各界群众对其的了解	
教学小结	教师简要总结本次教学，并强调重点内容：中国共产党率先举起抗日民族统一战线的旗帜，第二次国共合作是不可抗拒的历史潮流；中国共产党与中国人民真心希望实现和平民主，并决心为实现政协协议奋斗		3
课后作业	要求学生课后制作思维导图，梳理抗日民族统一战线的时间线	使学生巩固课堂知识	2

2. 教学方案二（适用于案例三、案例四）

教学步骤	教学内容	设计意图	时间/分钟
导入新课	通过展示郝诒纯与爱人黄元镇合影照片引入课程，讲述从潜伏风云中走出的微体古生物学家的爱情故事，向学生提问："他们为什么要办一场高仿真'订婚'仪式呢？"引发学生对抗日战争初期高校内迁及斗争环境的兴趣	以图片与故事设问，引导学生深入思考，交代学习课程内容所需了解的背景	5
简介教学目标	教师向学生简要介绍本次教学要达到的目标	使学生对本次教学目标有准确的把握	2

第十章　郝诒纯:从潜伏风云中走出的微体古生物学家

教学步骤	教学内容	设计意图	时间/分钟
呈现教学材料,引导学生学习	知识点一:战略防御阶段的正面战场 播放记录片《特别呈现》中《国立西南联大》第三集《大学之大》片段,向学生提问:"请同学们说一说,在视频中出现了哪几位国立西南联合大学的老师?"通过讲述郝诒纯前往国立西南联合大学求学从历史系转至地质系的故事,引出抗日战争时期高校内迁的原因与过程,讲解抗日战争初期战略防御阶段国民党实行过有利于抗战的政策。	使学生能够理解抗日战争初期战略防御阶段正面战场的积极作用,客观评价国民政府在抗战初期实行的有利抗战的政策	30
	知识点二:捍卫巩固新政权的斗争 讲述《中华人民共和国婚姻法》制定、四川省合川县南津乡农民焚烧地主的土地契约两个案例,阐述新中国在完成民主革命遗留任务方面所做的努力。 展示图片《一袋钱买不了一根火柴》等素材,说明中国共产党通过有效手段领导国民经济恢复工作卓有成效。 讲述郝诒纯在全国高等院校调整后进入北京地质学院潜心教学和科研,培养出大批优秀学生的事迹,展现了中国共产党对教育科学文化卫生事业除旧布新。 播放视频《国家记忆》中《抗美援朝 保家卫国》片段,讲清抗美援朝战争的伟大胜利是中国人民站起来后屹立于世界东方的宣言书,讲清正义必定战胜强权,和平发展是不可阻挡的历史潮流	使学生认识到面对新中国成立初期种种困难与严峻考验,中国共产党和人民政府采取一系列积极稳健的政策措施,领导全国各族人民巩固新政权、建设新中国的伟大斗争	
教学小结	教师简要总结本次教学,强调重点内容:客观评价抗日战争初期正面战场的积极作用;中国共产党和人民政府是能够经受住执政考验的,所取得的成就为领导人民进行有计划的经济建设和有系统的社会主义改造创造了良好的条件		3
课后作业	国立西南联合大学建立于风雨飘摇的年代,这所大学务实又浪漫,艰苦而活泼,大师星布,尽显风流,请向国立西南联合大学的老师或者学生写一封穿越时空的信,要求言之有物,真情实感(500字左右)	提升学生的综合素质,引导青年学生坚定理想信念,站稳人民立场,练就过硬本领,投身强国伟业	5

3. 教学方案三（适用于案例五）

教学步骤	教学内容	设计意图	时间/分钟
导入新课	向学生提问"同学们知道我国有哪些民主党派吗？这些民主党派成立于何时？在当今社会发挥什么作用？"导入新课	让学生在轻松的氛围中开始学习，并对本节课内容感兴趣	5
简介教学目标	教师向学生简要介绍本次教学要达到的目标	使学生对本次教学目标有准确的把握	2
呈现教学材料，引导学生学习	知识点一：中国共产党领导的多党合作和政治协商格局的形成 首先，播放记录片《黑土破晓》第4集《民主协商建国序幕》片段，结合抗日战争胜利后民主党派在政治舞台的表现，讲清第三条道路的本质及其幻灭的原因、历史必然性。 其次，介绍中共中央发布的纪念五一劳动节口号，讲清口号发布得到各民主党派和社会各界的热烈响应，奠定了中国共产党领导的多党合作和政治协商制度的基础。 最后，展示《对时局的意见》中的手稿图片，讲清民主党派政治地位的根本变化，介绍多党合作与政治协商格局的形成	使学生对中国共产党与民主党派团结合作的历史事实有全面、客观的把握，使学生对第三条道路的幻灭有深刻的认识，对多党合作和政治协商格局的形成有所了解	30
	知识点二：确立社会主义政治制度 介绍人民代表大会制度、中国共产党领导的多党合作和政治协商制度、民族区域自治制度，讲清我国社会主义政治体系。 以案例五郝诒纯"受命入社，统一战线展风采"为例，带领学生了解中国人民政治协商会议是中国人民爱国统一战线的组织，中国共产党领导的多党合作和政治协商制度是我国的一项基本政治制度	使学生了解中国共产党领导的多党合作和政治协商制度，有利于坚持和改善中国共产党的领导，充分吸纳各方面的意见，集中全国人民的意志和力量	
教学小结	教师简要总结本次教学，强调重点内容：中国共产党与民主党派团结合作的历史史实；第三条道路的幻灭；中国共产党领导的多党合作和政治协商格局的形成；我国社会主义制度的确立		3
课后作业	回顾我国社会主义政治制度体系相关内容，归纳人民代表大会制度、中国共产党领导的多党合作和政治协商制度、民族区域自治制度特点，并分析其意义	巩固所学知识，训练学生归纳总结能力，增强学生对我国政治体系的认同、自信	5

四、教学方法推荐

（1）"抗日民族统一战线的建立与全民族抗战的开始"及"中国共产党争取和平民主的斗争"的教学适宜运用案例式教学法及专题式教学法。

"抗日民族统一战线的建立与全民族抗战的开始"与"中国共产党争取和平民主的斗争"分别是第六章和第七章的重点和难点，采用专题式教学法，讲清事件所处历史背景与环境，梳理历史事件时间线索，强调中国共产党为抗日战争胜利与争取民主和平所作的努力。以郝诒纯积极投身民族救亡运动的案例导入教学，结合《母亲叫儿打东洋，妻子送郎上战场》等摄影作品，突出抗日民族统一战线的重要意义；结合郝诒纯潜伏北平军调部等案例，突出当时的严峻形势和中国共产党争取和平民主的决心。

（2）"战略防御阶段的正面战场"及"捍卫巩固新政权的斗争"适宜使用案例式教学法及讨论式教学法组织教学。

首先以郝诒纯与黄元镇的高仿真"订婚"仪式的案例导入课程，提出问题，引发学生对抗日战争初期高校内迁原因的思考，鼓励学生进行讨论。以视频《大学之大》片段帮助学生了解高校内迁背景与过程，讨论并掌握抗日战争初期有利于抗战的政策。通过图片《一袋钱买不了一根火柴》引导学生探索背后的经济问题，以案例四引导学生讨论院系调整的原因，以"中国共产党改造社会、惩治腐败"的案例引发学生对党的自身建设之重要性的讨论，从而使学生掌握新中国成立初期在政治、经济等方面所进行的斗争。

（3）"中国共产党领导的多党合作和政治协商格局的形成"及"确立社会主义政治制度"适宜运用专题式教学法、案例式教学法组织教学。

"中国共产党领导的多党合作和政治协商格局的形成"是第七章的难点，这一部分主要介绍"第三条道路的幻灭"与"多党合作和政治协商格局的形成"等内容，知识点逻辑性较强，适用于专题式教学法。"确立社会主义政治制度"从内容结构上来看，与前一目"建立社会主义经济制度"、后一目"社会主义基本制度确立的伟大意义"连贯，内容较为完整、系统，适宜于专题形式教学，建议教师借助案例帮助学生消化、理解学习内容。

第十一章 袁见齐：为祖国书写传奇的盐湖拓荒人

一、教学案例——袁见齐

袁见齐（1907年9月22日—1991年10月28日），原名张耕虞，江苏海门人，著名矿床学家，中国科学院院士（图1）。1924年，袁见齐考入国立东南大学理学院物理系，1926年正式转入地学系，专攻地质学专业。1929年6月毕业于国立中央大学理学院地学系地质专业，获学士学位，1929年留校在地学系（后为地质系）任教。1940年任国民政府财政部盐政总局技士、技正。1949年任唐山工学院教授、工程地质系主任。1952年任

图1 袁见齐（1907—1991年）

北京地质学院教授，1980年11月当选为中国科学院学部委员（院士）。1981年，74岁的袁见齐加入中国共产党。主要从事矿床和水文工程地质研究工作，系统研究了云南和南京等地矿产资源，调查湘黔铁路沿线、新疆、青海、甘肃和宁夏等地区地质状况，著有《西北盐产调查实录》等，在盐矿地质研究方面建树尤丰。代表作有《矿床学》《中国碎屑岩系中钾盐矿床的形成条件》等。

袁见齐献身中国地质事业六十余年,在盐类矿床地质学领域取得了举世瞩目的成就;他倾注全力投入地质教育事业,为我国培养了一代又一代优秀的地质人才。他不仅以严谨求实的治学态度在科学领域作出卓越的贡献,更以淡泊名利、奖掖后学的人生态度诠释了一个科学家的高尚品格。他以高深的学术造诣,勤奋耕耘、教书育人的品格和崇高的爱国主义精神垂范后世,是地质人宝贵的精神财富。

(一)案例呈现

案例一:转学地质,治学考察双肩挑

袁见齐,生于1907年。生父张鼎铭,清末儒生,世居江苏省海门县和合镇(今属启东县)。因家道中落,6岁时由母亲送至上海奉贤舅父顾旭初家生活,9岁时入继奉贤袁家,遂更名为袁见齐。

童年时代,对袁见齐影响最大的当属他的舅父顾旭初。顾旭初是同盟会早期成员,具有浓厚的民主思想和爱国主义精神。受其影响,青少年时期的袁见齐思想先进,立志报效国家,走科学救国的道路。

袁见齐对自然科学兴趣广泛,尤其是对地质学兴趣盎然。1924年,袁见齐考入国立东南大学预科,先入物理系学习,并选修地学通论和矿物学。1926年,正式转入地学系,专攻地质学专业。1928年4月国立东南大学改称国立中央大学。1929年,袁见齐成为国立中央大学地质系首届五名毕业生之一,获理学士学位,随后留校担任助教,兼任地质系秘书(图2)。他独立开设和讲授测量学、矿床学、工程地学等10余门课程。此后,抱着科技救国和振兴中华的宏愿,袁见齐奋斗在祖国的地质战线上。

袁见齐在郑厚怀先生的指导下率先在矿床教学实验中引入"矿相学"研究方法。在《江苏江宁獾子洞之成矿作用》一文中,袁见齐首次发表了运用矿相学方法系统地进行矿石物质成分、结构构造方面的研究,从而得出矿床成因的结论。

图2 青年袁见齐

他秉承"行万里路,读万卷书"的认知与实践并重的教学主张,不仅一贯身体力行,而且热情、积极地引导学生重视野外实习(图3)。他认为,地学教学如能随时结合野外实习,方能使课堂上所学的书本知识融会贯通,而工作方法和工作经验的积累,也无不得益于勤于实践。在此后几十年的治学、育人生涯中,这一明确的教学思想从未改变。

教学之余,他在江浙、鲁皖、宁芜等地从事矿产资源调查和矿床学研究。对江宁凤凰山铁矿、江宁县獾子洞铜矿,以及太湖周缘的煤矿、宁芜间铁矿、浙江金华—武义间的萤石矿床等都有深入研究。

图3　1932年,袁见齐(右一)赴安徽马鞍山野外实习途中

　　1933年,袁见齐加入四川地质调查团,带领学生在川东南、綦江一带做地质调查,又考察了著名的自贡盐区,后转赴峨眉山测制地质剖面。为了测制震旦系玄武岩剖面,他和李春昱、张祖还等人冒着生命危险,奋力攀登八百余米的悬崖,直达金顶。在返回南京的途中,他又特意攀上江左高峰,考察宜昌黄陵庙、葛洲坝一带的地质构造和工程地质。随后,发表了《江宁凤凰山铁矿储量之估计》《扬子江上游水力发电厂址地质之讨论》《宜昌黄陵庙、葛洲坝两处筑坝问题》等学术论文。

　　1938年,西康省建设委员会筹组西康科学调查团,袁见齐应邀参加。他与李承三、郭令智赴西康,在雅安、康定、道孚、新龙等地做路线地质及矿产调查(图4)。入康途中,他因马惊而伤左腿,途中无法治疗,仅草草裹伤,以惊人的毅力坚持随队西行,直至调查任务完成。

图4　1938年,袁见齐(左一)、李承三、郭令智赴西康地质调查途中

第十一章 袁见齐:为祖国书写传奇的盐湖拓荒人

1939年,袁见齐受聘于云南大学地质系任讲师。他与朱熙人、郭令智合作出版《云南矿产志略》一书,这本专著是我国第一本比较翔实地介绍地区性矿产分布和成矿规律的论著。

当时,我国边远地区交通困难,治安混乱,地质工作不仅辛苦,而且存在安全问题。但他从不把个人的甘苦放在心上,总是说:"赏山水之乐,识宝藏之丰,只有地质学家能体味个中乐趣"。他坚信,只有通过磨砺才能有闪光的人生。他一生遇事不畏艰险,敢于直面困难的精神,就是从这时培养起来的。

案例二:大局为重,为国为民找盐矿

"西北各省,位居大陆中央,距海辽远,水流不能外泄,雨量稀少,产盐丰富,甲于全国……"1946年,袁见齐在《西北盐产调查实录》一书中,列举了"山盐(盐矿)16处,池盐55处,重要滩盐19处"。

从此,我国西北丰富的盐矿和盐湖资源开始为世人所知。这是我国盐矿研究史上的一件大事。新中国成立后,轻工业部组织了盐业资源勘探队,在袁见齐的指导下对茶卡、柯柯、吉兰泰等盐湖进行了钻探(图5)。几十年来,这些盐湖已成为机械化开采盐矿的工业基地,我国也成为世界四大钾肥生产国之一。这正是在袁见齐等先锋的拓荒足迹上发展起来的。

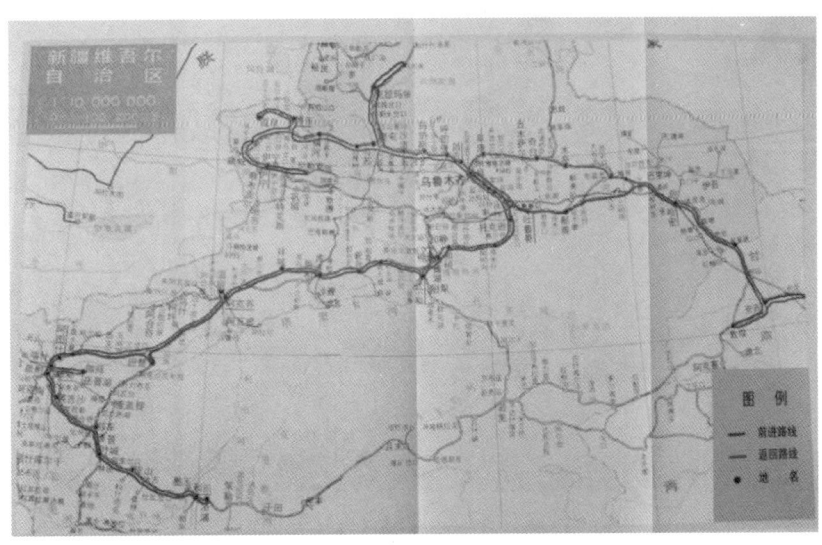

图5 西北盐产考察团路线图

矢志盐湖拓荒,与袁见齐的人生经历密切相关。1937年,日寇加紧侵华,南京沦陷,袁见齐随国立中央大学地质系师生西迁重庆,1939年转入云南大学任教。在云南进行野外地质调查时,沿途屡见"赤贫之家,往往其食菜中不得盐味"。又值抗日战争时期,海盐断绝,盐价飞涨。袁见齐心忧贫民淡食之苦,决心投入盐矿和盐湖的系统研究中,从此和盐矿结下了不解之缘。1940年8月,袁见齐辞去云南大学教职,应朱庭祜的邀请,到贵州开阳担任盐矿技师。为了使百姓不再有淡食之虞,他经常只身奔走在西南的高山深谷中。他在川、滇、黔等省区的盐矿调查中,最早指出西南地区的寒武系、三叠系和中、新生代红层均蕴藏有丰富的盐矿资

源,并兴奋地期待"必有新姿态之盐业兴起"。

我国是一个农业大国,钾是农作物生长必不可少的营养素。当时,不得不面临的现状是,我国一直尚未发现规模相当的大型固体钾盐矿产。新中国成立初期,耕地普遍缺钾,钾肥还完全依赖进口,庄稼长不壮也长不好,急需填饱百姓肚子的新中国渴求钾肥。

钾盐普查和寻找资源被党和国家高度重视。1955年,时任国务院副总理李富春提出盐湖资源调查工作。1956年,国家制定的《1956—1967年科学发展远景规划纲要》中明确以找钾、硼为主要任务的盐湖科学考察。为此,同年成立了中国科学院盐湖调查队,在青海柴达木盆地进行科学考察。化学家柳大纲任调查队队长,袁见齐任调查队副队长,同行的还有郑绵平等。1957年,调查队抵达察尔汗盐湖,经过风沙始终相伴的数月科研考察,他们终于发现了察尔汗光卤石(图6)。这一重要发现,让沉睡在察尔汗盐湖储量巨大的钾资源被唤醒了。一批批建设者们在这片荒凉的土地上开始了传奇般的事业,新中国第一座"察尔汗钾肥厂"在这里崛起。人们希冀着从这里获取更多的钾肥,支持大江南北的农业生产,从此让中国的农业生产挺直腰杆。在一代又一代盐湖人的接续奋斗下,国产钾肥中大约八成产自察尔汗盐湖,为保障我国现代农业发展和维护国家安全作出了卓越贡献。

图6　1956年,袁见齐(右)与柳大纲在察尔汗盐湖考察

在青海钾肥厂一期工程胜利落成时,袁见齐写下了《察尔汗盐湖序》致颂。序中写道:"戈壁明珠,察尔汗湖。高山深盆,众水汇潴。万年蒸腾,盐花璀璨。乃积乃淀,湖周千里。盐盖茫茫,碧波连天。卤液盈盈,流金烁银。盐粒晶莹,碾玉碎冰。钾钠镁锂,汇成宝藏。"他期待着:"钾肥流淌,滋育中原大地;青盐滚涌,支援华夏化工。"

透过这饱含激情的笔墨,我们可以感触到袁见齐滚烫的心,一颗奉献给祖国大地的赤诚的心。他与这片曾经的苦寒之地建立了生命联结,他把人生和心血毫无保留地投入到这片热土上。这是血脉相连的家国情怀,是舍我其谁的使命担当,更是中国人把饭碗端在自己手中的志气和骨气。

案例三：矢志教育，夯实根基扬师魂

1948年，国民党政府败局已现，要求盐务总局南迁广州。袁见齐心忧祖国，面对满目疮痍的国土和国民党政府的腐败，他毅然拒绝迁广州、撤台湾，辞去盐务总局的技正职务，返回上海。时值唐山工学院暂迁上海，袁见齐改任唐山工学院教授，满心期盼新中国的成立，誓用自己的学识为新中国地质事业赤诚奉献。

1952年，袁见齐调入北京地质学院，先后担任水文和工程地质系主任，地质勘探系主任，院长助理兼教务长、副院长，以及湖北地质学院革委会副主任，武汉地质学院北京研究生部主任兼钾盐矿床地质研究室主任等职务（图7）。

图7　袁见齐(中)、袁复礼(右)、潘忠祥(左)在校园交谈

为了提高教学质量，培养地质人才，袁见齐在主讲普通地质学、矿床学、非金属矿床地质学等课程的同时，开展了一系列的教育制度、方法、内容的改革。

袁见齐深入钻研启发式教学，一再强调："启发式教学不单纯是方法问题，也是教学理论和辩证思想的具体体现。要启发听课者积极思维，必须由教师积极引导。"他把登上讲台比喻为表演艺术家走上舞台，也要"进入角色"。他多次上示范课，对青年教师毫无保留提出意见建议。他的课堂能将地质学、教育学、心理学、美学融为一体，将教学技巧升华为教学艺术，其教学思想和教学成效在学校产生了广泛而深远的影响（图8）。

图8 袁见齐为北京地质学院学生讲课

在主管教学工作时，袁见齐十分重视周口店教学实习基地的建设和学生的实践教学，而且身体力行长期奔走在野外工作一线，坚持亲自获取第一手资料（图9）。

图9 1965年，袁见齐（左二）陪同高元贵院长（左三）看望在北京南口实习的师生

1978年，袁见齐以70岁高龄主持武汉地质学院北京研究生部工作。为了积累培养硕士、博士研究生的教学经验，他坚持在一线上课，就课程设置、实验室建设、论文选题及学生的课业负担、课余活动等都作了认真调查。他参与制定了学校的中长期发展规划，使研究生的教学工作步入正轨。

袁见齐十分重视实践，强调一切理论必须源于野外的观察和第一手资料的掌握。勐野井是我国第一个古代固体钾盐矿床,对陆相红层找钾具有特殊的标志性意义。虽然从北京到勐野井路途遥远,时间和经费消耗都很大,但袁见齐坚持用自己的经费支持学生到勐野井进行钾盐矿研究(图10)。他说:"找钾盐的,不看看我们国家自己的钾盐矿床,怎么行呢,一定要先打好底子!"

图10　1980年,袁见齐(中)与研究生一同调试钾盐矿床专家系统软件

袁见齐因人施教、因材施教,为每个人制订不同的学习计划。帅开业说:"袁老师逐个找我们谈话,了解每个人的特点和工作经历,为我们制定了因人而异的学习计划。比如,奚家昆主要研究北方海相蒸发岩地区的成钾条件,袁老师就让他加强碳酸盐岩课程的学习;而我主要从事滇西红层盆地的找钾,袁老师就让我补充构造地质学的学习,多思考构造运动对钾盐形成和保存条件的影响。"他还讲道,"我后来成为袁老师指导的第一个博士,对他渊博的学识和学术造诣感受很深,业务上获益匪浅。但是,对我教育和影响最大的是老师的言传身教和崇高的师德(图11)。"

图11　1985年,袁见齐(右)在野外指导博士生帅开业

在袁见齐和其他老地质学家的指导和身体力行的榜样教育下,北京地质学院培养了一大批优秀毕业生。他们既能跋山涉水、吃苦耐劳,又能理论联系实际,为祖国的地质事业做出了重要贡献(图12)。

图12　1987年,袁见齐(前排左四)八十寿辰茶话会合影

袁见齐淡泊名利,他认为自己只不过起到了承前启后的作用。袁见齐在81岁时罹患食道贲门癌,为了能在生命的最后阶段多赢得些时间,完成未竟事业,他毅然决定动手术切除病灶。术前他与前来看望的领导和同志们畅谈工作、展望未来,生死关头谈笑风生、毫无惧色。有学生去看望他时,他还与学生一起探讨有关科研的问题。出院后,为尽快恢复健康,能胜任更多的工作,他坚持天天锻炼,积极参加校内外的各项活动。在病情恶化的情况下,他仍以顽强的毅力与病魔作斗争,把自己的生死置之度外,坚持参加一些会议,审阅研究生论文,并参与有关察尔汗盐湖文章的修改工作,想方设法把自己多年积累的经验、自己新的认识和看法提供给后人参考,更好地完成"承前启后,继往开来"的任务。

1980年,袁见齐当选为中国科学院学部委员(院士)。1981年,他以74岁高龄光荣加入中国共产党。光荣入党的袁见齐,仍是壮心不已。袁见齐曾在书桌上压着一张纸条:"老当益壮,宁移白首之心。穷且益坚,不坠青云之志。"这样一句励志名言是他晚年的精神信条,也是他一生奋斗的真实写照。

(二)案例点评

在旧式的农民战争走到尽头,不触动封建根基的"自强"运动和资产阶级改良派屡次碰壁后,资产阶级革命派领导的革命运动开始走上历史舞台。孙中山先生发动和领导的辛亥革命推翻了清王朝统治,结束了几千年来的君主专制制度,开创了完全意义上的近代民族民主革命,以巨大的影响力推动了中国社会变革,打开了中国进步的闸门,传播了民主共和理念,极大地推动了中华民族思想解放,点燃了振兴中华的希望。

第十一章 袁见齐：为祖国书写传奇的盐湖拓荒人

案例一讲述了袁见齐自童年时代受其舅父——早期同盟会成员顾旭初浓厚的爱国主义精神和民主思想的影响，青年时期就立志报效国家，走科学报国道路的事迹。袁见齐对自然科学兴趣广泛，尤其对地学感兴趣，进入东南大学地质系学习，率先在我国矿床教学实验中引入"矿相学"研究方法；秉承"行万里路，读万卷书"的认知与实践并重的教学主张，孜孜不倦，教书育人；胸怀科技救国和振兴中华的宏愿，充分发挥他的光和热，奋斗在祖国的地质战线上。

案例二讲述了袁见齐决心投入盐矿和盐湖的系统研究，与盐矿结下了不解之缘的经历。袁见齐在云南进行野外地质调查时，沿途屡见"赤贫之家，往往其食菜中不得盐味"，又值抗日战争时期海盐断绝、盐价飞涨，袁见齐心忧贫民淡食之苦；新中国初期，耕地普遍缺钾，钾肥还完全依赖进口，庄稼长不壮也长不好，急需填饱百姓肚子的新中国渴求钾肥。1956年，国家制定的《1956—1967年科学发展远景规划纲要》中，明确开展以找钾、硼为主要任务的盐湖科学考察。为此，同年成立了中国科学院盐湖调查队，在青海柴达木盆地进行科学考察，袁见齐任调查队副队长，深入苦寒之地，留下拓荒足迹，深耕盐湖研究，把生命和热血毫无保留地投入到了祖国热土之上。他的家国情怀、使命担当，让中国人牢牢地把饭碗端在自己手中。

案例三展现了袁见齐心忧祖国，拒绝随国民政府南迁广州，立志以自己的学识为新中国地质事业赤诚奉献。1948年，在盐务总局南迁时，面对满目疮痍的国土和国民党政府的腐败，袁见齐毅然拒绝迁广州、撤台湾，辞去盐务总局的技正职务。1952年调入北京地质学院，与志同道合的地学群贤一道，共同书写了北京地质学院蓬勃发展的历史。他既能跋山涉水、吃苦耐劳，又能理论联系实际；他因材施教，言传身教，培养了大批优秀地质专业毕业生，为祖国的地质事业做出了不可磨灭的贡献。

（三）教学建议

案例一适用于第三章第一节第三目"三民主义的提出"的教学。这一章中，"辛亥革命爆发的历史条件"和"三民主义的主要内容"是教学重点内容。教师通过讲授袁见齐受舅父同盟会思想影响而坚定矢志报国决心的案例，帮助学生深入了解辛亥革命爆发的历史条件和资产阶级革命派活动的情况。通过学习，使学生深刻理解袁见齐心怀祖国、志存高远的赤诚之心，激励学生积极学习袁见齐的优良品质。

案例二适用于第八章第四节第二目"开始全面建设社会主义"的教学。教师结合袁见齐忧心百姓缺盐、国家缺钾的现状，誓要拓荒盐田、参与柴达木科学考察的事例，进行"开始全面建设社会主义"部分的教学，帮助学生认识到在当时的情况下，毛泽东带领全党对适合中国实际的社会主义建设道路进行了艰苦探索，全面建设社会主义取得良好开局。

案例三适用于第七章第四节第三目"中国革命胜利的原因、意义和基本经验"的教学。"中国革命胜利的伟大意义和基本经验"是本章教学的重点内容，教师可以通过袁见齐拒绝迁广州、撤台湾，立志报效祖国的案例，分析南京国民党政权覆灭的过程与原因，讲清中国共产党如何带领全国人民通过三大战役和渡江作战最终推翻国民党政府，总结中国革命胜利的原因、意义和基本经验。并通过袁见齐等老一辈地质学家矢志报国、一心向党的动人故事，激励学生始终把服务国家战略需求作为立身之基,始终与时俱进,国之所需即为学之所向,以永不放弃的毅力探索极限,以永不服输的韧劲超越自己,以永不止步的执着攀登人生高峰。

二、教学分析

(一)教学目的

(1)通过案例一的学习,使学生明确近代民族民主革命的背景;明确孙中山是中国革命的先行者,革命团体的建立和革命思想的传播是近代民族民主革命发展的重要过程;理解同盟会纲领与三民主义的关系,三民主义的内容、意义与局限。

(2)通过对案例二的学习,使学生能够认识到1956年社会主义改造基本完成后,中国的社会主义建设取得良好开局,理解毛泽东等人提出的以苏联经验为借鉴,探索适合中国国情的社会主义道路,以及取得的一系列重要成果。

(3)通过案例三的学习,使学生了解南京国民党政权覆灭的过程与原因,分析中国共产党如何带领全国人民通过三大战役和渡江作战最终推翻国民党政府,总结中国革命胜利的原因、意义和基本经验。

(二)教学重难点

(1)辛亥革命爆发的历史条件(重点)。
(2)三民主义的主要内容(重点)。
(3)中国共产党争取和平民主的斗争(重点)。
(4)中国革命胜利的原因、意义和基本经验(重点)。
(5)社会主义建设的良好开端(重点)。

三、教学思路与方案设计

(一)教学思路

案例一适用于第三章第一节第三目"三民主义的提出"的教学。通过案例一引入课程,使学生了解袁见齐科学救国的原因,引导学生进行思考。在"辛亥革命爆发的历史条件"的教学中,通过介绍《辛丑条约》与"局外中立"内容,在学生对辛亥革命有了初步了解之后,详细讲解

第十一章 袁见齐:为祖国书写传奇的盐湖拓荒人

辛亥革命爆发的历史条件;在"资产阶级革命派的活动"中,通过介绍《上李辅相书》与《中国问题的真解决》,从孙中山上书李鸿章失败入手,再从创建革命团体、开展宣传活动和组织武装起义三个方面说明资产阶级革命派为推翻清王朝统治进行艰苦的斗争与努力;在"三民主义的提出"部分,通过视频《走向共和》第 33 集孙中山演讲阐释三民主义的视频片段,引导学生着重掌握三民主义的内容、历史意义和局限。

案例二适用于第八章第四节的教学,本节共分为两目:第一目"探索适合中国国情的社会主义建设道路",第二目"开始全面建设社会主义"。首先,课前问题导入,让学生思考在经济文化落后、发展极不平衡、人口众多的中国,怎样建设社会主义?在第一目教学中,从苏联社会主义建设的教训和当时中国工业化建设的具体情况入手,结合我国"一五"计划时期的经验教训,讲述毛泽东提出马克思主义同中国实际的"第二次结合",以及在社会主义制度下保护和发展生产力;播放记录片《百炼成钢》第 32 集《走自己的路》,强调《论十大关系》的主要内容。在第二目的教学中,展示图片《毛泽东对中共八大政治报告的修改稿》,强调中共八大正确分析了国际形势、主要矛盾和主要任务的变化;视频《百炼成钢》第 33 集《正确处理人民内部矛盾》,介绍正确处理人民内部矛盾的经验;领学《关于整风运动的指示》,强调整风运动的经验及反右派斗争的发展。

案例三适用于第七章第四节第三目"中国革命胜利的原因、意义和基本经验"的教学。在"南京国民党政权的覆灭"的教学部分,首先以问题"中国共产党为什么能够以少胜多战胜国民党?共产党为谁而战,靠谁而战"导入课程,观看视频《决定中国命运的决战》,带领学生梳理三大战役的过程与意义;结合历史背景,领学《向全国进军的命令》,介绍国民党反动政权的彻底覆灭,国民党蒋介石集团被赶出中国大陆,并逃亡台湾,中国革命取得胜利。关于"中国革命胜利的原因、意义和基本经验"部分,结合案例三中袁见齐的选择,重点对中国革命胜利的原因进行解读,讲清中国革命胜利的意义和基本经验,重点说明没有中国共产党的坚强领导,中国人民革命的胜利是不可能的。

(二)教学方案

1. 教学方案一(适用于案例一)

教学步骤	教学内容	设计意图	时间/分钟
导入新课	以案例一引入课程,提出问题:"袁见齐为什么选择走科学救国之路?他是受什么思想影响"鼓励学生积极思考,进行讨论	以地大红色故事引入课程,与课堂教学内容相结合,激发学生的学习兴趣	3
简介教学目标	教师向学生简要介绍本次教学要达到的目标	使学生对本次教学目标有准确的把握	2

教学步骤	教学内容	设计意图	时间/分钟
呈现教学材料,引导学生学习	知识点一:辛亥革命爆发的历史条件 首先,从被迫签订《辛丑条约》与清政府"局外中立"突出民族危机进一步加深,税赋层出不穷、官吏中饱私囊致使民怨沸腾,突出社会矛盾进一步激化,结合中国近代史,讲清辛亥革命爆发的历史背景。 其次,展示《钦定宪法大纲》与"皇族内阁"图片,从改革官制、军制、经济、教育和预备立宪5个方面介绍清末"新政"内容,结合清末"新政"的发展及其"破产"的过程,讲清推翻清王朝是中国社会发展的内在要求。 最后,展示甲午战争后中国资本每年新设立的工矿企业数量曲线图,说明民族资产阶级是资产阶级革命派形成的基础;展示李大钊在日本早稻田大学的入学登记表,介绍出国留学青年知识分子成为辛亥革命的中坚力量;阐明资产阶级革命派的阶级发展,为武装推翻清王朝的统治提供了阶级基础和骨干力量	使学生认识到辛亥革命的发生是当时民族危机加深、社会矛盾激化的结果,具有历史必然性	35
	知识点二:资产阶级革命派的活动 首先,展示孙中山《上李辅相书》一文,对该文进行解读,并对《中国问题的真解决》要点进行分析,详细讲述从孙中山上书李鸿章失败到领导成立兴中会,再到中国历史上第一个资产阶级性质的政党同盟会成立的过程。 通过播放视频《1911再读辛亥》第1集片段,使学生了解资产阶级革命派的宣传与组织工作,深刻把握成立同盟会和宣传革命思想的历史意义	通过理论联系实际的深入讲解,使学生全面理解和把握中国资产阶级成立的过程和意义	
	知识点三:三民主义的提出 播放视频《走向共和》第33集孙中山阐释三民主义片段,结合袁见齐受舅父同盟会思想影响的案例,从三民主义的内容入手讲解,讲清三民主义的历史意义。 民族主义:包括"驱除鞑虏,恢复中华",一是要以革命手段推翻清朝政府,改变其一贯推行的民族歧视和民族压迫政策;二是建立中华民族"独立的国家"。 民权主义:内容是"创立民国",推翻封建君主专制制度,建立资产阶级民主共和国,即政治革命。 民生主义:在当时是指"平均地权",即社会革命。 三民主义是中国近代史上第一个资产阶级共和国方案	通过教学,使学生清楚三民主义的主要内容、历史意义及其局限性。强调孙中山的三民主义学说初步描绘出中国还不曾有过的资产阶级共和国方案,是一个比较完整而明确的资产阶级民主革命纲领。它的提出,对推动革命的发展产生了重大而积极的影响。	

教学步骤	教学内容	设计意图	时间/分钟
教学小结	教师简要总结本次教学,强调重点内容:资产阶级革命派活动的作用		3
课后作业	请学生利用周末时间参观辛亥革命武昌起义纪念馆、辛亥革命博物馆,结合所学知识,以"我心中的辛亥革命/孙中山/三民主义"为题撰写1篇参观心得,字数不少于500字	巩固所学知识,注重问题意识,锻炼学生的实践能力	2

2. 教学方案二(适用于案例二)

教学步骤	教学内容	设计意图	时间/分钟
导入新课	课前问题导入"在经济文化落后、发展极不平衡、人口众多的中国,怎样建设社会主义"引导学生带着问题开始学习	回顾所学知识点,温故知新,激发学生对本次课程学习内容的兴趣	5
简介教学目标	教师向学生简要介绍本次教学要达到的目标	使学生对本次教学目标有准确的把握	2
呈现教学材料,引导学生学习	知识点一:全面建设社会主义的开始 首先,讲解因为苏共二十大暴露出苏联在社会主义建设方面的缺点,我国决定以苏联为鉴,探索中国的社会主义建设道路,提出马克思主义同中国实际的"第二次结合"。 其次,播放记录片《百炼成钢》第32集《走自己的路》,结合历史背景,讲清《论十大关系》的提出背景、主要内容以及重要意义。 最后,通过案例二的介绍,结合《1956—1967年科学技术发展远景规划纲要》发布,重现袁见齐积极响应"向现代科学进军"的号召,参与中国科学院盐湖调查队,前往青海柴达木盆地进行科学考察的故事,以此讲清在社会主义制度下保护和发展生产力的举措,尤其是提出了"向现代科学进军"的号召	使学生认识到苏联经验的缺点,不断探索适合中国国情的社会主义发展道路	30

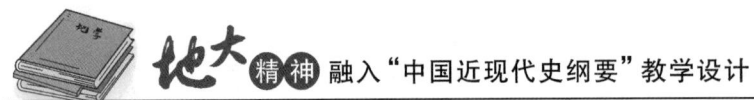

教学步骤	教学内容	设计意图	时间/分钟
呈现教学材料,引导学生学习	知识点二:早期探索的积极进展 首先,展示图片《毛泽东对中共八大政治报告的修改稿》,介绍中共八大召开的背景与历史,强调中共八大正确分析了国内形势和主要矛盾的变化,明确提出新形势下党和人民的主要任务。 其次,播放记录片《百炼成钢》第33集《正确处理人民内部矛盾》,介绍新中国在正确处理人民内部矛盾问题方面的探索,主要表现为《关于正确处理人民内部矛盾的问题》的发表。 最后,展示《关于整风运动的指示》文件照片,分析其内容与重点,总结规律与经验,讲清整风运动和反右派斗争的开展	重点介绍1956年社会主义改造基本完成后,中国的社会主义建设取得良好开局。 使学生全面把握社会主义建设开始阶段,对社会关系、社会矛盾、主要任务等方面的早期探索	
教学小结	教师简要总结本次教学,强调重点内容:以毛泽东为代表的中国共产党人,认识到了苏联模式的弊端,提出了马克思主义与中国实际的"第二次结合",探索出了适合中国情况的社会主义建设道路		3
课后作业	阅读《论十大关系》原文或《关于正确处理人民内部矛盾的问题》原文,了解其背景与意义,撰写读书笔记1篇,不少于500字	精读经典原著,强化所学知识,引导学生从历史中汲取智慧	5

3. 教学方案三(适用于案例三)

教学步骤	教学内容	设计意图	时间/分钟
导入新课	课前展示三大战役形势图,提出问题"中国共产党为什么能够以少胜多战胜国民党? 共产党为谁而战,靠谁而战"启发学生共同思考,探寻答案	培养学生的问题意识,调动学生的积极性,带着问题有重点地学习课程内容	5
简介教学目标	教师向学生简要介绍本次教学要达到的目标	使学生对本次教学目标有准确的把握	2
呈现教学材料,引导学生学习	知识点一:南京国民党政权的覆灭 首先,播放记录片《百炼成钢》第24集《决定中国命运的决战》,重点讲述三大战役的过程与胜利,强调其无论是战争规模还是取得的成果,在中国战争史上都是空前的,在世界战争史上都是罕见的。 其次,结合历史背景,学习《向全国进军的命令》,了解人民解放军向全国进军的过程	让学生了解战略决策和人民解放军向全国进军,最后取得中国革命胜利的过程;中国共产党粉碎国民党假和谈阴谋,将革命进行到底	30

教学步骤	教学内容	设计意图	时间/分钟
呈现教学材料,引导学生学习	知识点二:中国革命胜利的原因、意义和基本经验 首先,结合案例三,以袁见齐拒绝迁广州、撤台湾,全心全意奉献祖国的事迹,凸显民心所向,深入分析中国革命取得伟大胜利的原因。 其次,带领学生分析中国革命胜利的意义,强调中国革命胜利结束了国家战火纷飞、四分五裂的局面,实现了中国人民梦寐以求的民族独立和人民解放。 最后,播放视频《建国大业》十万解放军露宿上海街头的片段,并引导学生参与互动,总结中国革命胜利的经验	使学生认识到没有共产党就没有新中国,这是中国人民依据近代中国革命的历史经验得出的科学结论	
教学小结	教师简要总结本次教学,强调重点内容:中国人民革命的胜利和人民民主专政的新中国的创建,彻底改变了近代一百多年来中国积贫积弱、中国人民受人欺凌的悲惨命运,为实现中华民族伟大复兴创造了根本社会条件		3
课后作业	根据所学内容,回答"没有共产党就没有新中国"的原因,并简述中国共产党领导中国革命取得胜利的基本经验,分条列出,字数不少于400字	巩固所学知识,训练学生问题意识与归纳总结能力,引导学生厚植爱国主义情怀	5

四、教学方法推荐

(1)"三民主义的提出"教学适宜运用专题式教学法。

这一部分教学内容包括三民主义的内容、基本任务和局限,适宜采用专题式教学法组织教学。该部分不仅是本章的教学重点内容,而且在本章知识体系中占据较重位置。可以通过系统的理论知识讲授让学生全面了解三民主义,并强调三民主义是中国第一个资产阶级革命纲领,同时在讲授过程中结合视频《走向共和》第33集孙中山对三民主义的阐述及案例一袁见齐受民主思想的影响,引导学生清晰认识到孙中山的三民主义学说初步描绘出中国还不曾有过的资产阶级共和国方案,是一个比较完整且明确的资产阶级民主革命纲领。

(2)"开始全面建设社会主义"适宜运用专题式教学法、案例式教学法相结合的教学方法。

本部分涵盖内容较多,主要包括马克思主义同中国实际的"第二次结合"、毛泽东同志《论十大关系》的提出、中共八大路线的制定、《关于正确处理人民内部矛盾的问题》的发表等重要理论问题,每一个理论的提出过程、主要内容和重要意义都需要讲清楚,这就需要运用专题式教学法进行逐个讲解和分析。同时,在介绍理论的过程中,借助生动的案例与多种教学资源,采取案例式教学方法,有助于增加学生对知识点的理解和记忆;案例二是对"在社会主义制度下保护和发展生产力"内容的生动补充;微纪录片《百炼成钢:中国共产党的100年》中的案例讲述有据可依、支撑翔实,可作为案例补充教学。

(3)"中国革命胜利的原因、意义和基本经验"适宜运用专题式教学法、案例式教学法与讨论式教学法相结合的教学方法。

中国革命胜利的原因、意义和基本经验,是本章教学的重点和难点。该知识点理论性较强,尤其是中国革命胜利的基本经验,不仅具有理论性,而且需要联系第三章、第四章、第五章、第六章的相关内容,说明中国共产党领导的重要性。因此,运用专题式教学可以专门针对没有共产党就没有新中国展开教学,同时结合相关案例进行讲解,分析中国革命胜利的原因和基本经验。在以上教学过程中,教师可在重点内容处提出问题,组织学生围绕提出的问题进行讨论,引导学生学会总结归纳。

第十二章 杨遵仪：报国归来的地层古生物学奠基人

一、教学案例——杨遵仪

杨遵仪(1908年10月7日—2009年9月17日)，广东揭阳人，地层生物学家，地质学家，地质教育家，中国科学院院士，中国地质大学教授(图1)。1933年毕业于国立清华大学地学系。1939年获美国耶鲁大学研究院哲学博士学位。同年回国，先后任国立中山大学地质系教授、系主任及两广地质调查所所长等职。1946年10月任国立清华大学地质系教授。1952年调入北京地质学院，先后担任副总务长、专修科主任，水文系、石油系、普查系和地质系主任等职务。1980年当选为中国科学院学部委员(院士)。1983年，75岁的杨遵仪加入中国共产党。代表作有《中国地质文献目录》《古生物学教程》《中国三叠系》和《中国地层》等，《全球二叠系—三叠系界线层型》(金钉子)获国家自然科学奖二等奖。

图1 杨遵仪(1908—2009年)

在跨越百年的人生中,杨遵仪上承我国最早的一批地学巨擘,下启诸多至今活跃在地学界前沿的翘楚,他以融贯中西的国际视野、甘为人梯的道德情操、臻于卓越的学术成就,树立了地学宗师的典范,在祖国大地上镌刻下精神的丰碑。他的高尚品德与学者风骨成为地质人的宝贵的财富,激励着后来者勇攀地学高峰、投身报国伟业。

(一)案例呈现

案例一:火线转型,科教救国定终身

1908年10月7日,杨遵仪出生于广东揭阳。全家以父亲行医所得为生,虽家境困苦,但杨遵仪始终不误学业。他在汕头等地的教会学校读完小学、初中后,因学校停办而辍学在家,后利用在《大新潮》报社做校对员的机会,得以在报社负责人开办的中学继续就读。毕业后杨遵仪留校做英文教师兼图书管理员。期间,杨遵仪阅读大量书籍,如饥似渴地汲取知识,不知疲倦地充实自己。时值"五卅惨案"发生,杨遵仪将中国任人宰割的现状归因于国家经济落后,遂有了经济救国的思想。

1929年夏,杨遵仪考取暨南大学政治经济系,第二年又考取清华大学,继续学习经济学。目睹了国家的千疮百孔,杨遵仪觉得经世济民的理想太渺茫,在受到同屋地质学专业学生程裕淇的影响下,于第二年转学至地学系,自此便与地学研究结下了不解之缘。

"不依赖别人,自己勤动手"。求学期间,清寒的杨遵仪依靠在图书馆做助理管理员,以打工支持自己的学业。借此他也得以博览群书,并熟练掌握了英文打字技术。1933年,杨遵仪用英文完成的毕业论文《中国地质文献目录》被北平研究院评为当年度地质矿产研究获奖论文,被王宠佑博士誉为中国地质学界的"尼克斯"(北美地质文献的编者)。

1933年,杨遵仪毕业并留校任助教,两年后考取了公费留美生。1936年,杨遵仪进入耶鲁大学学习古生物学和地层学。1939年,杨遵仪完成《密歇根特拉弗斯群(中泥盆世)的软体动物》的学术论文,以出色的成绩获得博士学位,成为该校研究地层古生物并获得这一学位的首位中国人,被学校接纳为荣誉学会会员(图2)。

时值日本全面侵华,国难当头。杨遵仪放弃了优越的生活、工作条件,毅然回国。后经孙云铸教授介绍,被聘为中山大学教授,并兼任地质系主任和两广地质调查所所长。1942年,杨遵仪投笔从戎,进入抗日联军英国驻华(湖南)军事代表团(BMM)工作,任秘书(翻译),为抗战胜利贡献了力量。

1946年10月,杨遵仪回到北平,聘为清华大学地学系教授,主讲地质学及古生物学。解放战争期间,杨遵仪深受和平民主思潮影响,同情并支持"反内战,求和平"的学生运动。在国民政府军警搜查之时,他为学生保存了当局"查禁"书籍。北平战局混乱之际,他与同事们守护了显微镜等教学设备。

1949年1月,北平和平解放,杨遵仪与一众学者在清华园中听了陈毅"发挥知识分子作用、加强爱国统一战线"的报告,他备受鼓舞。1950年12月,杨遵仪加入九三学社,任清华大

学支社委员,积极配合学校党委工作,投身到高等教育与地质科学研究事业中去,为新中国的社会主义建设作出重要贡献。

图 2　1939 年,杨遵仪在耶鲁大学被授予博士学位

案例二:细雨润石,桃李遍布满天下

1952 年全国院系调整,北京地质学院成立。作为建院负责人之一,杨遵仪积极投入到学校的初建中,除教学学术活动外,杨遵仪还先后担任学院副总务长、专修科主任,水文系、石油系、普查系和地质系主任等行政职务。他是北京地质学院担任系主任最多、时间最长的教授,几十年如一日地奋斗在教学科研一线,将自己的师道薪火毫无保留地播撒在校园。

杨遵仪为我国的地质教育事业作出了突出贡献。1956 年,杨遵仪开始招收研究生并开设了古生物学课程,同年他与郝诒纯、陈国达合著的《古生物学教程》是我国学者编著的第一部高等院校古生物学教材,该教材于 1988 年被原国家教委评为"优秀教材一等奖";1960 年,杨遵仪与同事们创办了中国第一个"地层古生物学专业";1962 年,杨遵仪在国内首次开设了"生物地层学"课程(图 3)。

图 3　杨遵仪、郝诒纯、陈国达合著的国内第一本《古生物学教程》及不同版本

1962年，杨遵仪在青海峻县开展二叠—三叠纪地层的研究，为这一地区的生物地层学研究奠定了基础。1964年起，他和徐桂荣研究贵州青岩的三叠纪腕足类，应用切片研究其内部构造，进而鉴定种及亚种，其结果被广泛引用。在《西藏阿里古生物》一书中，杨遵仪对该区石炭、二叠纪腕足类按组合特征分析了其古地理、古气候及构造背景，开辟了新的视角。

同一时期，为了适应国家经济建设的需要，摸清矿产资源丰富的祁连山地质构造情况，地质部成立了祁连山地质考察队。在考察中，杨遵仪研究了这一地区二叠—三叠纪腕足类，同时进行了地层划分和对比，为后来的区域地质调查、找矿奠定了基础。

十一届三中全会后，改革开放给中国社会带来了蓬勃生机，科技领域的发展受到党和国家的高度重视，杨遵仪的事业迎来又一高峰。1986年他与王鸿祯、程裕琪在牛津大学出版社出版的 The Geology of China（《中国地质学》），是继李四光之后系统向国际介绍近半个世纪中国地质学研究进展的专著，影响深远。

他与研究小组共同发表的《中国三叠系》，是对中国三叠系研究全面而系统的总结。这一成果，作为《中国地层概论》的一章，获得地质矿产部科技成果一等奖。1982年，关于南祁连山三叠系的研究成果获地质矿产部科技成果二等奖。

在对国际地质学热点"二叠—三叠系界线的对比研究"中，杨遵仪积极参加并组织领导了有关国际合作项目。我国自1978年开始参加国际地质对比计划（IGCP）106项，就由杨遵仪领导。自1983年起，中国地质大学连续领导了三届（每届5年）特提斯及太平洋二叠系—三叠系的IGCP工作。杨遵仪领导了1983—1987年的工作，是第一位在联合国教科文组织和国际地质科学联合会共同领导的IGCP项目中担任负责人的中国学者。

杨遵仪和他的同事经过努力，在联合国教科文组织、国际地质科学联合会、中国国家自然科学基金会的支持下，在IGCP203项目"东特提斯二叠—三叠纪地质事件及其洲际对比"和"东特提斯二叠—三叠纪过渡期地质事件"的研究中取得了一系列的成果。研究成果"华南二叠—三叠纪过渡期地质事件"获地质矿产部科技成果二等奖；《东特提斯二叠—三叠纪事件与西特提斯地层划分及对比》（英文版）及《环太平洋晚古生代、早中生代事件及其全球对比》（英文版）等国际合作成果都反映了当时地层学研究的最高水平，由英国剑桥大学出版社出版。

几十年来，杨遵仪在我国地质教育领域辛勤耕耘，讲授过古生物学、地层学、生物地层学等多门课程，培养了大批本科生、研究生，许多学生已成为各单位学术带头人和技术骨干，有的已成为中国科学院院士和国内外著名学者，为我国的地质事业做出重要贡献。

"人生百年，贵在抓住光阴，做人、做事、做学问，言为士则，行为世范，做出成绩，方无愧于天地人。"这是杨遵仪在世纪人生时的感悟和总结。杨遵仪治学严谨，学风自由，广受赞誉。

"杨老是我最敬佩的师长。他有两点非常突出：助人为乐，乐观主义。他乐于支持年轻人成长，培养学生丝毫不带个人目的。杨老对学生很宽松，总是放手让你独立去做。在他面前，学生们很自由，都敢于发表意见。"说起恩师时，殷鸿福院士满怀敬意。在他的记忆里，恩师乐于助人，诲人不倦，为学生们答疑解惑，所有问题在老师那儿都会迎刃而解。殷鸿福至今还记得自己当年出版研究生论文时的情景，英文论文字里行间都是老师仔细修改的痕迹。殷鸿福感慨道："这样的修改比自己重新写一遍都难，现在很难再找到杨老师这样的人了。"

因为杨遵仪的英文水平很高，在那个国人英文水平普遍较低的年代，一些单位和个人都把稿件交予杨遵仪帮忙翻译。杨遵仪从不嫌麻烦，甚至开夜车翻译审校。不仅稿件来者不

第十二章 杨遵仪:报国归来的地层古生物学奠基人

拒,他还主动给别人提供帮助。有一次,他发现对外发行的英文地质刊物错误较多,认为"错误太多的稿子发出去,有损国家的声誉",便主动向有关人员反映,以致主编期期都委托他修改。修改译文是一件既辛苦又默默无闻的工作,送来请他评审或修改的文稿经常堆满书桌,杨遵仪总是有求必应,严肃认真地完成。他认为,"只要在地质事业这部大机器中起到螺丝钉作用,我心里就感到很愉快"。

对待年轻人,杨遵仪不仅予以具体帮助,还十分注意思想作风上的"传帮带"。请他审查稿件,不妥之处他必定亲自动手仔细修改,有的稿件还要翻阅有关文献核对原始资料,治学严谨的态度给后学者树立了良好典范。

"47年前您是我的老师,今天仍然是我的老师。我将永远以先生为榜样,像先生那样做人、做事、做学问。"这是地大知名校友温家宝给恩师杨遵仪的亲笔贺信,祝贺恩师百岁华诞,字里行间饱含深情。信中还写道:"先生是杰出的地质学家和地质教育家,从事地质学特别是地层学和古生物学的教学和科研工作七十余载,科研建树丰硕,桃李满天下,为我国地质事业作出了重要贡献。先生博学笃志,格物明德,不畏艰难,勇攀高峰,把自己的一切都献给了科学和教育事业。先生的渊博学识和创造精神,受到地质界的广泛赞誉。先生的高尚道德和优秀品质,成为科技界的楷模。""先生的长寿是与先生淡泊名利、乐观豁达、谦虚谨慎、待人友善的品格分不开的,用敬的涵养使先生成为一棵参天的树。"这些话语表达了学生和广大地质工作者的共同心声。

杨遵仪桃李满天下,培养出了温家宝同志、殷鸿福院士、欧阳自远院士等一批优秀学生。"一生勤奋,学问渊博名传海内外;甘为人梯,呕心沥血无私育新人",终生都把为人类造福看成自己的天职,始终将个人和国家、民族的命运融于一体,这正是杨遵仪百年人生的鲜明写照(图4)。

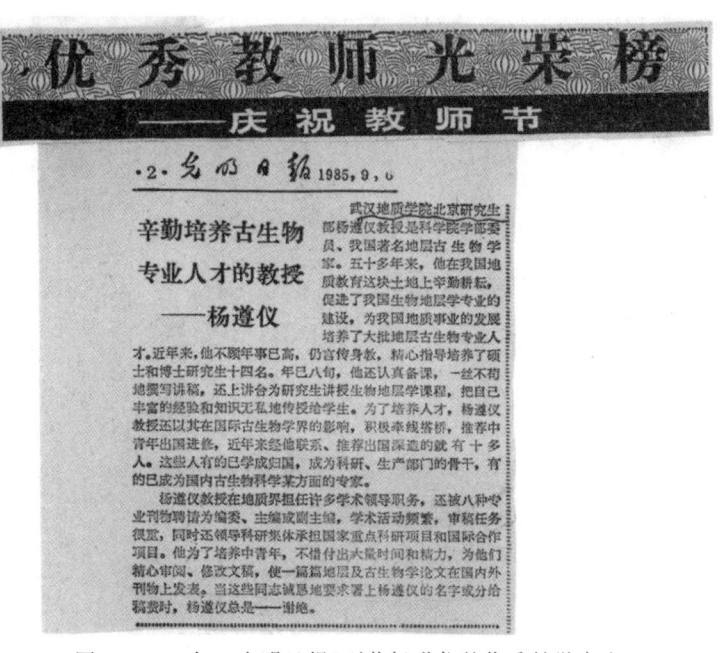

图4 1985年,《光明日报》刊载杨遵仪的优秀教学事迹

案例三：身行力践，矢志探寻"金钉子"

"我志愿加入中国共产党，拥护党的纲领，遵守党的章程，履行党员义务，执行党的决定，严守党的纪律，保守党的秘密，对党忠诚，积极工作，为共产主义奋斗终身，随时准备为党和人民牺牲一切，永不叛党。"1983年，在鲜红的党旗下，已经75岁高龄的杨遵仪紧握右拳，庄严宣誓，表达了他对中国共产党的忠诚追随和郑重承诺，找到了自己一生的政治归宿（图5）。

图5　1983年，75岁高龄的杨遵仪宣誓加入中国共产党

杨遵仪经历了民族苦难、新中国的成立与社会主义建设、改革开放等时期，深刻认识到中国共产党的伟大。虽历经岁月磨砺，但信仰的种子仍在他心中生根发芽。加入中国共产党，做一名合格的共产党员，不仅是杨遵仪的内心信仰，更是他为国家建设奋斗到底的使命担当。老骥伏枥，志在千里。1992年，杨遵仪在写给中国地质大学校庆40周年寄语中这样写道："一个科学教育工作者，只有把自己与国家和民族的命运紧密地联系在一起，关心国家大事，急公忘私，奋发图强，积极奉献，他的生命才有价值，也会活得有意义。"（图6）

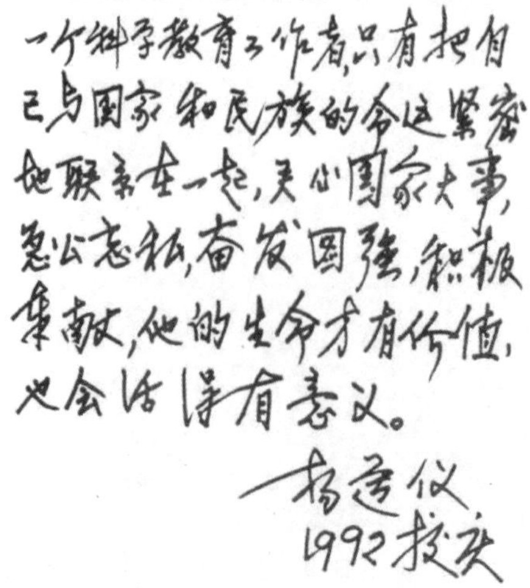

图6　1992年，84岁高龄的杨遵仪写给中国地质大学校庆40周年寄语

第十二章 杨遵仪：报国归来的地层古生物学奠基人

在近70年的科研生涯中,杨遵仪涉猎古生物学、地层学、古生态学及古生物地理学等领域,尤其是对地层古生物学中无脊椎古生物的一些门类如腕足动物、软体动物、棘皮动物有深入的研究和独到的见解。

地学界的"金钉子"是识别年代地层界线的全球标准。作为国际地层对比的标准,许多学者都以争取在本国国土上建立界线层型为荣。20世纪80年代初,国际地层委员会正式成立二叠纪—三叠纪工作小组,各国科学家纷纷出动,希望能收获这一代表着国家科学荣誉的"金钉子"。

这项研究在初期由杨遵仪开启并带领中国地质大学专家组在整个华南地区寻找标准的地层剖面,中后期工作由殷鸿福院士领导并完成。为了找寻这枚"金钉子",师生几代地质学家付出了20多年的艰辛努力。2001年10月,中国浙江长兴煤山地层正式成为全球标准剖面,是二叠系与三叠系界线的标志,也是古生界与中生界界线的标志,被看作地质历史上三个最大的断代"金钉子"之一。这一成果也获得国家自然科学奖二等奖(图7、图8)。

图7 2001年,浙江长兴二叠系界域及重大事件国际学术讨论会合影(前排右九为杨遵仪)

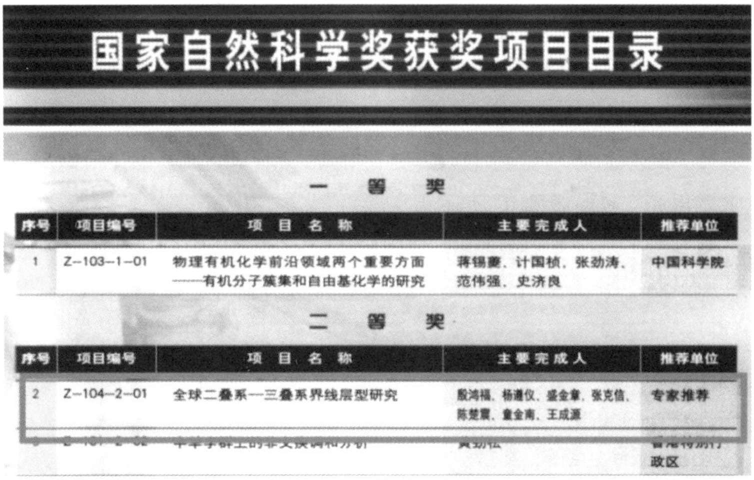

图8 殷鸿福、杨遵仪主持的全球二叠系—三叠系界线层型研究获国家自然科学奖二等奖

1980年,杨遵仪当选为中国科学院学部委员(院士)。之后被评为北京市优秀教师、全国优秀教师。1997年,杨遵仪获得第五届李四光地质科学荣誉奖,同年再获得何梁何利基金科学与技术进步奖。杨遵仪先后发表了60余篇研究论文和7部专著,被录入《中国科学家传记大词典》和《中国科技名人录》,为我国地质事业的推进做出重大贡献。

(二)案例点评

案例一讲述了杨遵仪在国难当头之际,放弃优越的生活工作条件,毅然回国,投笔从戎的事迹。杨遵仪从小目睹中国任人宰割的现状,深刻地明白国家落后就会挨打,幼时的他就在心中萌生了救国的想法。虽家境困苦,但始终不误学业,后考取清华大学并继续留学深造。时值日本全面侵华,国难当头,他毅然回国,被聘为中山大学教授;1942年,进入抗日联军英国驻华(湖南)军事代表团(BMM)工作,任秘书(翻译),为抗战胜利贡献了力量;他深受和平民主思潮影响,1946年在国民党政府军警搜查之时,为学生保存了当局"查禁"书籍;1950年,杨遵仪加入九三学社,投身到高等教育与地质科学事业。

案例二展现了杨遵仪豁达宽容,淡泊名利,深耕科研,毫无保留地播撒师道薪火,为以后的学者树立了典范的大先生风范。杨遵仪乐于助人,待人友善,修改论文尽心尽力,翻译稿件不嫌麻烦,以"传帮带"的作风对待中青年,助力后生成长,培养了一批优秀人物;他学识渊博,成果丰硕,为地质事业发展作出了重要贡献。杨遵仪感悟道"人生百年,贵在抓住光阴,做人、做事、做学问,言为士则,行为世范,做出成绩,方无愧于天地人。"他把为人类造福看成自己的天职,始终将个人和国家、民族的命运融于一体,正是这种信仰得以成就其非凡气度,树立其地学宗师的典范,在祖国大地上镌刻下精神丰碑。

案例三讲述了杨遵仪不畏艰辛、兢兢业业在整个华南地区寻找标准的地层剖面,师生接力最终找寻到"金钉子"的事迹。在近70年的科研生涯中,杨遵仪涉猎生物学、地层学等多个研究领域,为地质事业发展和国家经济建设需要做出了重大贡献。地学界的"金钉子"是识别年代地层界线的全球标准,多国学者都以争取在本国国土上建立界线层型为荣,杨遵仪开启并带领中国地质大学专家组,经过师生几代地质学家付出20多年的艰辛努力,浙江长兴煤山地层正式成为全球标准剖面,这条界限被看作地质历史上三个最大的断代"金钉子"之一。杨遵仪探寻"金钉子"的事迹激励学生努力发扬"三光荣"和"四特别"精神,做吃苦耐劳、性格坚毅的地质人,做持之以恒、不畏艰难的地质人。

(三)教学建议

案例一适用于第七章第二节第三目"第二条战线的形成和发展"的教学。通过介绍解放战争的胜利发展形势,讲述第二条战线的形成与发展。结合案例一使学生了解到杨遵仪深受爱国民主思想影响,在解放战争时期为学校保存当局"查禁"的书籍,和同事一起保护显微镜等教学设备。从学生运动的高涨以及人民民主运动的发展可以看出,不仅在军事战线上,而且在政治战线上,国民党政府都打了败仗,国民党统治区内,以学生运动为先导的人民民主运动迅速发展起来,成为配合人民解放战争的第二条战线。

案例二适用于第九章第二节第四目中"国防战略的转变、'一国两制'方针的形成和外交方针政策的调整"的教学。带领学生分析党的十一届三中全会后的国际国内形势,了解国防战略的转变和外交方针政策的调整,随着外交方针政策的调整,中国外交得到全方位发展,结合案例二看,学术界与国外联系也随之多了起来,杨遵仪成为第一位在联合国教科文组织和国际地质科学联合会共同领导的IGCP项目中担任负责人的中国学者。

案例三适用于第九章第三节第三目"改革开放和现代化建设的跨世纪发展"的教学。通过案例三的介绍,对杨遵仪所获得的国家自然科学奖、李四光地质科学奖和何梁何利基金科学与技术进步奖等奖项进行介绍,了解科教兴国战略和可持续发展战略两项跨世纪发展战略的制定与实施,认识到科学技术在经济发展中的重要地位。

二、教学分析

(一)教学目的

(1)通过案例一的学习,使学生能够认识到第二条战线形成和发展的重要意义。通过视频、图片等材料了解到国民党统治区的政治经济危机加剧,贪污腐败现象严重,国民党在抗战后期迅速失去民心;昆明"一二·一"运动扩展到多个城市;伴随着解放战争的胜利,国民党统治区的人民民主运动有了新发展;学生运动的高涨,不可避免地促进整个人民民主运动的高涨,中国各民主党派和无党派民主人士在人民民主运动中发挥了积极作用。

(2)案例二的学习,使学生了解到党的十一届三中全会后,根据对国际国内形势变化的判断,军事战略方针进行转变;随着国际形势的发展变化,中共中央对外交政策进行重大调整,实行两个重大转变,一个有利于中国改革开放的和现代化建设的外部环境初步形成。

(3)通过案例三的学习,使学生了解到科教兴国战略就是全面落实科学技术是第一生产力的思想,坚持教育为本,把科技和教育摆在经济、社会发展的重要位置,增强国家的科技实力及向现实生产力转化的能力,提高全民族的科技文化素质,把经济建设转移到依靠科技进步和提高劳动者素质的轨道上来,加速实现国家的繁荣强盛。

(二)教学重难点

(1)中国共产党争取和平民主的斗争(重点)。
(2)第二条战线的形成和发展(难点)。
(3)改革开放的起步(重点)。

(4)历史性的伟大转折和中国特色社会主义的开创(难点)。

(5)改革开放和现代化建设的跨世纪发展(重点)。

三、教学思路与方案设计

(一)教学思路

案例一适用于第七章第二节第三目"第二条战线的形成和发展"的教学。要重点讲清第二条战线的科学内涵。展示"国统区通货膨胀法币贬值"照片,重点介绍国民党统治区的政治和经济危机,说明国民党之所以迅速失去民心,主要是因为其违背全国人民迫切要求休养生息、和平建国的意愿,执行反人民的内战政策。对于国民党统治区的民主运动,通过案例一重点强调学生运动等。最后,播放视频《建国大业》片段,讲授人民民主运动的发展,民主党派人士在人民民主运动中发挥的重要作用。

案例二适用于第九章第二节第四目中"国防战略的转变,'一国两制'方针的形成和外交方针政策的调整"的教学。播放视频《红色血脉——党史军史上的今天|9月19日 邓小平提出新时期军队建设总目标》片段,介绍邓小平明确提出要建设强大的现代化、正规化革命军队的总目标。借助案例二,以杨遵仪翻译英文稿件,引发国外学术界交流随之增加,强调外交政策方针的调整。

案例三适用于第九章第三节第三目中"改革开放和现代化建设的跨世纪发展"的教学。通过案例三,以杨遵仪师生二十年奋力探寻到"金钉子"的故事,突出科学技术的重要性。"改革开放和现代化建设的跨世纪发展",要着重从确立邓小平理论的指导地位、"三步走"发展战略,以及改革开放和现代化建设的不断推进、跨世纪发展战略的制定与实施等角度加以阐述。

(二)教学方案

1. 教学方案一(适用于案例一)

教学步骤	教学内容	设计意图	时间/分钟
导入新课	展示温家宝写给恩师杨遵仪百岁华诞的亲笔贺信,请同学朗读贺信内容,并谈谈对贺信的感想	以贺信引入课程,激发学生对老一辈地质人故事的兴趣	5

第十二章 杨遵仪：报国归来的地层古生物学奠基人

教学步骤	教学内容	设计意图	时间/分钟
简介教学目标	教师向学生简要介绍本次教学要达到的目标	使学生对教学目标有清晰的认识	2
呈现教学材料，引导学生学习	知识点一：解放战争的胜利发展 首先，播放视频《潜伏在黎明之前》第1集片段，使学生认识到人民解放军转入战略进攻阶段，从1946年1月和1947年7月国共双方兵力的对比、中国共产党作战方针、战略部署等方面讲清人民解放军转入战略进攻的社会历史条件已经成熟。 其次，结合军事地图简述人民解放军转入战略进攻的过程。 最后，展示图片《目前形势和我们的任务》（节选），带领学生了解这篇报告背后的故事；讲解中国人民解放军总部发表宣言，提出"打倒蒋介石，解放全中国"的口号，极大鼓舞了解放军全体指战员和全国人民的斗志	使学生了解人民解放军转入战略进攻的社会历史条件及过程，了解全国解放战争的胜利发展	30
	知识点二：第二条战线的形成和发展 首先，展示图片"国统区通货膨胀法币贬值"等素材，讲清国民党统治区的政治经济危机。 其次，结合案例一，以杨遵仪支持学生运动的发展，介绍学生运动的高涨和国民党统治区人民民主运动的新发展。 最后，播放视频《建国大业》中国共产党和各民主党派反对蒋介石独裁统治的片段，简要介绍中国各民主党派和无党派民主人士在人民民主运动中发挥的重要作用	使学生理解第二条战线的形成和历史地位，从而提高对国民党统治区人民民主运动作用的认识	
教学小结	教师简要总结本次教学，并强调重点内容：国民党政府在抗战胜利后很快陷入全民的包围中，国民党面临日益严重的政治和经济危机；而中国共产党领导的人民解放战争胜利推进，土地改革运动的广泛开展和第二条战线的形成，加速了国民党的覆灭		3
课后作业	要求学生围绕课堂授课内容与相关学习材料，思考国民党是如何失去民心的，写1篇不少于400字的报告	使学生巩固所学知识，训练逻辑思维能力	5

2. 教学方案二（适用于案例二、三）

教学步骤	教学内容	设计意图	时间/分钟
导入新课	播放视频《三位院士的世纪人生》（中部）片段，向学生提出问题"了解杨遵仪院士百年岁月的人生后，谈谈杨遵仪给你留下的印象是什么？"引导学生进行讨论	以视频中的人物故事作为导入，通过问题强化对史实的思考，激发学生对本课程学习内容的兴趣	5
简介教学目标	教师向学生简要介绍本次教学要达到的目标	使学生对本次教学目标有准确的把握	2
呈现教学材料，引导学生学习	知识点一：国防战略的转变、"一国两制"方针的形成和外交方针政策的调整 首先，播放视频《红色血脉——党史军史上的今天|9月19日 邓小平提出新时期军队建设总目标》，介绍邓小平明确提出要建设强大的现代化、正规化革命军队的总目标，强调党的十一届三中全会后我国国防战略的转变。 其次，1979年元旦，全国人大常委会发表《告台湾同胞书》，介绍"一国两制"方针的形成过程和重大意义。 最后，结合案例二，介绍杨遵仪在学术上与国外交流增多，展示我国外交方针政策的调整和中国外交的全方位发展	使学生认识到这一时期我国在国防、祖国统一、外交事业的进展	30
	知识点二：改革开放和现代化建设的跨世纪发展 首先，播放视频《中国共产党第十五次全国代表大会》片段，介绍党的十五大的主要内容，讲清党的十五大确立了邓小平理论的指导地位和制定新的"三步走"发展战略。 其次，从加强农业基础地位、搞好国有大中型企业、中国加入世界贸易组织等方面说明改革开放和现代化建设的不断推进。 最后，结合案例三，以杨遵仪师生接力，风雨二十年探寻到"金钉子"的事迹，强调科学技术是第一生产力，详细介绍四个重大的跨世纪发展战略	使学生对改革开放和现代化建设的跨世纪发展有深刻的认识	

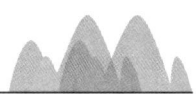

第十二章 杨遵仪：报国归来的地层古生物学奠基人

教学步骤	教学内容	设计意图	时间/分钟
教学小结	教师简要总结本次教学,强调重点内容:掌握改革开放和现代化建设的跨世纪发展		3
课后作业	收集材料,了解新中国成立以来我国外交方针政策的调整情况,归纳我国外交方针与其他国家政策的区别	巩固所学知识,训练学生逻辑思维能力和归纳总结能力	5

四、教学方法推荐

(1)"第二条战线的形成和发展"的教学适宜运用案例式教学法及启发式教学法。

"第二条战线的形成和发展"重点介绍国民党统治区的政治和经济危机,国民党违背人民意愿,失去民心,而学生运动等人民民主运动的开展,加速了国民党政权的灭亡。运用启发式教学法讲授这一部分内容使学生更易接受。在课堂导入部分,借助温家宝同志写给恩师杨遵仪百岁华诞的亲笔贺信,启发同学谈自己的感想;在课程学习过程中,结合案例一,激发学生了解杨遵仪支持学生运动的行为,突出学生运动的高涨和国民党统治区人民民主运动的新发展。

(2)"国防战略的转变、'一国两制'方针的形成和外交方针政策的调整"适宜使用案例式教学法和讨论式教学法相结合的方式组织教学。

"国防战略的转变、'一国两制'方针的形成和外交方针政策的调整"分别属于国防与外交部分内容,建议采用案例式教学法,借助丰富的案例和材料,帮助学生主动理解知识点;在教学过程中,加入一定的讨论和问题,使学生带着重点进行学习,提高学习效率。在课堂导入部分提出问题"了解杨遵仪院士百年岁月的人生后,谈谈杨遵仪给你留下的印象是什么?"引导学生带着疑问进行知识点的学习与理解。

(3)"改革开放和现代化建设的跨世纪发展"适宜使用专题式教学法及案例式教学法。

世纪之交的关键时刻,中国面临着举什么旗、走什么路、如何把中国特色社会主义事业继续推向前进的历史抉择。"改革开放和现代化建设的跨世纪发展"部分知识点较多,相关内容联系紧密,建议使用专题式教学法,对于"确立邓小平理论的指导地位和新的'三步走'发展战略""改革开放和现代化建设""跨世纪发展战略的制定与实施""积极推动中国特色军事变革""推动构建全方位多层次对外关系新格局"分专题,辅助案例讲解,会使课堂效果更佳。

第十三章　潘钟祥：开辟新中国找油"新大陆"的地质人

一、教学案例——潘钟祥

潘钟祥(1906年8月12日—1983年10月25日),河南汲县人,石油地质学家,地质教育家,中国地质大学教授(图1)。1924年考入国立北京大学理科预科,1926年升入地质系。1932年大学毕业后,进入北平地质调查所工作。1938年,调入四川省地质调查所。1940年,赴美留学,先后在堪萨斯大学和明尼苏达大学攻读石油地质及矿床学。在美留学期间,首次提出"陆相生油"新观点,突破了海相生油理论,后对我国石油工业的发展起了重要作用。1946年获博士学位,回国任中山大学地质系主任兼两广地质调查所所长,后任北京大学教授。1952年,调入北京地质学院,先后担任金属及非金属矿产勘探系、石油天然气地质勘探系系主任。出版《基岩油藏》《中国陕北和四川的白垩系石油的非海相成因问题》《中国西北部的陆相生油问题》等著作,编写《石油地质学原理》《石油地质学》《世界油气田地质学》等教材。

图1　潘钟祥(1906—1983年)

第十三章 潘钟祥:开辟新中国找油"新大陆"的地质人

潘钟祥青年时期就立下了报国之志,为了发展石油科学、发展我国的石油事业,他走遍大江南北,不畏酷暑寒冬、艰难险阻。他的一生,是正直、纯朴、勤奋科学家的一生,是学而不厌、诲人不倦教育家的一生。潘钟祥兢兢业业、矢志事业的地质情怀,胸襟坦荡、待人诚恳的高贵品质,锲而不舍、刻苦钻研的治学态度,严谨求实、勇于创新的科学精神广为传颂,成为后人学习的榜样。

(一)案例呈现

案例一:知书识礼,从小立志为国找石油

1906 年,潘钟祥出生于河南汲县(今卫辉市)一个经营煤矿的家庭。潘钟祥幼年丧母,被外祖母抚养到小学毕业。外祖母接受过良好教育,治家严格,在潘钟祥 5 岁时就教他背诵《千字文》《古文观止》等书籍,潘钟祥的眼界和兴趣就在一本本书籍的熏陶下悄悄生长。

人生有志,是中华文化弦歌不辍的精神瑰宝,潘钟祥学习地质的志向从初中时期就开始萌芽。潘钟祥在学校结识了许多良师益友,那些有抱负的青年学子对他的成长帮助很大。受高一年级的同窗好友李春昱的影响,潘钟祥对历史、地理和石头颇感兴趣。李春昱考上北京大学地质系后,潘钟祥立志以他为榜样。1924 年,潘钟祥如愿考上了北京大学理科预科,1926 年升入地质系。大学成为潘钟祥一生中至关重要的人生节点,他积极参加北京大学地质学会组织的学术活动,并将兴趣志向选在了石油地质。

"中国地下,并非全无石油,虽不及美、俄、墨西哥等国之丰富,然陕西、甘肃、新疆、四川等省之储油量,不无开采之价值,惜无人过问,弃货于地,可惜也夫!"他阅读大量中国和世界文献资料后,满怀激情地写成论文《油田之地质及其在中国之分布》。表达了他为振兴中华立志献身石油地质事业的决心。此后半个多世纪里,他和中国石油地质理论的发展结下了不解之缘。

潘钟祥一走出校门,就奔赴有产油希望而"无人过问,弃货于地"的陕北寻找石油。1932 年,潘钟祥进入北平地质调查所工作,先后四次到陕北三延地区进行石油地质调查,在陕北延川确定了当时产量最高的油井井位,并著有《陕北油田》,这为他"陆相生油"理论的提出奠定了坚实基础。在此期间,潘钟祥还对陕北三叠纪、侏罗纪地层的植物化石进行系统研究,奠定了陕北中生代地层划分的基础。

1935 年后,潘钟祥先后在川南、川东北、川西北进行石油地质、煤田地质和区域地质调查和找矿工作。1937 年,他和彭国庆赴四川石油沟测选,亲自部署巴县石油沟第一口高产气井的井位——八一井(图 2)。1940 年 7 月八一井正式投产,中国第一口现代工业天然气井诞生。

1938 年,四川省地质调查所成立,潘钟祥调入。在此期间,他调查了南川綦江地质及西北煤田,不仅给后人留下了宝贵的地质资料,还树立了不畏艰险、勇于探索的榜样。

1940 年,潘钟祥获得中华教育文化基金会资助赴美留学,先后在堪萨斯大学和明尼苏达大学攻读石油地质及矿床学专业,1946 年获博士学位(图 3)。学习期间,潘钟祥一方面深入钻研西方的石油地质理论,一方面密切联系中国的实际,大胆地提出陆相地层也可以生油的

理论。这一论文发表在1941年11月的美国石油地质家协会杂志上,成为后来人们研究陆相生油问题的经典文献。陆相生油说打破了只有海相地层才能生油的观点,开拓了人们的思路,对我国解放后石油工业的大发展起了十分重要的作用。

图2 1937年,潘钟祥部署的巴县石油沟第一口高产气井的井架

图3 赴美留学时期的潘钟祥

案例二：鞠躬尽瘁，拓展石油事业结硕果

1946年，潘钟祥满腔热情地回到了祖国，从此开始了在高等学校执教的生涯。先是在中山大学任地质系主任兼两广地质调查所所长，后任北京大学教授。

1952年，全国高等院校调整，潘钟祥随北京大学地质系调入北京地质学院工作，先后担任金属及非金属矿产勘探系、石油天然气地质勘探系主任（图4）。

图 4 潘钟祥（前排左四）与1956届石油系学生在西北生产实习时合影

潘钟祥先后开设"古植物学""矿床学""石油地质学"和"世界油气田地质学"等课程，领导编写了《世界油气田地质学》《石油地质学原理》《石油地质学》等高水平的教材和教学参考书（图5）。《世界油气田地质学》是中国第一本关于石油地质的教材，潘钟祥把苏联和美国的石油地质理论融会贯通，将世界油气田的分布规律归纳为16条，反映了当时油气田地质学研究的世界水平。著名石油地球物理学家翁文波院士评论说："这些分布规律，80年代仍有重要参考价值。"在潘钟祥的带领下，学校石油地质专业从小到大，培养了一大批高质量专业人才，很多人已经成为我国石油地质事业中的骨干力量，为我国的油气勘查事业发挥了重要作用。

在培养学生的同时，潘钟祥把大量心血投入到科学研究上。为了新中国石油事业的发展，潘钟祥进一步研究了陆相生油问题。1951年，潘钟祥提出中国石油大多生成于沉积盆地之中的"盆地说"。1957年发表了《中国西北部的陆相生油问题》，在我国油气勘探工作中发挥了很大作用。

"文化大革命"期间，热爱石油地质事业的坚定信念让潘钟祥没有在逆境中屈服。1973年，潘钟祥提出研究三角洲沉积。他结合中国的地质条件，围绕三角洲沉积体系查阅和分析了大量外国文献，写出了10多万字的研究报告《三角洲沉积体系特征及其和石油的关系》，总结了当时石油地质学发展的最新成果。实践证明，潘钟祥的研究报告，在指导中国石油工作者开展科学研究、推动中国碎屑岩沉积学研究及地层油藏勘探方面起着重大作用。1974年夏，在石油工业部召开的勘探工作会议上，潘钟祥建议在渤海湾盆地内或边缘凸起上勘探义和庄式基岩油田，认为这是发现高产油田的一个重要方向。可惜，这一正确的科学预见并未

图 5　潘钟祥给石油专业研究生讲授"石油地质学"

引起重视,直到 1975 年 7 月在任丘发现了基岩油藏(称古潜山油田),才掀起在渤海湾盆地内寻找基岩油田的高潮。潘钟祥查阅了分布在北美、南美、北非、西非、欧洲和苏联几十个基岩油田的资料,系统研究它们的特点,写出了 9 万字的《基岩油藏》论文,为找寻和勘探这类油田提供了参考。1982 年,在北京召开国际石油地质大会期间,他和美国总统的能源顾问哈尔波特教授交流了基岩油藏的研究成果,受到外国同行们的高度重视,并把该论文推荐到美国石油地质家协会杂志上正式发表(图 6)。

图 6　1982 年,潘钟祥在图书馆查阅文献

党的十一届三中全会后,他不顾年迈体弱,在十分困难的条件下,毅然挑起领导科研和大量培养研究生的重任,着力提高我国石油地质科学水平,为弥补"文化大革命"中所贻误的岁月而拼搏。一方面他不辞辛劳奔走于各大图书馆,夜以继日地查阅国内外文献,及时向年轻

同志传播国外最新的科学知识和学术动向;另一方面,他深入现场进行调查研究。虽已古稀之年,他仍到大港、苏北去观察岩芯,去浙西研究剖面,到滦河口考察现代沉积等。在逝世前的几个月里,77岁高龄的潘钟祥还坚持要去阜新、大同考察,经过同事们竭力劝阻才未成行。晚年时,潘钟祥还写出了《不整合对于油气运移聚集的重要性及寻找不整合面下的某些油气藏》的论文,在庆祝中国地质学会成立60周年的学术报告会上作了报告,并发表在《地质论评》上。他不畏艰险、坚持真理的精神,踏踏实实、一丝不苟、热心为群众办事的作风,受到大家一致赞扬和敬仰。

案例三:执着探索,开启找油历史新篇章

"中国是一个贫油的国家",从20世纪初开始,这句"预言"就像魔咒禁锢在中国人头上。在近代石油工业100多年的发展史中,世界上已找到的油气田绝大多数都产于海相地层中。因此西方石油地质学家普遍认为,几乎所有石油都产生于海相沉积物中。由于中国大地构造大都属于陆相沉积,这种海相生油的理论就把中国划在了贫油的圈子里。

石油,卡住了中国人的脖子。新中国成立初期,最大的玉门油田年产原油不过10余万吨。石油的匮乏严重阻碍了经济发展,威胁着国家安全。石油成为中国急需的"血液"。

幅员辽阔的中华大地真的缺少石油储藏吗?穷则思变,知难而进。在西方国家高唱中国贫油、限制中国进口原油的情况下,一场关乎国家前途命运的找油行动拉开了序幕。一批中国地质学家偏偏"不信邪",用自己的科学实践开始向"中国贫油"论发起挑战。

第一位提出"陆相生油"理论的是当时正在美国堪萨斯大学攻读博士学位的中国青年——潘钟祥。

1931年,潘钟祥从北京大学毕业后,先后4次到陕北进行石油地质调查,并在四川等地开展多次实地考察。他指出:"陕北的石油产自陆相三叠系及侏罗系,四川产天然气的自流井无疑也是陆相地层"。赴美求学后,他在浩瀚的文献中也发现了诸如美国科罗拉多州西北部泡德瓦斯油田的原油产于陆相第三系的例证。1941年,潘钟祥在美国石油地质学家协会会议上宣读了论文《中国陕北和四川白垩系陆相生油》,明确指出陆地湖泊里的生命沉积物,经过一定条件的地质演变,可以形成油田。这是中国人最早提出的"陆相生油"论点,也是中国学者首次将有创新观点的石油地质学研究成果介绍到世界上。"陆相生油"理论的提出,为在中国陆相盆地中找到大量石油提供了依据。随着中国石油地质调查的发展,李四光、黄汲清、谢家荣、侯德封、尹赞勋等学者都对陆相生油问题进行了研究。

20世纪40年代中期,中国地质工作者在玉门油田开展的古生物研究工作,也为证实陆相地层生油提供了新的佐证。从1955年开始,人们在新疆准噶尔盆地找到了克拉玛依油田,并陆续在酒泉、柴达木、塔里木、四川、鄂尔多斯等盆地找到了油气田。1959年9月26日,这是一个注定要写入中国工业史的日子。在这一天,松辽盆地"松基三井"喷出工业油流,一个世界级大油田就此被发现。此时,正值新中国成立10周年前夕,举国欢庆,大庆油田因此得名。大庆油田的发现,让中国彻底甩掉了"贫油国"的帽子,翻开了中国石油开发史上具有历史转折意义的一页。随后,掀起了一场气吞山河、波澜壮阔的石油大会战,我国石油工业的跨越式

发展从这里开始。大庆油田的发现是"陆相生油"理论正确的重大佐证。之后,人们陆续找到胜利、大港、辽河三大油田,再次证明陆相地层中可以形成大型及特大型的油田。

庆祝中国共产党成立90周年大型文献纪录片《旗帜》中这样讲道:"根据中国地质学家李四光、潘钟祥、黄汲清等人提出的在陆相地层可以形成具有工业开采价值的生油层的理论,1960年2月,3万多名石油职工挥师东北松辽盆地,展开了大庆石油会战(图7、图8)。"

图7 央视大型文献纪录片《旗帜》介绍了潘钟祥等人"陆相生油"理论对发现大庆油田的贡献

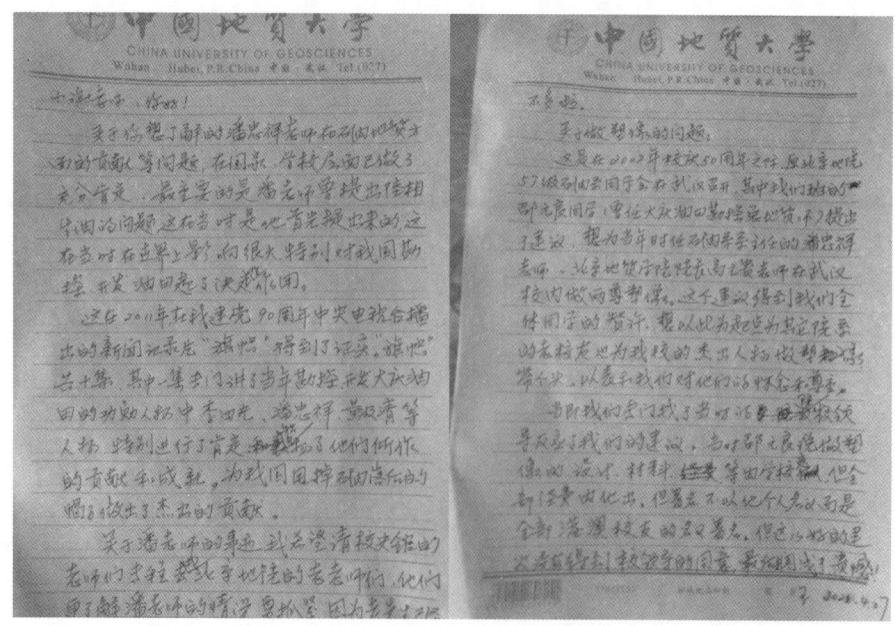

图8 中国地质大学王岫云老师关于潘钟祥对发现大庆油田所作贡献的回忆手稿

· 178 ·

潘钟祥创造性地提出了"陆相生油"理论，突破了"海相生油"理论的束缚，为20世纪50~70年代我国东部陆相盆地一系列大型油气田的勘探开发提供了理论依据和指导，为我国石油工业走上独立发展的道路作出了重要贡献。著名地质学家黄汲清院士这样评价潘钟祥的贡献："明确提出了陆相地层也可以生油并能形成油田，这在当时是一种新颖的见解。它对中华人民共和国成立以来的找油工作有着重大影响。"在2006年1月全国科技大会上，胡锦涛同志指出新中国成立以来，特别是改革开放以来，我国广大科技人员所取得的七大"标志"性重大科技成就，陆相生油理论和应用位列第四，与两弹一星、载人航天和杂交水稻等成果共享殊荣。

（二）案例点评

案例一中青年时期的潘钟祥决心为祖国石油事业献身，提出的陆相地层生油学说，对我国解放后石油工业的大发展起了十分重要的作用。潘钟祥坚信中国地下并非全无石油。他一走出校门，就奔赴祖国有产油希望而"无人过问，弃货于地"的陕北寻找石油，后在川南、川东北、川西北进行石油地质、煤田地质和区域地质调查和找矿工作。1940年，他亲自部署巴县石油沟第一口高产气井的井位——八一井正式投产，中国第一口现代工业天然气井诞生。潘钟祥的研究与工作不仅给后人留下了宝贵的地质资料，更为我们树立了不畏艰险、勇于探索、坚定执着的榜样。

案例二展现了潘钟祥勤勉认真、勇于创新、坚持真理、孜孜不倦的学者风范。潘钟祥在认真培养学生的同时，把大量精力与心血投入科学研究工作中，他所提出的"陆相生油问题"为石油地质研究做出了突出贡献，在我国油气勘探工作中发挥了重大作用。"文化大革命"期间，他依旧保持对石油地质的热爱。为弥补"文化大革命"十年贻误的时光，潘钟祥在十分困难的条件下毅然挑起领导科研和培养大量研究生的重任，奔走于各大图书馆，夜以继日查阅国内外文献，及时向中青年同志传播国外最新学术动向；虽已进入古稀之年，仍坚持实地考察。潘钟祥对祖国热爱，对石油事业认真，对科学研究一丝不苟，对待培养青年的责任，值得一代又一代人学习和传承。

案例三讲述了潘钟祥用自己的科学实践向"中国贫油"理论发起挑战，最终以"松辽惊雷"大庆油田的发现佐证了"陆相生油"理论的正确性的事迹。潘钟祥参与发现大庆油田的工作，正是他所坚持的理论对实践的指导，逐步结束了中国油荒的历史，让中国彻底甩掉了"贫油国"的帽子。不畏艰险地探索，不辞辛苦地研究，不曾停歇地前行，潘钟祥以极致的热爱与极度的认真，始终坚持，排除万难，一步一个脚印用实实在在的科研成果推动中国石油工业取得突破性发展。

（三）教学建议

案例一适用于第六章第五节第三目"抗日战争胜利的原因和意义"的教学。通过教师讲述潘钟祥从小立志为国找石油、终生投身石油事业的故事，帮助学生了解中国人民以爱国主义为核心的民族精神。通过讲述潘钟祥的成长经历，带领学生分析中国人民抗日战争胜利的原因。教师可以引导学生深入思考，在完整归纳出胜利的原因后，由老师引导学生分析抗日战争胜利的意义。

案例二适用于第八章第五节第二目"国民经济调整和'四个现代化'战略目标的提出"的教学。结合社会主义道路艰辛探索的历史背景,借助案例二,使学生认识到正是有潘钟祥这样一批地质人的不懈努力,千千万万科技工作者的勤恳付出,才能让分两步走实现现代化的战略构想最终成功。

案例三适用于第八章第二节第二目"社会主义工业化的起步"及第八章第五节第四目"全面建设社会主义的成就"的教学。在教学过程中,带领学生先复习第一节课程内容,在回顾新中国面临的困难、巩固新政权所做的伟大斗争、为社会主义改造创造条件等内容后,引导学生了解"一五"计划的制定过程、实施过程与所获得的成就。

二、教学分析

(一)教学目的

(1)通过案例一的学习,使学生能够认识到中国人民抗日战争胜利的原因和意义。其原因在于:第一,以爱国主义为核心的民族精神是中国人民抗日战争胜利的决定因素。第二,中国共产党的中流砥柱作用是中国人民抗日战争胜利的关键。第三,全民族抗战是中国人民抗日战争胜利的重要法宝。第四,中国人民抗日战争的胜利,同世界所有爱好和平与正义的国家和人民、国际组织以及各种反法西斯力量的同情和支持也是分不开的。抗日战争胜利的意义:中国人民抗日战争是20世纪中国和人类历史上的重大事件。这一伟大胜利是中华民族从近代以来陷入深重危机走向伟大复兴的历史转折点。

(2)通过案例二的学习,使学生能够认识国民经济调整的八字方针;七千人大会的召开及其积极作用;"四个现代化"战略目标的提出和战略构想,理解中国共产党在纠正错误方面所付出的努力。

(3)通过案例三的学习,使学生了解"一五"计划的制订过程与全面建设社会主义的成就,"一五"计划确定的经济指导方针较好地处理了我国经济建设中的几大重大关系。

(二)教学重难点

(1)抗日民族统一战线的形成及其意义(难点)。

(2)中国人民抗日战争的胜利及意义(重点)。

(3)正确认识建立社会主义制度的重大意义(难点)。

(4)正确认识社会主义道路的艰辛探索和曲折发展(难点)。

(5)全面建设社会主义的成就(重点)。

三、教学思路与方案设计

(一)教学思路

案例一适用于第六章第五节第三目"抗日战争胜利的原因和意义"的教学。中国人民抗日战争的胜利具有深远的历史意义,是近代以来中华民族反抗外敌入侵第一次取得完全胜利的民族解放战争,是20世纪中国和人类历史上的重大事件。案例一使学生了解潘钟祥满怀爱国之情、立志为国找油的感人事迹,正是千千万万平凡而伟大的中国人心中坚定信念,共同努力保卫祖国,拥有以爱国主义为核心的民族精神,中国共产党的中流砥柱作用,全民族抗战和世界所有爱好和平与正义力量的支持,最终获得抗日战争胜利。

案例二适用于第八章第五节第二目"国民经济调整和'四个现代化'战略目标的制定"的教学。"国民经济调整和'四个现代化'战略目标的提出"主要从国民经济的调整、七千人大会的召开、"四个现代化"战略目标的提出三方面进行讲授。

案例三适用于第八章第二节第二目"社会主义工业化的起步"及第八章第五节第四目"全面建设社会主义的成就"的教学。介绍"一五"计划的制定和实施,可结合相关视频和数据进行讲解。在庆祝中国共产党成立90周年大型文献纪录片《旗帜》中讲道:"根据中国地质学家李四光、潘钟祥、黄汲清等人提出的在陆相地层可以形成具有工业开采价值的生油层的理论,1960年2月,3万多名石油职工挥师东北松辽盆地,展开了大庆石油会战。"引导学生了解潘钟祥为祖国找油的事迹,学习"爱国、创业、求实、奉献"的"大庆精神",传承并弘扬这种精神品质。

(二)教学方案

1. 教学方案一(适用于案例一)

教学步骤	教学内容	设计意图	时间/分钟
导入新课	教师提问"因为美国在日本投下两颗原子弹,中国的抗日战争才最终取得了胜利,这个说法正确吗?",引导学生进行讨论	以问题作为导入,引发学生深入思考,为知识点讲解交代背景	5
简介教学目标	教师向学生简要介绍本次教学要达到的目标	使学生对本次教学目标有准确的把握	2

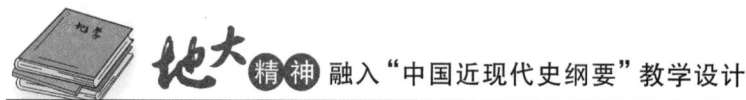

教学步骤	教学内容	设计意图	时间/分钟
呈现教学材料,引导学生学习	知识点一:抗日战争的胜利 播放视频《历史上的今天 1945 年 8 月 15 日日本宣布无条件投降》,强调抗日战争完全胜利的标志是台湾及澎湖列岛归还中国,并通过时间轴梳理展示日本战败投降的过程	使学生了解日本投降的历史过程	30
	知识点二:中国人民抗日战争在世界反法西斯战争中的地位 首先,播放视频《东方主战场》第八集《正义必胜》,结合各国领导人对中国抗战的评价,说明中国抗日战争在世界反法西斯战争中的地位和作用。 其次,播放视频《习近平在纪念中国人民抗日战争暨世界反法西斯战争胜利 75 周年座谈会上发表重要讲话》,介绍中国在抗日战争中得到了世界上所有爱好和平与正义的国家和人民、国际组织及各种反法西斯力量的同情和支持	使学生把握中国人民抗日战争在世界反法西斯战争中的地位与作用	
	知识点三:抗日战争胜利的原因和意义 首先,通过案例一中潘钟祥热爱祖国、科学报国的事迹,进而引出中国抗日战争胜利的真正原因在于中国人民以爱国主义为核心的民族精神,中国共产党的中流砥柱作用,全民族抗战及世界所有爱好和平与正义力量的支持。 其次,通过学习《习近平在纪念中国人民抗日战争暨世界反法西斯战争胜利 70 周年大会上的讲话》,组织学生进行讨论、发言,理解中国人民抗日战争的胜利具有深远的历史意义,是 20 世纪中国和人类历史上的重大事件,是中华民族从近代以来陷入深重危机走向伟大复兴的历史转折点。 最后,通过展示图片和播放教学视频《向胜利致敬,吾辈当自强》,让学生铭记历史,自强奋进,为国家贡献力量	使学生理解抗日战争胜利的真正原因、意义,激发学生为国家贡献力量的爱国之情	
教学小结	教师简要总结本次教学,强调重点内容:使学生明白中国人民抗日战争胜利对实现中华民族伟大复兴的意义		3
课后作业	何为中流砥柱?请就"中国共产党的中流砥柱作用是中国人民抗日战争胜利的关键"谈谈你的理解,论据充分,写 1 篇不少于 400 字的心得体会	训练学生的归纳总结能力,鼓励学生坚定理想信念,厚植爱国主义情怀	5

2. 教学方案二(适用于案例二、案例三)

教学步骤	教学内容	设计意图	时间/分钟
导入新课	播放视频《铁人王进喜》片段,请学生讨论,归纳大庆精神;提出问题"大庆油田之所以能够被找到是源于我校的一位石油地质学家提出的'陆相生油'理论,同学们知道是哪位石油地质学家吗?"让我们一起走近潘钟祥	结合视频,引导学生学习大庆精神,了解地大人的找油事迹,真正了解老一辈科学家的精神品质	3
简介教学目标	教师向学生简要介绍本次教学要达到的目标	使学生对本次教学目标有准确的把握	2
呈现教学材料,引导学生学习	知识点一:社会主义工业化的起步 首先,播放视频《档案》《"一五"计划制定过程全揭秘》片段,介绍"一五"计划的制定过程,强调"一五"计划较好地处理了重工业与轻工业、沿海与内地、城市与农村等我国经济建设中的几个重大关系。 其次,播放记录片《正道沧桑——社会主义500年》第13集《激情岁月》,讲授"一五"计划的实施过程。 最后,结合案例三和视频《辉煌六十年》第2集《奠基立业》,展示"一五"计划取得的成果	使学生掌握"一五"计划的提出、实施以及成就	35
	知识点二:国民经济调整和"四个现代化"战略目标的制定 首先,播放视频《周恩来》第6集《曲折之路》片段,讲清国民经济调整的"八字方针"。 其次,播放记录片《我们走在大路上》第7集《艰辛探索》片段,讲清七千人大会的召开及其积极作用。 最后,播放视频《在那遥远的地方》第26集片段,结合案例二,讲清"四个现代化"战略目标的提出和战略构想以及重要意义	引导学生了解中共中央在调整国民经济方面作出的努力	

教学步骤	教学内容	设计意图	时间/分钟
呈现教学材料,引导学生学习	知识点三:全面建设社会主义的成就 首先,播放记录片《国家记忆》《大国钢铁-坎坷三线路》,展示社会主义建设时期的主要成就,即建立了独立的比较完整的工业体系和国民经济体系。 其次,通过1949—1976年人均粮食占有量的变化数据和图片展示,说明社会主义建设时期人民生活水平的提高。 再次,播放记录片《红星照耀中国》中的《铸法长治》片段,说明文化教育医疗科技事业的发展。 随后,结合案例三中潘钟祥参与寻找大庆油田的事迹,讲述在艰辛探索中国国情的社会主义建设道路过程中,形成了跨越时期、历久弥新的时代精神,案例三可结合"大庆精神"进行教学。 最后,播放记录片《国家记忆》中《重返联合国纪实 恢复席位》视频片段,讲清社会主义建设时期,中国国际地位的提高与国际环境的改善	引导学生理解和掌握全面建设社会主义,以及在经济发展、民生发展、时代精神构建和外交发展方面取得的成就。用社会主义革命时期和建设时期形成的时代精神鼓舞学生	
教学小结	教师简要总结本次教学,强调重点内容:中国共产党建设社会主义方面无任何先例可循,完全是"摸着石头过河"。但是在探索社会主义建设道路的过程中,中国共产党带领人民在经济、民生等方面取得了巨大的成就		3
课后作业	请回答"如何理解改革开放前后2个历史时期的相互关系?"要求言之有理,言之有据,写1篇不少于400字的报告	训练学生的归纳总结能力与逻辑思维能力	2

四、教学方法推荐

(1)"抗日战争胜利的原因和意义"的教学适宜运用启发式教学法和专题式教学法。

首先,对于抗日战争胜利的原因,有的同学认为是美国在日本投下了两颗原子弹,才使日本不得不投降,要运用启发式教学法,帮助学生转变错误观点,廓清思路,使其认识到以爱国主义为核心的民族精神是中国人民抗日战争胜利的决定因素,中国共产党的中流砥柱作用是胜利的关键。其次,运用专题式教学法阐明抗日战争胜利的四点意义,以专题式教学法进行教学,使教学逻辑更加清晰,便于学生归类总结。

(2)"国民经济调整和'四个现代化'战略目标的制定"适宜运用案例式教学法和启发式教学法相结合的方式组织教学。

"国民经济调整和'四个现代化'战略目标的制定"共分为3个部分,即国民经济调整、七千人大会、"四个现代化"战略目标。该部分内容知识性较强,建议使用图片、视频等多种方式加以论证,帮助学生理解知识点。同时,教师应在课堂学习中强化启发式教学,在重点知识部分启发学生多思考,并强调不同知识点的重点。

(3)"社会主义工业化的起步"适宜运用专题式教学法和对比式教学法相结合的方式组织教学。

在讲授"一五"计划的制定、实施部分时,应结合过渡时期总路线的"一体两翼"进行分析,工业化是指"一五"计划中工业建设项目,集中在工业建设方面,农业化和资本主义工商业各有特点,建议该部分教学分为不同专题加以讲解,详细讲述各自政策、途径和方法及其成果,并通过对比教学,帮助学生了解其特点与区别。

第十四章 王大纯：开拓青藏科考新领域的地大良师益友

一、教学案例——王大纯

王大纯（1915—2007年），河北丰润人，水文地质学家，地质教育家，中国地质大学教授（图1）。1935年自天津南开中学考入国立清华大学地学系。1938年奔赴延安，被编入中国人民抗日军事政治大学学习。1941于国立西南联合大学复学，并于1943年毕业，任云南盐务管理局技术员。1946年进入国立西南联合大学任教，后随校迁回北京，任教于北京大学地质系。1951年，加入西藏科学工作队随军入藏开展科学考察，为青藏高原科学考察工作打下了坚实基础，为地质事业的发展作出了突出贡献。1953年任教于北京地质学院，主持水文地质及工程地质系的管理和教学工作。他在水文地质与工程地质学科领域辛勤耕耘数十载，在学科建设、人才培养等方面作出了卓越贡献，是我国水文地质学科的开创者和奠基人之一。

图1 王大纯（1915—2007年）

第十四章 王大纯:开拓青藏科考新领域的地大良师益友

心系祖国,入藏科考,王大纯以不畏艰险、不怕牺牲的大无畏精神,为新中国揭开了西藏神秘的面纱;从雅鲁藏布江到喜马拉雅山,行程两万多里的科考足迹,孕育了地大人勇敢坚毅、脚踏实地的品格。他应国家之所需的担当精神、育人不倦的大师风范、甘为人梯的高尚品格,为中国地质人树立了一面旗帜,永远激励着一代代地质人奋勇前进。

(一)案例呈现

案例一:心系祖国,救亡图存显担当

1915年,王大纯出生在河北省丰润县。此时的中国正处于饱受帝国主义列强侵略、革命运动的火焰遍地燃烧、充满苦难又曙光初现的时代。中国青年纷纷高举爱国主义旗帜,将自己的满腔热血投入救国、报国的行动中,青年王大纯就是其中之一。

1935年,王大纯自天津南开中学毕业考入清华大学地学系。入学不久,华北事变爆发,在日本帝国主义占领东北、进逼华北、关乎国家生死存亡的危急时刻,王大纯参加了"一二·九"抗日救亡运动,和广大青年一起为国家的存亡奔走呼告。第二年,又参加了控诉日本侵略、走私、贩毒罪行的"五·二八"天津学生大游行。

卢沟桥的隆隆炮声,点燃了全民族抗战的烽火。具有强烈爱国情操的王大纯决定休学,去走革命的道路,全身心投入到抗战洪流之中。1938年,王大纯冲破了重重障碍和困难,奔赴延安,被编入中国人民抗日军事政治大学学习,接受着革命的洗礼,奠定了他坚定的思想基础(图2)。后经组织安排,王大纯从延安来到西安,随地下党员张锋伯深入陕西农村开展"减租反霸"工作,开展抗日救亡宣传活动,动员民众团结起来抗击日寇。

图2 1939年,在延安中国人民抗日军事政治大学瓦窑堡区大队的王大纯(右一)

1941年,王大纯认识到知识救国、科学兴邦的重要性,决心把自己的抱负和祖国的发展联系在一起。王大纯长途跋涉,辗转奔向大后方,在国立西南联合大学复学,继续未完成的学业。1943年,王大纯从国立西南联合大学毕业(图3),在云南盐务管理局做技术员,后又在滇西做地质调查工作。1946年,王大纯经国立西南联合大学地质系主任孙云铸先生介绍,回到国立西南联合大学地质系任教,后随校迁回北京,任北京大学地质系教员。

图3　1943年,王大纯国立西南联合大学毕业照

1949年,王大纯光荣加入中国共产党,多年夙愿终于实现。此后,他满怀希望地期盼着新中国的成立,坚定不移地跟党走,全力以赴为新中国地质科学事业不懈工作。

案例二:大节悬圭,随军入藏启科考

"一唱雄鸡天下白",在新中国开国大典的礼炮声中,人民解放军继续向华南、西南进军,以雷霆万钧之势扫荡残敌。到1949年底,相继解放闽南地区和广东大部、广西、贵州、四川、云南、新疆、海南。西藏成为中国大陆最后一个待解放地区。

1950年1月1日,新华社发表新中国成立后的第一个元旦社论,向中外宣布,解放西藏是全国解放的重大任务之一。1月2日,毛泽东同志访问苏联之际,在莫斯科致电中共中央,确定以十八军为进军西藏的主力,青海、新疆、云南各出一支兵力"向西藏多路向心进兵",由此拉开了进军西藏、解放西藏的序幕。10月,昌都战役取得胜利。昌都一役,西藏地方武装主力被歼,粉碎了其武力阻挠人民解放军进军西藏的图谋,打开了和平谈判的大门。此后,党中央采取一系列正确方针,经过反复较量和商议,迫使西藏地方谈判代表团最终接受了中央人民政府提出的人民解放军进驻西藏的方针,并于1951年5月23日签订了《中央人民政府和西藏地方政府关于和平解放西藏办法的协议》(简称《十七条协议》)。10月,人民解放军进驻拉萨,西藏和平解放。

为调查研究西藏的地方状况,中央人民政府政务院文化教育委员会指令由中国科学院组织一支西藏工作队随同人民解放军入藏,目的是进行自然科学、社会科学、文化艺术、医药卫

第十四章 王大纯：开拓青藏科考新领域的地大良师益友

生等方面的科学考察,为中央帮助西藏地方发展经济文化建设事业提供参考资料。

1951年6月,科学工作队分为农业、地质、社会科学、医药卫生四个组,兵分四路各自进行考察。地质组一共九人,由李璞兼任组长,成员包括王大纯、崔克信、朱上庆、张倬元等地质专家。新中国成立前,对青藏高原的科学研究几乎处于空白状态,只有极少数的外国探险家、传教士到过此地区,收集过一些零星资料,西藏的地质情况几乎不为人知。

此次科学考察备受重视,工作队先后听取了时任政务院副总理、中央文化教育委员会主任、中国科学院院长郭沫若的动员报告和中国科学院副院长、著名地质学家李四光的深情嘱托,进藏途经重庆时还受到了邓小平等西南军政委员会首长们的接见。

在山高谷深路险、气候恶劣多变、交通极其不便的情况下,工作队随身携带着计步器、气压表、罗盘等最基础的工具,横穿四条崇山峻岭,跨过波涛汹涌的河流,靠骑马和步行来到了西藏这片神秘沃土。大雪封山,大家以牦牛开道,在雪墙中拱出一条路,合力翻越积雪皑皑、海拔5000米以上的高山。深山密林常有土匪出没,东来的康巴商人的骡帮驮队常遭打劫,每遇骡帮,对方都愿与工作队结伴而行。地质组涉激流险滩、爬冰卧雪、风餐露宿,先后在昌都、波密、拉萨、黑河、山南、日喀则等地区进行了考察,考察范围东起金沙江,西抵珠穆朗玛峰所在的定日县,南到雅鲁藏布江南羊卓雍湖区,北至藏北高原东部色林错(图4)。

王大纯此次考察的路线一条到亚东,另一条到珠峰山脚。在李璞和王大纯的倡导下,地质组成员特别重视标本采集,纵使每天爬山行路再累,也不忘背回沉甸甸的标本,这些标本为西藏东部地层的研究奠定了坚实基础。

图4 1952年,王大纯在珠穆朗玛峰地区开展科学考察

工作队历时18个月,于1953年9月返回北京。此次调查,地质组考察工作以寻找有用矿产为重点,他们调查了近100个矿点,发现了20余种有用矿产,绘制了6幅1∶50万的西藏东部路线地质图,1幅1∶300万的西藏东部矿产分布图,编著了《西藏东部地质及矿产调查资料》,对西藏东部的地层、岩浆活动、地质构造和矿产资源等进行了调查研究,填补了对这一

地区地质认识的空白。这次科考是现代科学以具象的方式与青藏高原的第一次对话,开创了我国西藏雪域高原综合科考的先河。中国青藏高原科考领军人孙鸿烈院士这样评价,这些考察成果"为后来西藏的地质研究与找矿工作奠定了基础,对促进西藏工矿事业的发展起了重要作用"(图5)。

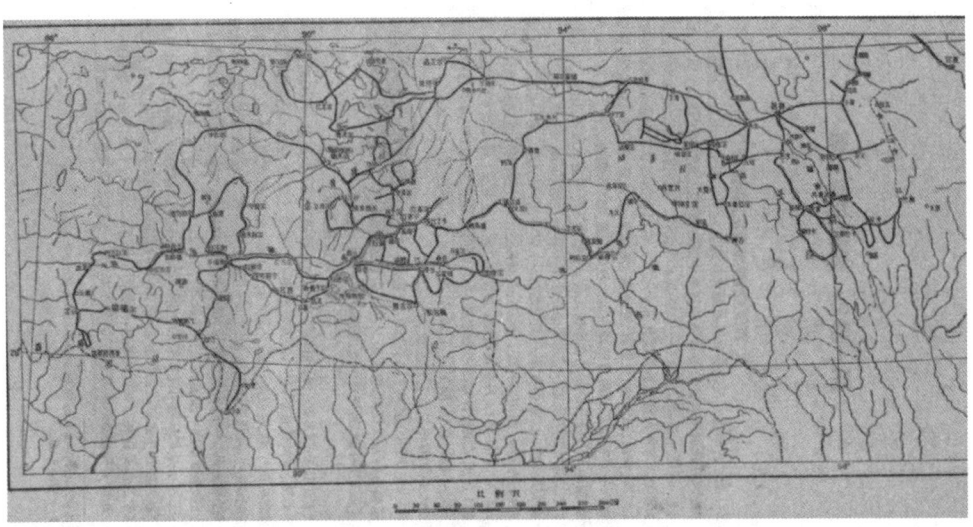

图5　西藏工作队调查路线图(1951—1953年)

案例三:博通天地,水文地质筑基石

1953年,王大纯从北京大学地质系来到刚组建的北京地质学院任教。彼时的中国,水文地质学几乎是一张白纸。北京地质学院应国家所需,开办了水文地质与工程地质这一全新学科。在学科教师匮乏的情况下,王大纯鼓起勇气,毅然挑起了水文地质教学和科研的重担。从此,他的人生和我国水文地质学的发展紧紧联系在了一起。从学科创建到教材编写,我国水文地质学科的一次次空白填写和历史性突破都有他的身影。

1954年,王大纯正式主持北京地质学院水文地质及工程地质系的管理和教学工作(图6)。他夜以继日地学习,抓紧一切时间从苏联经验中寻找适合水文地质学学科建设的方法。他以求真务实的精神尊重、信任、团结同事们,大家齐心协力,既积极吸取苏联的教育思想和学科理论,又不盲从,而是结合国内实际,取其精华为我所用。在他的带领下,参照苏联专家讲授的"水文地质学"以及对建系工作的意见和建议,加强与兄弟院校特别是生产单位的联系和合作,很快就建成了各类实验室,开出了一门门新的专业课,系、教研室和教学工作均有条不紊地开展,培养了一批我们自己的水文地质、工程地质骨干师资力量,同时为兄弟院校和生产单位培养了一批水文地质及工程地质专业的教学和科技人才。

王大纯十分重视教员与学生基础地质知识的学习,他认为无论是水文地质还是工程地质,根都是基础地质,不牢牢掌握基础地质,水文地质与工程地质是搞不好的。在教学计划

第十四章 王大纯：开拓青藏科考新领域的地大良师益友

图 6　1956 年，北京地质学院水文地质及工程地质专业第一届毕业生毕业合影（第一排右十一为王大纯）

中，他主张走教学、生产和科研三结合的路子，无论什么时候都不削弱基础地质教学与实习的比重。1962 年，学校经费严重不足，无法安排学生去外地生产实习。王大纯就将 1959 级与 1960 级共 480 名学生分成两个大队，到京郊南口和大石河进行教学与生产实习，利用当地丰富的地质现象，扎扎实实培养了学生的野外实践能力。

深入浅出、以少胜多、寓深邃于平实，是王大纯编撰教科书的一贯追求与特色。1960 年，他主编了我国第一部水文地质教科书《普通水文地质学》，该书的出版结束了我国高等学校水文地质专业完全使用苏联教材的历史，奠定了中国水文地质学科走自主发展道路的开端。1980 年，王大纯又以全新的思路为指导，以多年研究得出的系统理论为纲，完成了《水文地质学基础》教材的编写，该教材于 1988 年荣获国家教委颁发的全国高等学校优秀教材奖。他编写的两本教材于 1988 年、1992 年两次荣获地质矿产部高等地质学校优秀教材一等奖，成为我国水文地质学科的经典著作。几十年来，这两本水文地质学教材在高校一直广为沿用（图 7）。

王大纯是新中国成立后由政府批准的第一批教授职称获得者，是我国水文地质专业的第一位教授，首批博士生导师，也是首批国务院政府特殊津贴获得者。他从 1954 年就开始指导研究生，注重学生独立思考和创新能力的提高，要求学生一定要有自己的见解，不能一味重复前人的看法（图 8）。

王大纯不仅是一位严师，也是一位和蔼可亲、善于理解和关怀学生与同事的朋友。在日常生活中，他平易近人，没有专家、领导架子。每当学生野外实习归来，他首先关心学生在生活方面有何困难，理论与实践上有什么心得，发现什么新问题以及急需解决什么问题等，然后指导下一步应注意的事项。他常给身边的同志创造学习和成长的机会，全国性或地区性的专业会议、重大学术活动经常邀请他参加，他总是把机会提供给系里的教师，根据研究所长和不同情况，有时亲自带去参加，有时单独派往参加。

"王大"之名早在他的学生时代就已经成为同学们对他的敬称。这不仅与他身材高大、手大脚大有关，更重要的原因是他为人大气，高瞻远瞩，顾全大局，处事大方，大智大勇。他性情豪爽，不拘小节，心胸宽广，待人诚恳，平易近人，同事朋友们也都亲切地叫他"王大"，将他视为良师益友。

他治学严谨、求真务实、勇于开拓、诲人不倦,在水文地质与工程地质教育战线上奋斗60余年,桃李满天下,培养了一大批博士、硕士及本科毕业生,很多学生已成为国家栋梁、社会精英、资深学者。

图7 王大纯主编的教材及优秀教材获奖证书

图8 1987年,王大纯(前排左二)与毕业硕士研究生合影

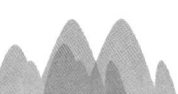

（二）案例点评

20世纪初，一批先进的中国知识分子认为"欲图根本之救亡"，必须改造中国的国民性，他们决心发起一场新的启蒙运动，将人们从封建思想的束缚中解放出来，于是兴起了新文化运动。新文化运动在社会上掀起了思想解放潮流。此后，中国青年纷纷高举爱国旗帜，王大纯便是其中的一员。

案例一中，王大纯在考入清华大学之后，先后参加"一二·九"抗日救亡运动、"五·二八"天津学生大游行，为民族危亡奔走呼告，尽显青年之担当。热烈的爱国之情让他决定休学，冲破重重困难奔赴延安，进入中国人民抗日军事政治大学学习，接受革命洗礼；他紧随党的号召，开展"减租反霸"工作，动员民众抗击日寇，以义无反顾的姿态投入民族独立的战斗之中。意识到知识救国的重要性后，长途跋涉前往国立西南联合大学复学，钻研地质报效祖国。

案例二讲述了王大纯不畏艰险、不惧挑战开创我国西藏科学考察之先河的事迹。1951年，西藏和平解放，王大纯作为西藏科学工作队的考察队员，带着简陋的设备，穿越雪域险滩，克服道路崎岖、气候恶劣、交通不便的种种困难，完成了寻找有用矿产、收集地质资料等重要任务，为祖国地质事业的发展作出了突出贡献。王大纯的精神激励着一代又一代专家学者奔赴西藏，用他们的青春、汗水为探索"地球第三极"贡献力量。

案例三展现了王大纯治学以信、纯正似璞、求真务实、诲人不倦的人生态度。他是我国水文地质学的奠基人，从学科创建到教材编写，他一次次地创造历史；他是德馨育人芳满园的大先生，甘为人梯，诲人不倦，为祖国地质事业培养栋梁之才；王大纯的一生都在为我国水文地质科学事业的发展尽心竭力，他把对国家科学事业的忠诚与责任书写在奉献中，对推动我国水文地质学的发展作出了不可磨灭的贡献。

（三）教学建议

案例一适用于第六章第四节第四目"抗日民主根据地的建设"的教学。教师通过对抗日民主根据地政治、经济、文化建设的介绍，强调中国共产党的优良作风是取得成功的重要条件，从而引出"中国的希望在延安"。通过王大纯克服重重困难，前往革命者向往的"圣地"延安进入中国人民抗日军事政治大学的经历，帮助学生了解抗日民主根据地建设的背景、特点和意义，强调抗日根据地是认真贯彻和实现全面抗战路线、争取胜利的坚强阵地；同时，介绍延安精神的内涵和历史地位，引导学生传承和弘扬延安精神。

案例二适用于第八章第一节第二目"捍卫巩固新政权的斗争"的教学。教师通过讲述新中国成立之初王大纯参与国家西藏科学考察工作的经历，讲清新中国和平解放西藏、完成民主革命遗留任务的过程与意义。以王大纯为代表的地质学家用青春、汗水、知识为探索"地球第三极"贡献科研力量，把为祖国富强、民族振兴、人民幸福贡献力量作为毕生追求，引导学生心怀爱国之情，秉持科技报国理想，笃行报国之志。

案例三适用于第八章第一节第二目"捍卫巩固新政权的斗争"的教学。新中国成立初期，北京地质学院应国家所需，开办了水文地质与工程地质这一全新专业，王大纯夜以继日地学习，从苏联经验中寻找适合水文地质学科建设的方法，为祖国培养造就了一批地质骨干力量。通过王大纯勇挑重任的故事，让学生认识到中国人民在中国共产党的领导下众志成城、无私奉献的家国情怀。

二、教学分析

（一）教学目的

（1）通过案例一的学习，引导学生认识到全面抗战路线和持久战方针的形成及其重要意义；从"三三制"民主政权建设、发展生产和文化建设与干部教育三方面阐释抗日民主根据地的建设；深刻理解延安精神的主要内容与重要作用，认识到延安精神是中华民族优良传统的继承和发展，是我们党的性质和宗旨的集中体现。

（2）通过案例二的学习，帮助学生巩固理解新中国成立的伟大意义，新中国的成立彻底结束了半殖民地半封建社会的历史，中国人民从此成为国家、社会和自己的主人；同时，帮助学生了解新中国成立初期中国共产党和人民政府面临的困难与考验。

（3）通过案例三的学习，引导学生了解面对新中国成立时的种种困难和严峻考验，中国共产党和人民政府有条不紊地领导全国各族人民进行巩固新政权、建设新中国的伟大斗争；中国共产党经受得住考验，所取得的成就为领导人民进行有计划的经济建设和有系统的社会主义改造创造了重要的条件。

（二）教学重难点

（1）中国共产党是中国人民抗日战争的中流砥柱（重点）。
（2）中国人民抗日战争胜利的意义（重点）。
（3）党在过渡时期的总路线（重点）。
（4）正确认识社会主义基本制度确立的重大意义（难点）。
（5）全面建设社会主义的成就（重点）。

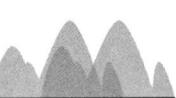

三、教学思路与方案设计

(一)教学思路

案例一适用于第六章第四节第四目"抗日民主根据地的建设"的教学。通过介绍《红星照耀中国》一书与陈嘉庚先生访问延安的故事,提出"回望历史,'到延安去'之所以会成为一代青年的心灵呼唤和强烈愿望,是何原因?"的问题。引导学生积极思考,参与讨论,共同探索历史真相。在"抗日民主根据地的建设"的教学中,借助《百年百篇 留声复兴之路》第77期《1945年黄炎培提出"周期率"问题,"窑洞对"中毛主席这样回答》,讲清"历史周期律"是什么,如何才能跳出"历史周期律",讲清"延安精神";在根据地经济建设部分,重点讲清张思德精神、南泥湾精神;通过地质科学家王大纯在国家生死存亡之际,毅然选择走上革命道路,进入中国人民抗日军事政治大学学习,投入救国、报国的行动,带领学生逐步分析延安之所以成为革命者向往的"圣地"的原因和根据地的文化建设与干部教育的成功之处,得出"延安作风"必然打败"西安作风"的结论,最终得出"中国的希望在延安"。

案例二适用于第八章第一节第二目"捍卫巩固新政权的斗争"的教学。通过视频《中国地质大学(武汉)第二次大学生长江源科考》引入课程,以"同学们知道最早参与西藏科学考察工作的地大人是谁吗?"为题向学生提问,并启发学生对校史红色故事进行探寻。在"新中国成立初期面临的考验"教学中,以视频《我和我的祖国》"前夜"单元片段,讲述在党和人民群众共同努力之下开国大典顺利进行的故事,结合新中国成立时的历史背景与世界局势,讲清新中国成立的重要意义;通过元旦社论《完成胜利,巩固胜利——迎接一九五〇年元旦》中提出的主要任务,结合案例二回答引入问题,引导学生学习和分析此时期新中国面临的困难和考验。

案例三适用于第八章第一节第二目"捍卫巩固新政权的斗争"的教学。借助《中央人民政府和西藏地方政府关于和平解放西藏办法的协议》讲清完成革命的遗留任务部分内容,以《关于统一国家财政经济工作的决定》讲清党在领导国民经济恢复工作中建立起集中化统一的国家财政管理体制。通过案例三展现科教文卫事业除旧布新,以解放海南岛战役和抗美援朝英雄罗盛教、杨根思的英勇事迹彰显抗美援朝精神,证明正义必定战胜强权,和平发展是不可阻挡的历史潮流,最后解读关于整风运动的指示和决议,引导学生认识始终加强自身建设是百年大党风华正茂的根本原因。

(二)教学方案

1. 教学方案一(适用于案例一)

教学步骤	教学内容	设计意图	时间/分钟
导入新课	介绍美国记者斯诺的作品《红星照耀中国》。这本20世纪30年代出版的纪实文学作品,从多个方面展示了中国共产党为民族解放而艰苦奋斗和牺牲奉献的精神。通过陈嘉庚先生访问延安后感慨"中国的希望在延安"的故事,向学生提问:"回望历史,'到延安去'之所以会成为一代青年的心灵呼唤和强烈愿望,是何原因?"	以图书《红星照耀中国》和陈嘉庚的感慨作为课程导入,提出问题,引导学生探索背后的原因。引发学生的讨论,在思想碰撞中还原历史真相	5
简介教学目标	教师向学生简要介绍本次教学要达到的目标	使学生对本次教学目标有清晰的认识	2
呈现教学材料,引导学生学习	知识点一:抗日民主根据地的建设 首先,介绍"三三制"民主政权建设,介绍根据地政权是共产党领导的抗日民族统一战线性质的政权,借助《百年百篇 留声复兴之路》第77期《1945年黄炎培提出"周期率"问题,"窑洞对"中毛主席这样回答》,讲清黄炎培认为的"历史周期律"是什么,如何才能跳出"历史周期律",讲清民主新路是正确道路,讲清延安精神,人民是党的工作的最高决策者和最终评判者。 其次,介绍"减租减息"政策与大生产运动,以南泥湾开垦为"陕北江南"、朱德成立生产小组开垦菜地三亩、毛泽东同志在张思德追悼会上的演讲《为人民服务》的事例,讲清抗日民主根据地的经济建设情况,强调张思德精神、南泥湾精神,正是根据地军民克服各种困难,为坚持抗战、争取胜利奠定了物质基础。 最后,以1938年王大纯冲破重重障碍奔赴延安进入中国人民抗日军事政治大学学习,后跟随地下党员张锋伯深入陕西农村开展"减租反霸"工作,开展抗日救亡宣传活动,动员民众团结起来抗击日寇的事迹,分析延安之所以成为革命者向往的"圣地"之原因,对比"延安作风"与"西安作风"的天壤之别,讲清根据地的文化建设与干部教育的成功之处	使学生认识到"中国的希望在延安"的正确性与中国共产党取得成功的历史必然性,引导学生理解和掌握延安精神、张思德精神、南泥湾精神,继承和弘扬党的优良品质与伟大精神	33

第十四章　王大纯：开拓青藏科考新领域的地大良师益友

教学步骤	教学内容	设计意图	时间/分钟
呈现教学材料，引导学生学习	知识点二：大后方的抗日民主运动和进步文化运动 首先，讲述1937年中共中央长江局成立到1939年中共中央南方局于重庆成立的过程，突出其工作性质、工作方式、工作内容，并介绍在国民党统治区开展的批评国民党一党专政的宪政运动。讲清抗日战争期间中国共产党在国民党统治区开展的促进团结抗日的卓有成效的工作。 其次，通过展示中华全国文艺界抗敌协会成立时的合影老照片，讲述中华全国文艺界抗敌协会成立前后的故事，强调中国文化界不分左右，同仇敌忾、共赴国难的史实，讲清抗战文化工作的开展情况与成效	引导学生了解抗日战争期间中国共产党在国民党统治区的工作，强调其作为全民族抗日战争中的一条重要的战线，对激发大后方人民的爱国民主意识、坚持国共合作团结抗战发挥了重要的作用	
教学小结	教师简要总结本次教学，并强调重点内容：抗日民主根据地认真贯彻和实现全面抗战路线，中国共产党在国民党统治区开展了大量有效工作，都生动证明了中国共产党是抗日战争的中流砥柱		3
课后作业	要求学生在《新华日报》周刊、《群众》周刊、《屈原》话剧中选择其一，对其创刊或创作过程进行了解，梳理其在国民党统治区所产生的影响，并写1篇不少于400字的学习心得	引导学生巩固课堂所学知识，锻炼信息获取的能力，提升归纳总结的能力	2

2. 教学方案二（适用于案例二、三）

教学步骤	教学内容	设计意图	时间/分钟
导入新课	播放《中国地质大学（武汉）第二次大学生长江源科考》，向学生提问："地大在长江源科考工作中选拔大学生队员参与科考任务，同学们知道最早参与西藏科学工作队的地大人是谁吗？"以案例二引入，讨论"王大纯为什么要在此时参加科考工作？他为西藏科学考察工作作出了哪些贡献？"	结合材料，以问题引发学生思考，加强学生对我校红色人物的了解，激发学生对该段历史的兴趣，引入课堂教学	5
简介教学目标	教师向学生简要介绍本次教学要达到的目标	使学生对本次教学目标有准确的把握	2

教学步骤	教学内容	设计意图	时间/分钟
呈现教学材料，引导学生学习	知识点一：新中国成立初期面临的考验 首先，播放视频《我和我的祖国》"前夜"片段，以开国大典前夕电动旗杆设计安装者林治远及千万工作人员、人民群众排除万难保障五星红旗顺利飘扬在天安门广场上空的故事，重现开国大典的盛况，讲清新中国成立的重要意义。 其次，介绍新中国成立后的第一个元旦社论《完成胜利，巩固胜利——迎接一九五〇年元旦》，带领学生了解社论中提出的1950年应当执行的主要任务，结合案例二王大纯参与青藏高原科学考察的事迹，分析新中国成立初期面临的考验及亟待解决的困难，借此讲清新中国在政治、经济、外部环境和执政党建设四个方面面临的考验	引导学生深入了解新中国成立的意义与新中国成立初期面临的复杂形势与种种困难，强调如何维护新生政权仍然是中国共产党当时需要解决的重要问题	
	知识点二：捍卫巩固新政权的斗争 首先，展示《中央人民政府和西藏地方政府关于和平解放西藏办法的协议》图片资料，通过介绍协议内容与签订背景，从基本完成祖国大陆统一任务、召开地方各级各界人民代表会议等方面阐述新中国成立初期完成了民主革命的遗留任务。 其次，通过介绍1950年3月政务院《关于统一国家财政经济工作的决定》的背景与内容，讲清党在领导国民经济恢复工作中建立起集中化统一的国家财政管理体制。 再次，通过案例三与王大纯参与西藏考察队的经历，回应课程导入问题，进而介绍随着国民经济恢复和经济建设的开展，教育科学文化卫生事业除旧布新。 随后，播放记录片《国家记忆——解放海南岛战役 决胜全岛》片段，《国际时讯》节目中《罗盛教：不朽的国际主义精神丰碑》片段，通过讲述解放海南岛的过程与抗美援朝战争中中国人民志愿军的英雄事迹，阐释新中国成立之初党带领人民巩固了民族独立，维护了国家主权和安全。 最后，解读《关于在全党全军开展整风运动的指示》和《关于增强党的团结的决议》，讲清新中国在成立初期是如何加强中国共产党自身建设的	使学生通过学习新中国成立初期巩固政权所进行的斗争，认识到这些工作与成就为中国共产党领导人民进行经济建设与社会主义改造奠定了重要基础，认识到中国共产党和人民政府是能够经受住执政考验的；引导学生认真学习先辈事迹，感悟伟大抗美援朝精神，弘扬爱国主义和艰苦奋斗精神，积极为祖国发展贡献青春力量	33

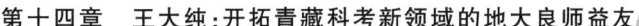

第十四章　王大纯：开拓青藏科考新领域的地大良师益友

教学步骤	教学内容	设计意图	时间/分钟
教学小结	教师简要总结本次教学，强调重点内容：面对新中国成立初期的考验与困难，中国共产党和人民政府采取积极的政策与措施，领导全国各族人民进行巩固新政权、建设新中国的伟大斗争		3
课后作业	要求学生学习中国共产党人的精神谱系，重点介绍一种精神，并说明作为新时代的青年，我们应当如何弘扬社会主义革命和建设时期形成的历久弥新的时代精神，提交一篇感悟，不少于500字	训练学生自学能力与问题意识，使青年学生从对精神谱系的学习中有所收获	2

四、教学方法推荐

（1）"抗日民主根据地的建设"的教学适宜运用比较式教学法及案例式教学法。

这部分通过图书《红星照耀中国》与陈嘉庚先生访问延安的感慨引入课程，在学生心中留下"延安"疑问，带着问题学习抗日民主根据地民主政权建设、经济建设和文化建设，通过"延安作风"与"西安作风"的对比，使学生充分掌握抗日民主根据地建设的本质。以"窑洞对"、南泥湾开垦、"为人民服务"、王大纯走革命道路前往中国人民抗日军事政治大学学习的具体案例帮助学生全面理解和把握抗日民主根据地建设内容，引导学生学习和传承"延安精神""南泥湾精神""张思德精神"。

（2）"捍卫巩固新政权的斗争"适宜运用专题式教学法以及案例式教学法相结合的方法组织教学。

本部分适宜采用专题式教学法，本部分涉及很多具体的历史事件，在讲授过程中，还需要结合大量真实的案例、视频进行辅助教学。例如，通过《中央人民政府和西藏地方政府关于和平解放西藏办法的协议》引导学生认识到，没有中国共产党为西藏和平解放的坚持不懈就没有今天西藏的和平稳定；通过王大纯的案例，带学生了解国民经济与科教文卫事业的发展；通过《国际时讯》节目中《罗盛教：不朽的国际主义精神丰碑》片段让学生明白没有这场立国之战，就没有新中国的稳定，告诫学生要铭记历史，常怀感恩之情。

第十五章 彭志忠：在科学的春天里绽放异彩的创派宗师

一、教学案例——彭志忠

彭志忠（1932年9月—1986年3月31日），湖北天门人（图1）。1949年考入清华大学地质系，毕业后留校任教。全国院系大调整时，他调到北京地质学院矿物教研室工作，先后任北京地质学院结晶学及矿物学助教、讲师、副教授，武汉地质学院教授，武汉地质学院北京研究生部中心实验室主任、矿物晶体结构和晶体化学研究室主任。彭志忠1983年加入中国共产党，曾任第三、五、六届全国人大代表，国际结晶学联合会结晶学教学委员会顾问等。

彭志忠首次测定了世界上复杂的葡萄石晶体结构。他的这一成果，冲破了统治国际科学界20多年的硅酸盐晶体结构分类体系，震惊了国际结晶学界，被国际结晶学权威誉为"不寻常"的成就。1958年，他测定了我国发现的第一个新矿物香花石的晶体形态。后来不断测定了硼镁石、索伦石、钡闪叶石、斜方闪叶石等20多种矿物的晶体结构。研究结果的发表，使我国矿物晶体结构的研究水平处于世界前列。彭志忠的名字也因此被列入《世界结晶学家名录》。

图1　彭志忠（1932—1986年）

第十五章 彭志忠:在科学的春天里绽放异彩的创派宗师

1986年3月31日,彭志忠因肝癌在北京病逝。在彭志忠病重期间,地质矿产部政治部授予彭志忠"特等劳动模范"称号,国家科委、地质矿产部也下发了关于向彭志忠同志学习的决定,"向彭志忠同志学习"活动全国范围内展开。

(一)案例呈现

案例一:在科学的春天里绽放异彩

"'日出江花红胜火,春来江水绿如蓝。'这是革命的春天,这是人民的春天,这是科学的春天! 让我们张开双臂,热烈地拥抱这个春天吧!"①这出自中国科学院院长郭沫若在1978年全国科学大会上以《科学的春天》为题作的书面发言。他饱含激情地称颂:"科学的春天到来了!"道出了中国千千万万知识分子劫后余生的喜悦和献身科学的豪情。

1978年3月18日至31日,是春回大地、万物复苏的时节,全国科学大会在北京人民大会堂隆重举行(图2)。这是粉碎"四人帮"后,国家在百废待兴形势下召开的一次重要会议,是新中国成立以来第一次关于科学发展的会议,也是在我国科技发展史上一次具有里程碑意义的空前盛会。邓小平同志在会上号召要向科学技术现代化进军。

5500多名来自全国各个领域的科技工作者出席了盛会,在这批出席代表中,有一位意气风发刚过45岁的学者,他就是享誉世界的科学家和地大矿物结晶学创派宗师彭志忠教授。

在大会开幕式上,邓小平同志发表了振奋人心的讲话,他明确指出:"四个现代化,关键是科学技术的现代化。"他还强调:"现代科学技术正在经历着一场伟大的革命。近三十年来,现代科学技术不只是在个别的科学理论上、个别的生产技术上获得了发展,也不只是有了一般意义上的进步和改革,而是几乎各门科学技术领域都发生了深刻的变化,出现了新的飞跃,产生了并且正在继续产生一系列新兴科学技术。现代科学为生产技术的进步开辟道路,决定它的发展方向。"他还深情地向与会的科技工作者们表示:"我愿意当大家的后勤部长。"②

大会举行了隆重的颁奖仪式,表彰了新中国成立以来全国各条战线涌现出来的7657项科研成果,表彰了826个先进集体和1192名先进科技工作者。武汉地质学院受到表彰的重大科技成果28项,其中由武汉地质学院独立完成的成果6项,与兄弟单位合作完成科研成果22项。彭志忠被评为先进科技工作者,他领导的实验室获先进集体奖。在武汉地质学院独立完成的6项获奖成果中,彭志忠领衔的成果有2项。武汉地质学院被授予10份奖状,其中有4份是颁给彭志忠的,占比40%(图3)。武汉地质学院获奖数量居于湖北省乃至全国高等院校前列。这是对我校武汉地质学院时期办学水平的充分肯定、鼓励和鞭策,也是对彭志忠的莫大肯定和鼓舞。这次大会包括我校在内的全国科教工作者的积极性、创造性被激发出来,只争朝夕、奋发图强,为早日实现科学技术现代化而奋斗的氛围很快浓厚起来。

---

① 郭沫若:《科学的春天》,《人民日报》1978年4月1日,第3版。
② 邓小平:《在全国科学大会开幕式上的讲话》,1978年3月18日;《邓小平文选》第二卷,北京:人民出版社,1994年,第86、87、98页。

图 2 第一次全国科学大会会场

在1978年全国科学大会上由武汉地质学院独立完成的获奖科研成果	
项目名称	项目负责人
矿物晶体结构	彭志忠教授
我国发现一批新矿物	彭志忠教授
中国东部前寒武纪大地构造发展样式	马杏垣教授
工艺岩石研究	苏良赫教授
等时角法精密快速联测天文时间、经纬度和方位角	游永雄教授
DDW-1型无参考线虚分量仪	许洪海教授

图 3 1978年武汉地质学院独立完成的全国科学大会获奖科研成果

怀着"中国人在科学上要站起来"梦想的彭志忠,在20多年的钻研中,凭着一股子干劲儿和韧劲儿,攻克了一个又一个科研难关。彭志忠用深厚的积累和科研功底孕育出了磅礴的生命力和创造力,他用无数时间和心血、梦想和执着结出的丰硕成果,被春风吹散了阴霾与蒙尘,绽放出绚丽的光彩。

宝剑锋从磨砺出,梅花香自苦寒来。在"文化大革命"中,科教领域是受冲击最大、破坏最严重的领域之一。许许多多科研工作不得不停滞,一大批科学家无法正常开展科研活动。彭

第十五章 彭志忠：在科学的春天里绽放异彩的创派宗师

志忠也不能幸免。在历史的风云中，彭志忠因埋头研究被批走"白专道路""彭志忠道路"。尽管形势严峻，有着种种挫折和磨难，但他始终初心不改，深耕科学的沃野，在惊涛骇浪的冲击下和孤独的坚守中，不畏浮云遮望眼，荣辱负重自奋蹄，坚定不移地走在科技报国的志趣大道上，书写了一位顶尖科学家对国家科学事业的忠诚与担当。

春光不负赶路人。全国科学大会的召开，给彭志忠送来了人生再度绽放光彩的东风。他迎着这和煦的春风踏上科研新征程，继续以初心如磐的赤子状态，在无限的矿物结晶学领域里全力奋战、步履不停。

在科学的春天里，中国的科教事业开始展现出百花齐放、欣欣向荣的景象。"振兴中华，乃我辈之责"，此时的彭志忠激情满怀，擎旗奋进，和改革开放的中国一起赶超世界。他以目标笃定、迎难而上、百折不挠、心无旁骛、静谧自怡的科研精神，以淡泊名利、甘于奉献的高尚情操，以大无畏的勇气和不怕苦、不怕累、不服输的斗志，为中国晶体学攀登世界科学高峰书写了可歌可泣的壮丽篇章，助力中国晶体学研究领域成就了"短短30年，超越上百年"的科学奇迹。彭志忠把爱国之情、报国之志融入了刻苦钻研世界科学前沿和科技自立自强的事业，为中国地质大学树立了一座永葆初心、矢志报国的精神丰碑，鼓舞和激励着一代代地大人攻坚克难、勇攀科学巅峰。

案例二：首创硕果惊世界

1932年，彭志忠出生于湖北省天门县。此时的中国，正在被日本一步步侵略。饱受战火欺凌的祖国山河，在少年彭志忠的心中留下了深刻记忆，也成为他后来不畏艰辛、攻坚克难的强大动力。能为国家和民族做一点事，这是彭志忠的最大愿望。

1949年，那在华夏土地上燃烧的战火终于熄灭。彭志忠拼尽全力背水一战，毅然报考清华大学地质系，以求成才报国，从事对国家建设至关重要的地质事业。

彭志忠到周口店、十三陵、开平、大同、宣化、张家口等地实习时，被大自然丰富生动的地质现象迷住了。选择地质，最初是因为想要在关键领域有所成就、肩负起国家富强的重任。正式接触后，彭志忠爱上了它，大好河山的征途，闪耀着中华民族的荣光。

彭志忠开始对所学专业课程产生浓厚兴趣。在开平盆地实习时找到了许多古生物化石，从此痴迷于古生物学，不觉得枯燥无味；听教授讲授结晶矿物学，奇妙的矿物标本所反映出的物理化学现象又吸引了他。他十分刻苦，悟性很高，爱动脑子，不仅很快掌握了实习课上教的鉴定方法，自己还摸索出别的方法测出同样的光学常数。

彭志忠与结晶矿物学的结缘得益于余瑞璜先生。余瑞璜先生是著名物理学家，被国际晶体学界誉为国际一流的晶体学家，曾在1942年创立了X射线晶体结构分析新综合法。大学期间，彭志忠就经常到物理系听余瑞璜教授讲课，在听了余瑞璜教授的一次报告后，他就对矿物晶体结构产生了兴趣。为此，他到图书馆查阅了有关矿物学的文献，看到上面选用的晶体结构模型全是外国人做出的，他想：书上哪怕有一个晶体结构模型是中国人做出的也好呀！

彭志忠痛惜我国结晶矿物学几乎空白的现状，这个曾经萌生强国梦的青年，第一次确立了他人生的方向，从此坚如磐石。

心之所向，根之所系。年轻的彭志忠从此自觉扛起让中国晶体学攀登世界科学高峰的担子，毅然行走在科技报国的道路上。

彭志忠将啃科学中的硬骨头作为自己的目标。事实上，也是这个目标让他在科学的道路上愈战愈勇，誓要登上世界科学殿堂。

1956年，党中央号召向科学进军，彭志忠大胆地选择了在国内从未研究过的"葡萄石的晶体结构分析"作为攻关课题。"葡萄石的晶体结构"也是当时国际尚未攻克的一个难题，被国外矿物学家称为"没有搞清楚的最后一个重要的硅酸盐结构"。他下决心要向着这个高峰攀登。

怀着强烈的探索愿望，彭志忠到北京大学找到唐有祺教授请求指导。

研究攻关开始了，他夜以继日、废寝忘食地工作（图4）。为了挑选一个合格的单晶，他专心致志整整干了30天，按照当时在国际地质学界占统治地位的布瑞格"经典理论"的岛状、链状、层状、架状的四种类型连续进行了四次设计，结果都失败了。半年苦战，终于有了新的发现。他从X光照片上捕捉到一种奇异的现象：葡萄石有几个衍射点和一般的硅酸盐矿物不同。这些不同的衍射点让他仿佛看到了胜利女神在向他招手，诱使他继续苦战了两个通宵。终于，彭志忠有了新的发现，原来葡萄石结构的硅氧骨干与布瑞格经典体系完全不同，它是介于层状和架状之间的过渡类型。经过大量计算验证，他的设想得到了证实。年仅24岁的彭志忠首次测定了复杂的葡萄石晶体结构，攻下了这个世界难题。

他的这一成果，打破了统治国际科学界20多年的硅酸盐晶体结构分类体系，震惊了国际结晶学界，被国际结晶学权威誉为"不寻常"的成就。也是这一成果，在世界矿物晶体结构领域里，出现了中国人的名字，填补了我国在这一方面的空白，为我国在该领域争得了一席之地，坚定了我国地质界赶超世界先进水平的决心。

这一突出成果，让彭志忠蜚声中外。赞扬和歌颂扑面而来，然而彭志忠没有沉浸在成功的

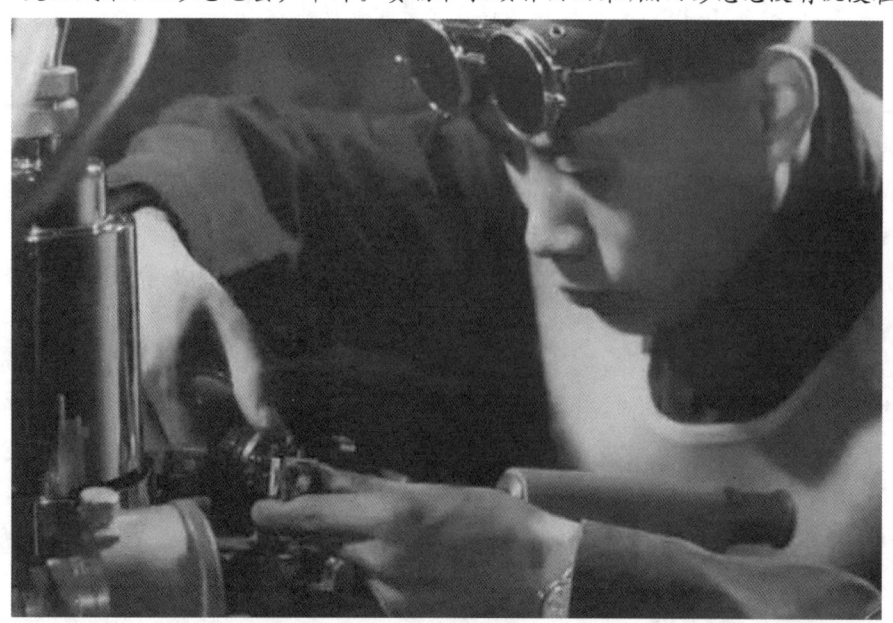

图4　1957年，青年学者彭志忠利用医用X光机改装的仪器首次测定出葡萄石晶体结构

喜悦中,他不断盯着新的攻关目标。"为祖国争得荣誉"的愿望促使他接连不断地取得重要的科研成果。

1958年,他测定了我国发现的第一个新矿物香花石的晶体形态。1962年,完成了塔菲石的晶体结构分析。此后,又不断测定了硼镁石、索伦石、钡闪叶石、斜方闪叶石等20多种矿物的晶体结构。这些成果发表后,没有一个在国际上被否定掉,这使我国研究矿物晶体结构的水平处于世界前列(图5)。彭志忠的名字也因此被列入《世界结晶学家名录》。1978—1985年,彭志忠教授发现了10余项具有重要科学意义的晶体结构现象。

图5　彭志忠为学生讲解晶体结构

岁月见证,当初那个在战火中辗转求学、怀揣"国富强"目标的少年,凭借执着不懈的努力,成为新中国新一代知识分子中当之无愧的佼佼者。他不仅信心十足地立下了这个志向,而且通过目标笃定、心无旁骛地奋斗,攻克了一个个目标。彭志忠有较好的天赋,但他能取得成就,靠的不是天赋,而是"纯粹、执着、务实、专注、忘我"的品格。这十个字,就是彭志忠的成才之道。

案例三:病烛燃尽献佳绩

1986年3月,带着暖意的阳光照进病房,彭志忠躺在医院的病床上,痴痴地望着窗外,惦记着自己的课题。对他来说,晶体研究就是他全部的世界,在这个世界里,有太多的秘密让他着迷、探索。

就在1个月前,医院明确诊断他的病为"肝硬化晚期"加上"肝癌晚期"。组织上要他立即住院,可他一再拒绝,他认为自己正在进行的这项研究比过去所有研究成果的总和还要多,不能停下来。这项课题,在彭志忠眼中,比生命还重要。

早在 1969 年底,学校南迁时,彭志忠被安排到湖北丹江参加搞"校办地质队"。他承担了 3 个班 150 多名学生的综合地质、结晶矿物、晶体光学和造岩矿物课程(图 5),同时还要参加繁重的体力劳动,每天都精疲力竭,饮食也不好,致使肝炎病毒侵入了他的身体。尽管条件如此恶劣,彭志忠仍坚持着矿石研究。

科学的春天到来后,彭志忠在晶体研究道路上更是大放异彩。1980 年,他领导的研究室,被地质部评为"地质找矿重大贡献集体";他们取得的成果,先后获得地质部科技二等奖、内蒙古自治区科技成果一等奖、国家科委颁发的三等及四等自然科学奖。

1983 年,彭志忠实现了多年的夙愿,加入了中国共产党。此后,他更是忘我地工作,连续发表了几篇国际水平的论文。他成为国内著名结晶矿物学家,是 1984 年国家科委批准的有突出贡献的中青年科学家之一。他先后当选为第三届、五届、六届全国人大代表。

在努力攀登科学高峰的路程中,他的光芒越来越璀璨夺目,但身体健康状况却每况愈下。1983 年,彭志忠住院做胆囊切除手术时,医生发现他的肝脏已患结节性肝硬化,要他注意休养和治疗,不然有病变的危险。可彭志忠依然心系工作,他一方面在武汉地质学院主办的《地质科技情报》杂志连续发表文章,系统总结 20 多年来取得的研究成果,介绍国内外科研新信息,一方面带领大家抢时间多出成果、培养人才。

此时,一个国际上正争相研究的"五次对称轴"和"准晶态"重大课题又吸引了他的注意。彭志忠拒绝了组织上多次安排的疗养和住院治疗,奋不顾身地再一次向世界科学高峰进击,用生命为国家抢速度。他在这个既有数学、又有物理,还要引进新的概念、建立新的模型的前沿科学领域里,又着魔了。

他的妻子劝说他逛逛公园,放松脑子。好不容易,彭志忠答应了。他们来到颐和园门前,可是,当他走过小摊时,戛然而止,小摊上的玩具和他脑海中的晶体结构奇妙地融合了。新的灵感在这一刻迸发了。他左挑挑,右拣拣,买了一堆玩具,连公园的门都没进就折身回家。回家后他便伏在桌上拼凑起来,终于做出了一个五对称的新模型。

艰苦的拼搏,终开出一朵绚丽的科学之花。从 1985 年 9 月起,一连四篇闪着奇光异彩的有关"五次对称轴"和"准晶态"的论文陆续发表。科学家们认为,彭志忠在国际上首次提出的"准晶体具有分数维结构"理论和准晶体的两个构造原理,是对物质结构认识的一个突破,影响深远。这些成果在 1985 年 10 月召开的全国第一次准晶体会议上得到确认,并向国内外发表,获地矿部科技成果特等奖。

1985 年 10 月,病魔向他进一步伸出了毒爪,医院查出他的肝脏已出现肝癌信号。可是,他仍在争分夺秒,为祖国科学发展进行最后的一搏。他三次风尘仆仆,到长沙、武汉等地参加重要学术会议,作出内容新颖的学术报告,在北京参加科技成果评审会,主持研究生论文答辩,频频接待来访,赶写学术论文,指导十一名研究生。

他的病情急剧恶化,实在拗不过组织的再三劝说,他才提了一个小包住进医院。昏迷的状况下,他的助手把他的小包打开,才发现这是一包为准备写一篇更为重要的"五对称""准晶体"论文所搜集的资料。

彭志忠躺在医院里,病魔正严重威胁着他的生命。然而,在生命即将燃尽时,他仍还想着他未写完的论文,惦记着那个晶体世界!

第十五章 彭志忠:在科学的春天里绽放异彩的创派宗师

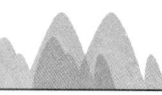

1986年3月30日,《人民日报》第1版报道了国家科学技术委员会、中华人民共和国地质矿产部作出向彭志忠学习的决定。决定指出:"1983年,彭志忠的肝已开始硬化,但仍忘我地工作,在世界上首次提出了'准晶体具有分数维结构'的理论和准晶体的两个构筑原理。但终因积劳成疾,身患重病,目前正在住院治疗。彭志忠十分重视培养人才,始终坚持在教学第一线,以严谨的治学态度培养了一大批高质量的研究生和大学生(图6),在我国形成了一支有较高水平的晶体结构和晶体化学研究队伍。彭志忠学术道德高尚,在学术活动中从不计较名利,尊老举贤,善于团结同志,真诚帮助别人(图7)。他是新中国培养出来的新型知识分子的优秀代表。"①

1986年3月31日,彭志忠病逝于北京。

图6 1986年,彭志忠(前排左一)不顾劝阻带重病参加研究生答辩会

图7 病重期间,彭志忠连续作了七场学术报告,把他的学术思想传给后人

---

① 《人民日报》,1986年3月30日,第1版。

（二）案例点评

粉碎"四人帮"后，党中央采取果断措施，清查清理"四人帮"帮派体系，进一步纠正冤假错案，恢复党和国家正常秩序，人民群众期盼已久的安定政治局面开始形成。1977年7月，党的十届三中全会决定恢复邓小平在1976年被撤销的一切职务。邓小平复出后，主动要求分管科学教育工作，以此作为推动拨乱反正的突破口，他领导批判林彪、"四人帮"鼓吹的"文艺黑线专政论""教育黑线专政论"和"两个估计"，号召尊重知识、尊重人才，强调"科学技术是生产力"，指出为社会主义服务的脑力劳动者，是劳动人民的一部分。从此，党扭转了一度存在的对知识分子的"左"的政策。1978年3月，全国科学大会召开，科学的春天到来了。

案例一展现了全国科学大会给中国科技工作者的代表——彭志忠送来了人生再度绽放光彩的东风。在二十多年的钻研中，彭志忠凭着一股子干劲儿和韧劲儿，攻克了一个又一个科研难关。他用大量时间和心血、梦想和执着，浇灌了累累硕果。在"文化大革命"中，我国科教文卫事业受到严重冲击。许多科研工作陷于停滞，很多科学家无法正常开展科研工作。在这种严峻的情况下，彭志忠依然初心不改，暗暗在科研领域耕耘。他因此也被批判走"白专道路""彭志忠道路"。彭志忠身上体现出来的科学家精神，值得后人永远学习。

案例二讲述了彭志忠教授在科研之路上取得的一系列丰硕成果。中华人民共和国成立以后，大批科学家衷心拥护中国共产党的领导，纷纷投入社会主义建设。彭志忠是新中国培养的科学家，他深知当时中国科研落后的状况，但是从不气馁，敢于啃硬骨头，决心要在科学领域为中国争得一席之地。彭志忠教授是我国在探索适合中国国情的社会主义建设道路中，涌现出的优秀科学家代表。他在我国科研实力落后的情况下，选择最为困难的课题之一——葡萄石的结晶结构分析。这是一项前人没有研究过的领域，反映了他巨大的学术勇气。此后，彭志忠教授相继取得了一系列重大科学成果，在诸多领域填补了我国的空白。从新中国成立到改革开放的几十年中，我国涌现出一大批像彭志忠教授这样的先进典型和模范人物。

案例三展现了彭志忠教授在病重期间依然在为教学科研贡献着自己的心血，直到生命的尽头。在改革开放的新时期，党和国家高度重视科学教育工作。广大科技教育工作者本着科技强国的梦想，全力投入"四个现代化"建设。早在1969年底，彭志忠就因工作条件艰苦、营养不良，感染上肝炎病毒。进入20世纪80年代，彭志忠教授奋力攀登科研高峰，但同时身体情况也每况愈下。即使在这种情况下，他仍抱定着一种信念："时间不多了，我要抓紧有限的生命为国家抢速度！"他继续着自己的科研工作，取得了一系列国际领先的重要成果。

（三）教学建议

案例一可用于第九章第一节第一目"伟大转折和成功开创中国特色社会主义"的教学。邓小平复出后，提出尊重知识、尊重人才，强调"科学技术是生产力"，强调脑力劳动者是劳动人民中的一部分。这些都极大地激发了科技工作者的积极性。1978年召开的全国科学大会更是预示着科学春天的到来。彭志忠教授的例子能让学生直观地感受到在历史转折期间，知识分子昂扬向上的精神状态。同时，中国地质大学多项成果在全国科学大会上受到表彰，说

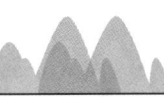

明中国地质大学在历史上就是我国科研事业的中坚力量,从而激发地大学生对母校的自豪感。

案例二可用于第八章第五节第四目"全面建设社会主义的成就"的教学。新中国成立以来的三十年,我们国家在党的领导下取得了历史性的巨大成就。在科技领域,我们取得了以核技术、人造卫星和运载火箭等为代表的一系列重大成果。通过彭志忠教授的例子,教师可以向学生展示更多的这一时期我国科学家取得的成果,也可以让学生们了解我国科学家是如何在一穷二白的基础上开展科学研究的。即使在这种先天不足的情况下,以彭志忠教授为代表的中国科学家依然自立自强、不屈不挠、自力更生,在世界科学史上书写了中国奇迹。

案例三可用于第九章第二节第三目"改革开放和现代化建设的深入推进"的教学。我国的改革是全方位的改革,涉及经济社会的各个领域。1985年3月,中共中央作出《关于科学技术体制改革的决定》,提出经济建设必须依靠科学技术、科学技术工作必须面向经济建设的战略方针。1986年11月,我国决定实施发展高科技的"863"计划。广大科技工作者积极响应党的号召,以振兴中华、实现"四化"的历史使命感投入科学研究。中国的科技工作者,从来不是固守象牙塔,只以满足自己兴趣为驱动力,而是具有强烈家国情怀的一批先进分子。彭志忠教授在病痛的折磨下,还坚持科研和教学工作,他惊人的毅力从何处来?就是从他对祖国、对人民、对党的无限热爱中来。他忍着病痛坚持工作,不是为了自己,而是为了国家;他不是为自己的生命抢时间,而是为国家抢速度。中国伟大的改革开放事业,就是由像彭志忠教授这样一大批先辈用汗水甚至生命浇灌的。

二、教学分析

(一)教学目的

(1)通过对案例一、三的学习,使学生理解"文化大革命"结束后,广大人民群众,尤其是科技工作者的精神风貌。了解党的十一届三中全会作出改革开放历史性决策的背景和原因,认识改革开放是决定当代中国命运的关键抉择;了解改革开放和现代化建设深入推进的历史进程,了解改革开放和现代化建设取得的理论与实践成果;认识改革开放是党和人民大踏步赶上时代的重要法宝,是坚持和发展中国特色社会主义的必由之路。

(2)通过对案例二的学习,使学生理解中华人民共和国成立的伟大意义;了解中国社会主义建设道路的艰辛探索历程及其经验教训;认识我国建立社会主义制度,建立独立的、比较完整的工业体系和国民经济体系的重大意义。尤其是理解从新中国成立到改革开放这几十年我们国家所取得的巨大历史成就;理解以彭志忠教授为代表的伟大的中国人民在这个过程中书写的无数改天换地的壮丽诗篇,形成的跨越时空、历久弥新的时代精神。

(二)教学重难点

(1)深刻认识新中国前三十年所取得的伟大历史性成就(重点)。
(2)全面建设社会主义时期形成的时代精神(难点)。
(3)历史性的伟大转折(重点)。
(4)改革开放的起步(难点)。

三、教学思路与方案设计

(一)教学思路

案例一适用于第九章第一节第一目"伟大转折和成功开创中国特色社会主义"的教学。首先可向学生提问:"大家知道'科学的春天'这个提法吗?"通过这个耳目一新的提法,引起学生对这段历史的兴趣。然后引出全国科学大会,以及中国地质大学在这次会议上取得的成绩。在对国家历史和学校历史进行介绍以后,重点引出彭志忠教授的故事。讲述他在此前后的事迹,说明改革开放对国家命运、人民命运的巨大影响。

案例二可用于第八章第五节第四目"全面建设社会主义的成就"的教学。教师可结合教材中该节的内容,讲述彭志忠教授在新中国成立后的前三十年所取得的重大科研成果。以此来说明,党和国家的事业在这一时期虽然遭受了不少挫折,但也取得了历史性成就。引导学生认识到,我们在看待这段历史时,不能用局部错误否定总体成绩,更不能用改革开放以后的成绩否定改革开放之前三十年的历史。

案例三可用于第九章第二节第三目"改革开放和现代化建设的深入推进"的教学。

(二)教学方案

1. 教学方案一(适用于案例一、三)

教学步骤	教学内容	设计意图	时间/分钟
导入新课	通过向学生提问:"大家知道'科学的春天'这个提法吗?"激发学生对这段历史的兴趣,引出全国科学大会、中国地质大学在这次会议上取得的成绩。对当时的国情、校情介绍以后,引出彭志忠教授的故事	以一句具有时代特征的提法"科学的春天"和地大教授的故事,激发学生的学习兴趣	5

教学步骤	教学内容	设计意图	时间/分钟
简介教学目标	教师向学生简要介绍本次教学要达到的目标	使学生对本次教学目标有清晰的认识	2
呈现教学材料,引导学生学习	知识点一:历史性的伟大转折 带领学生回顾"文化大革命"结束后在徘徊中前进和关于真理标准问题的讨论。通过这些历史,使学生理解中共十一届三中全会的历史背景	使学生掌握中共十一届三中全会是在何种历史背景下召开的	30
	知识点二:中共十一届三中全会和改革开放的起步 讲述中共十一届三中全会的内容和意义,同时向他们介绍拨乱反正的完成。向学生们介绍改革开放的起步,包括国民经济的调整、农村改革的突破性进展、城市经济体制改革的初步展开、对外开放的启动和创办经济特区、党和国家领导制度的改革等内容	使学生了解改革开放初期的重大举措	
	知识点三:改革开放的展开 结合案例三,向学生讲述"863"计划。由此导入中共十二大以后改革开放的开展。在党的十二大上,邓小平提出"建设有中国特色的社会主义",随后经济体制改革全面展开	使学生更加深入地理解"改革开放的展开"主要体现在哪几个方面	
教学小结	教师简要介绍本次教学,强调重点和难点		3
课后作业	要求学生围绕所学知识,写1篇关于科学家精神的感想,不少于500字	深化学生对所学知识的认识,增强他们的爱国情怀	5

2. 教学方案二(适用于案例二)

教学步骤	教学内容	设计意图	时间/分钟
导入新课	通过互动的方式,请学生回答全面建设社会主义时期的伟大成绩	使学生认识到党和国家的事业在这一时期虽遭受了挫折,但也取得了很多成绩	10

教学步骤	教学内容	设计意图	时间/分钟
简介教学目标	向学生简要介绍本次教学要达到的目标	使学生对本次教学目标有清晰的认识	2
呈现学习材料,引导学生学习	知识点一:全面建设社会主义的成就 通过彭志忠教授在新中国成立以后到"文化大革命"期间取得的科研成果,介绍我国这一时期在科学技术方面所取得的伟大成绩。通过对上述成就的介绍,说明这些成就背后所蕴含的时代精神	使学生对全面建设社会主义时期我们经历的挫折和取得的成绩有较为客观、准确的认识	20
教学小结	教师简要介绍该部分的主要内容。以第二个历史决议为依据,向学生介绍如何正确看待重大历史事件和历史人物的功过是非问题		8
课后作业	向学生简要介绍第二个历史决议的起草背景和主要内容,要求学生阅读相关资料,写出1篇不少于500字的阅读报告	巩固所学知识,培养正确的历史观	5

四、教学方法推荐

(1)"伟大转折和成功开创中国特色社会主义"的教学适宜运用案例式教学法。

这部分主要讲述了"文化大革命"结束以后,党中央恢复了党和国家正常秩序,人民群众期盼已久的安定的政治局面开始形成。尤其是在邓小平的领导下,我国科学工作迎来了春天,知识分子迎来了新生。通过讲述彭志忠教授的例子,能够使学生通过本校前辈的例子,更加深切地去回顾那段历史,理解恢复高考、尊重知识、尊重人才的重要意义。

(2)"全面建设社会主义的成就"的教学适宜采用启发式教学法。

该部分内容主要介绍的是新中国成立至"文化大革命"结束,我国全面建设社会主义时期的成就。教师可以启发学生去讲述他们了解的这一时期我国在各条战线所取得的伟大成就。在学生讲述完以后,再问他们是否了解我们中国地质大学在这一时期取得的重大科研成果,是否了解彭志忠教授的科研经历及其科研成绩。通过这些问题,启发学生客观地认识全面建设社会主义的成就,理解这一时期形成的伟大时代精神。

(3)"改革开放和现代化建设的深入推进"的教学适宜采用讨论式教学法。

通过讲述彭志忠教授带病忍痛坚持科研工作的例子,引导学生进行讨论。讨论的主题是:如何看待科学技术在改革开放事业中的重要作用,当代大学生从前辈科学家身上能够学到什么,又该通过什么方式为祖国奉献青春。

第十六章 爱新觉罗·连绅：投身统一战线，促进中日交流

一、教学案例——爱新觉罗·连绅

爱新觉罗·连绅（1927年3月—2005年10月），又名连绅，辽宁大连人（图1）。连绅青少年时代在日本的小学、中学读书，1944年进入日本东京工业大学预科学习，1945年日本投降前夕被遣送回国。

1947年10月，连绅在沈阳医学院二年级插班学习，半工半读，掌握了熟练的医疗救治技术。1949年1月，北平和平解放。在全城的红色革命浪潮冲击下，同年3月，连绅进入华北大学受训。1949年，连绅和华北大学新四区队学员随军南下广西，参与广西的清匪反霸及卫生、土改工作。1953年，连绅受上级派遣，调离卫生系统，来到武汉后，在刚刚组建的中南地质局资料室任科员。1957年，连绅又被调往河南省地质局资料处任资料员。

1979年3月，连绅重新回到河南省地质矿务局工作。他因精通日语，同年10月，又被正式调往武汉地质学院，担任第二外语教研室主任。1981年7月，连绅被评为讲师，1994年被评为教授。1983年12月，连绅被吸纳为中国民主同盟盟员，1985年4月6日，民盟武汉地质学院支部正式成立，连绅是成立之初的8位盟员之一。自1983年4月起，连绅先后担任武汉市第五、六、七、八届政协委员，同时兼任武汉市政协外事联谊委员会副主任。2005年10月3日，连绅因病医治无效，在武汉逝世，享年79岁。

图1　爱新觉罗·连绅（1927—2005年）

（一）案例呈现

案例一：皇族贵胄献革命

爱新觉罗·连绅，是我国历史上最后一个封建王朝——大清王朝的皇族后裔，祖父为满清第十代肃亲王爱新觉罗·善耆。1945年，连绅被遣送回国后，因没有经济来源，在朋友的介绍下，为了谋生不断奔波于东北与北平间。

1947年10月，连绅在沈阳医学院二年级插班学习，半工半读，掌握了熟练的医疗救治技术。华夏大地风云变幻，"打倒蒋介石、解放全中国"的口号弥漫整个北平。怀着"中国向何处去"的忧心，当时的连绅和许多中国青年一样，踊跃参与新民主主义青年团，希冀投身革命，期待着光明的到来。

1949年1月，北平和平解放。在全城的红色革命浪潮冲击下，同年3月，连绅进入华北大学受训。接受吴玉章、范文澜等革命前辈的教诲和系统的革命理论教育，他还和其他知识青年一同走进河北正定三近村，听取头戴白毛巾、手拿烟锅袋的老村长讲抗日斗争地道战史，以及石家庄市纱厂19岁的女地下党员带领工人进行反蒋护厂斗争史等报告。生动的革命教育，切实打破了他好高骛远、自以为是的空想主义，使他认识了党的事业的真谛及人民群众的伟大。

连绅说："参加革命后，明晓了日本是帝国主义，是侵略中国的，在东北的工厂是利用中国原料与廉价的劳动力来制造侵略工具，自己家庭也是被当作了侵略工具之一。就自己而言，13年的奴化教育使其自身认不清敌我，更缺乏了民族观点，如果发展下去，不知为什么要革命，更看不到我们祖国的伟大劳动人民的伟大力量，会变成对中国建设没有信心，因此感到自身受到帝国主义影响是相当严重的，因此需要深刻批判帝国主义的真面目，并在思想上完全脱离联系。"他的思想得到了彻底的洗礼。

1949年，连绅和华北大学新四区队学员随军南下广西，参与广西的清匪反霸及卫生、土改工作。镇南关，素有"中国南大门"的美称，是中国九大名关之一。1949年12月11日，中国人民解放军战士将红旗插在灰黑色的城墙上，鲜艳的五星红旗首次在镇南关冉冉升起，迎风猎猎，宣告了广西全境解放。

在整个南下解放广西和广西城市重建过程中，连绅先后任中南局广西工作队卫生所、桂林军管会卫生接管组、广西梧州苍梧县省委下乡工作队、广西省人民政府卫生厅、中共广西省委办公厅医务所、广西省人民政府卫生厅干部，后来的武汉地质学院日语教师、中国地质大学外语系教授连绅，为广西解放的后勤援助和广西解放后的卫生系统重建作出重要贡献。

1949年，在"打过长江去、解放全中国"的号召下，连绅在工作分配志愿表上果断填写了"无条件服从组织分配"。9月，满怀"革命的需要就是我们的志愿"的豪情，连绅随四野南下，在汉口任中南局广西工作队卫生所干部。

1949年10月1日，中华人民共和国成立，标志着新民主主义革命取得胜利。但同时，新

第十六章 爱新觉罗·连绅：投身统一战线 促进中日交流

中国成立初期还存在着很多困难,面临着很多严峻考验。"在军事上,人民解放战争虽已获得基本胜利,但还没有完全结束。国民党还有上百万军队在西南、华南和沿海岛屿负隅顽抗。在新解放地区,国民党在溃逃时遗留下大批残余力量,同当地恶霸势力相勾结,以土匪游击战争的方式同人民政权作斗争。他们寄希望于帝国主义对中国内战的干涉和'第三次世界大战'的爆发,妄图卷土重来。"①在新中国成立初期巩固新政权的斗争中,连绅也作出了自己的贡献。

11月,第四野战军和第二野战军第四兵团在八桂大地上,按照中央军委和毛泽东的战略部署,对白崇禧集团展开了一场摧枯拉朽、山呼海啸般的战略大追歼。11月22日,第四野战军四十一军一二三师与桂北人民解放总队第十一大队入城,桂林市区解放。

11月30日,中国人民解放军第四野战军桂林市军事管制委员会成立,接管桂林市工作,建立政权、清匪反霸、发展生产、维护社会秩序、组织支援前线为主要任务。此时,连绅进入桂林军管会卫生接管组工作。在广西全境解放后,连绅又投入到清匪反霸、支援解放海南岛的斗争中去。

1952年,广西全省开展土改运动,连绅作为团部医生随土改三团下乡开展工作。在参与下乡土改期间,连绅看到老百姓的艰苦生活,深切地感到"自我家庭是充满血腥味道的家庭,锦衣玉食是靠剥削劳动人民血汗来的"。白天连绅就和病人及炊事员留守团部,晚上就从归来的领导那里汲取知识,并和田汉夫妇、诗人艾青等朝夕相处数月。他们都是文艺界知名人士,通晓古今,知识渊博,而他们身上的革命信念和乐观主义精神,也让连绅深受启发。

在广西解放重建的岁月中,连绅亲眼目睹了吃苦在先、冲锋在前的中国共产党党员的壮志豪情,亲身体会了在翻身求解放的土改运动中党和人民之间建立起来的血肉情谊。这让连绅确信了中国共产党领导的革命事业是中国历史上最伟大的事业,而能为之奋斗便是终身的幸福。也正是在这个信念的指引下,连绅"荣辱不惊、浮沉不悔,坚定不移地跟着共产党走"。

朝鲜战争爆发后,在广西工作的连绅热血沸腾,屡次向上级写信要求赴朝参战。1951年冬天,中共广西省委决定组织医疗队,赴朝鲜前线为志愿军伤病员治疗伤病,广西医疗系统人士纷纷报名,连绅也参与其中,但医疗队需要的是能够做手术的外科医生,他只能落选。

1953年,连绅受上级派遣,调离卫生系统,来到武汉,在刚刚组建的中南地质局资料室任科员。1957年,连绅又被调往河南省地质局资料处任资料员。

案例二:文化交流显奇功

因"皇亲贵族加上复杂的海外关系",1958年,连绅下放进行劳动改造,但这并没有动摇他的信念。在他看来,"只要以振兴中华为己任,个人和祖国的命运融合在一起,任何艰难困苦也是只等闲了"。

---

① 胡绳,《中国共产党的七十年》,北京:中央党史出版社,1991年,第272页。

因此，中共十一届三中全会后，连绅毫不计较个人得失，再次回到工作岗位用自己的专长为祖国建设服务。1979年3月，连绅重新回到河南省地质矿务局工作。因他精通日语，同年10月，又被正式调往武汉地质学院，担任第二外语教研室的一名老师。1981年7月，连绅被评为讲师。连绅在学校努力工作，积极推动中国地质大学的对日交流，多次被评为先进工作者，并先后荣评副教授和教授。

1985年，为了促进中日学术交流，连绅陪同屠厚泽教授、李大佛副教授访问日本利根钻探公司。他带着两位教授进行了金刚石钻头对比实验及贸易谈判。同时，与日本丸红公司建立了联系，为计算机软件引进建立了渠道。

1988年，连绅访问了神户大学和长野山岳协会，加强了友好合作关系，同年实现了神户大学、山岳协会与中国地质大学登山协会共同攀登四川省境内海拔6000多米的雀儿山的合作壮举。

1989年，连绅陪同中国地质大学副校长杨巍然代表学校回访神户大学。加深了神户大学理学部和中国地质大学的校际交流关系。此次，他们还访问了京都大学、信州大学、日本地质调查所，加深了与日本地质界的广泛交流。

同年秋，连绅还推动了中国地质大学登山队回访日本。当时正值国内学潮爆发，日本一些媒体和反动势力纷纷歪曲事实，连绅义愤填膺地说："越是在这样的情况下，越是要出访日本。"中国地质大学登山队访日，使日本一些媒体的阴险用心破产，形成了良好的政治宣传作用。

1993年，中国地质大学准备策划一次国际攀岩比赛，必须要有4个国家和地区以上的队员参与才能称为国际性比赛，学校向几个国家的攀岩组织发出了邀请函都无答复，离比赛开始的最后期限越来越近，若还没有4个国家的队员参赛，那么一切都将功亏一篑。正当大家急得团团转时，连绅向学校主动请缨，尝试与日本方面取得联系。连绅拨通了日本长沿县登山协会会长田村宜纪的国际长途电话，日本友人愉快地接受了邀请，并火速派来两名队员赶往中国前来助威，最终国际性攀岩比赛如期举行。事后，校领导们对连绅连连表示感激，而连绅却只是风轻云淡地表示："这是我应做的"。

在积极做好教学任务和学校对日交流的同时，连绅还积极从事科技人员的日语教育，协助外事部门做好日本友好人士的接待与翻译工作。

随着改革开放的不断深入，中国对外交流活动越来越频繁，中日交往对于我国的经济、科技等各方面的腾飞有着巨大的益处。然而当时日语人才严重缺乏，也没有大学日语教学的统一组织。面对这种情况，为响应国家关于开展外语教育的指示，1982年，连绅召集武汉的日语教师，成立武汉科技日语研究会，担任副理事长。1984年，又创办武汉科技日语函授教育学院，并任副院长，大力推广日语教育。同时，组织兄弟院校日语专家编写科技日语函授教程，初、中、高级系列教材。8年时间，共培训了13 500名左右的科技人员。

连绅经常陪同来武汉访问的日本友人，他凭借一口流利的日语赢得日本友人的尊敬与认同。但在维护国家利益与尊严的底线面前，连绅也绝不妥协。一次，一个日本人高谈阔论，日本是多么友好。连绅听了，义正词严地说："你们日本人民是非常友好善良的，但是，日本军国主义者曾经侵略我们的国家，对我国人民造成了巨大的伤害，这一点你是不能够不承认的。"连绅的讲话让这个日本人顿时羞愧难当，当时就给现场的中国人鞠躬道歉。

第十六章 爱新觉罗·连绅：投身统一战线 促进中日交流

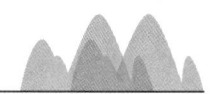

连绅通过自己的身份与日本科技界、体育界建立广泛的联系，为中日友好、提高中国地质大学在国际上的威望作出了重要贡献。

案例三：武汉政协谏佳策

连绅是清朝皇族后裔，在改革开放后，他以自己的特殊身份，积极参政议政，为中国地质大学(武汉)乃至武汉市的统战工作作出了重要贡献。

中国民主同盟是中国共产党领导的爱国统一战线的组成部分，1983年12月，连绅被吸纳为中国民主同盟盟员，1985年4月6日，中国民主同盟武汉地质学院支部正式成立，连绅就是成立之初的8位盟员之一。自1983年4月起，连绅先后担任武汉市第五、六、七、八届政协委员，同时兼任武汉市政协外事联谊委员会副主任。

作为武汉市政协常委，连绅忠实地履行了自己的职责，他对武汉市内的某些少数民族问题的解决作了重大贡献。武汉作为全国中心城市之一，居住着不少维吾尔族、回族和藏族等少数民族同胞。然而武汉当时没有一个属于这些民族同胞的专门民族大厦，使这些在风俗文化与汉族有着明显区别的少数民族同胞们在饮食上多有不便。连绅敏锐地意识到这一点，遂联合其他政协委员，提交"修建少数民族大厦"的提案。后来，在汉口繁华路段，"东来顺羊肉馆"挂牌营业，"民族大厦"也在不久应运而生，武汉在西部地区的影响力进一步提升。

1986年，连绅从日本考察回来后，想到日本科技馆所随处可见，而武汉，一个有着千万人口的特大城市，却没有一座科技馆。为此，连绅四处奔波，积极与市科协的同志沟通，在政协会上提交了"修建科技馆"的议案，受到武汉市委的高度重视。一年多后，一座现代感强、造型别致的科技馆屹立在武汉街头。

中国地质大学是以地质为特色的综合大学，以地质专业闻名全国，可在1986年之前，学校学科优势尚未化为生产力，特别是没有很好地为武汉建设服务，其名在武汉不为市民所知。作为地大教师和武汉市政协常委，连绅的一大任务就是如何使学校的各学科专业参加城市建设。在连绅的不断努力下，学校的地质工程、岩土工程、地下工程等专业的师生直接参与武汉市的建设。自此，中国地质大学在武汉市内声名鹊起。

20世纪90年代后，国内就是否打捞中山舰争论不休。1986年6月23日，江苏省文化厅致函湖北省文化厅，提出由江苏省打捞中山舰，同时将该舰运往南京。湖北省文化厅认为，中山舰沉没在湖北水域，理应由湖北打捞，而且武汉市是辛亥革命的爆发之地，中山舰也理应由武汉市保管。但是由于湖北省当时文物经费有限，中山舰的打捞工作历经曲折。[①] 连绅认为，应该让那沉寂在长江水底多年的中山舰浮出水面，再将之作为爱国主义教育基地警示后人。

---

① 周崇发：《"中山"舰重见天日纪实》，《湖北文史》2003年第1期，第53页。

连绅将"打捞出水的中山舰作为爱国主义基地"的提案上交武汉市政协,后来该提案又被上交至全国政协。不久,连绅的夙愿成为现实,"中山舰"由湖北省组织打捞出水,并成立中山舰博物馆,屹立于湖北武汉江夏区。

1993年,已经退休在家的连绅收到一位日本朋友寄来的几张抗战时期日军占领武汉的珍贵历史照片。连绅意识到这样的照片实为难得,也是日军侵华的罪证之一,出于爱党爱国,他毫不犹豫地将照片捐献给了武汉市档案馆。档案馆负责人激动地表示:"连教授,我代表武汉人民感谢您提供这么珍贵的历史文献,您可是不计名利的好人啊!"

在武汉市的统战工作中,连绅高度重视发挥统一战线在社会主义革命和建设中的作用,为武汉市的振兴发展作出了重要贡献。

曾有人问连绅,"在日本有那么好的条件,为什么不出国定居或在日本企业谋求高薪差事呢?"连绅回答说"如果我愿意,我是可以在物质生活上得到很大的改善,但是精神上会失去做一个中国人的尊严。在国内虽然收入较低,但是能与人民共甘苦,还能依托祖国昂首与国际友人平等交往,对比之下,我当然选择了做中国人的尊严"。

连绅因身份,在曲折中一路走到领导岗位,靠的是实实在在干事,堂堂正正做人。在连绅的生命里,只要是工作就没有大小,都要去认真对待和负责。他先后被评为中南地质局先进工作者(1956年)、武汉市科技活动先进个人(1985年)、武汉市民族团结先进分子(1986年)。这是他不懈努力获得的荣誉,也是国家对他的莫大肯定。

连绅一生命运多舛,但他却从未被生活所打败,始终与命运搏斗到底。他没有轰轰烈烈的事迹,但在不同的工作岗位上,一丝不苟、兢兢业业、无私奉献,挑起了对人民的责任、对国家的担当。为人师表、行为世范,他用行动和热血践行了自己的誓言,他的精神也永远激励后人奋勇前行。

(二)案例点评

新中国的成立意味着中国人民从此站立起来了。但是新中国成立初期,国家面临着许多严重的困难和一些紧迫的问题。首先,解放全中国的任务还尚未完成,国民党在撤退时遗留了大批军队和特务分子,几百万土匪尚未肃清,各种反动势力和黑恶势力盘根错节,广大新解放地区尚未进行土改。这些情况都是对中国共产党的严峻考验。尤其是1950年朝鲜战争爆发,中国共产党毅然作出了抗美援朝、保家卫国的英明决策。经过这些斗争,新生的人民政权更加巩固。

案例一展现了连绅早年的成长经历。他虽然身为满族皇室,从小在日本接受教育,但是回国以后很快就认识到日本帝国主义的侵略本质,坚定地树立了作为一个中国人的自豪感和责任感。在解放战争期间,面对国共对峙的局面,连绅自觉地站在人民的立场上。他和许多进步青年一样,积极参加革命。在新中国成立前后,他跟随解放军解放广西、清匪反霸、参加土地改革。通过这些亲身经历,连绅教授更加确信中国共产党领导的革命事业是中国历史上最伟大的事业,也更加坚定了他时刻追随共产党的决心。在这种信念下,连绅"宠辱不惊、浮沉不悔,坚定不移地跟着共产党走"。

第十六章 爱新觉罗·连绅：投身统一战线 促进中日交流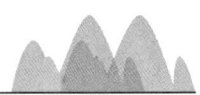

案例二展现了连绅在改革开放的时代背景下，为促进中外交流作出的贡献。改革开放以后，我国积极扩大与西方发达国家的各种交流，这为促进我国经济社会发展起到了重要作用。科技交流是中外交流的重要组成部分，对我国科学技术事业的促进作用是长远的。连绅教授利用个人关系和日语优势，积极推进中日科技文化交流，尤其是推动中国地质大学和日方的学术、体育交流。在日常的教学中，连绅教授积极培养日语人才。他不但推动着中国地质大学日语人才的培养，还召集武汉市的日语教师，成立武汉科技日语研究会，为促进中日交流，特别是为我国科技工作者赴日本交流作出了重大贡献。

案例三展现的是连绅作为民主党派人士，积极建言献策的事迹。中国人民政治协商会议是中国人民爱国统一战线的组织，是中国共产党领导的多党合作和政治协商的重要机构，是我国政治生活中发扬社会主义民主的重要形式。连绅教授是中国民主同盟的盟员，是武汉市第五、六、七、八届政协委员，还是武汉市政协外事联谊委员会副主任。他以自己的身份积极参政议政，为促进民族工作、科学教育工作、历史文化保护工作，以及推介中国地质大学等方面作出重大贡献。连绅教授的经历说明中国共产党领导的多党合作和政治协商制度是符合我国国情的制度，是能够调动社会各阶层积极性的制度。

（三）教学建议

案例一可用于第八章第一节第二目"捍卫巩固新政权的斗争"的教学。教师结合连绅的例子，可以为学生提供更多关于进军大西南追击国民党残余部队、清匪反霸、支援解放海南岛、新区土地改革等斗争的更为详细的一手资料，使学生更加了解新中国成立初期新生人民政权面临的挑战，以及中国共产党为巩固新政权所采取的措施。通过这些措施，旧社会遗留下来的污泥浊水得到荡涤，新的社会秩序呈现在全中国人民面前，人民在政治上、经济上得到了彻底解放，人们的精神面貌焕然一新。

案例二可用于第九章第一节第三目"改革开放的起步"和第二节第一目"改革开放的展开"的教学。中国的对外开放是全方位的开放，其中科学技术是非常重要的一个方面。在20世纪八九十年代，中日交往对于我国经济、科技等各方面都有一定的促进作用。但是中外交往不是一蹴而就的。连绅利用个人关系和语言优势，积极推动中国地质大学与日方交流合作，为推动中国地质大学的国际化水平作出了重大贡献。另外，语言不通是中外交流的巨大障碍。改革开放初期，我国日语人才非常短缺，严重制约了中日科技文化交流。连绅积极推进中国地质大学和武汉市的日语人才培养，为中国学者赴日本交流学习提供了巨大帮助。

案例三可用于第八章第三节第二目"确立社会主义政治制度"和第九章第一节第三目"党和国家领导制度的改革"的教学。中国共产党领导的多党合作和政治协商制度是我国的一项基本政治制度，是从中国土壤中生长出来的新型政党制度。作为民主党派人士和政协委员，连绅积极参政议政，许多重大建议都得到了采纳并付诸实施。这说明中国共产党领导的多党合作和政治协商制度具有极大的优势。

二、教学分析

(一)教学目的

(1)通过案例一的学习,学生能够理解新中国成立初期面临的种种挑战和严峻考验。使学生认识到中国共产党带领人民积极面对这些考验,采取了一系列积极稳健的措施,有条不紊地领导全国各族人民进行巩固新政权、建设新中国的伟大斗争;同时使学生了解中国共产党的这些举措,不仅完成了民主革命的遗留任务,对于新社会的塑造也有极大的推动作用,中国社会的面貌从此焕然一新。通过这些讲述,使学生们坚信"没有共产党就没有新中国",中国共产党的领导是历史和人民的必然选择。

(2)通过案例二的学习,学生了解改革开放和现代化建设深入推进的历史进程,了解改革开放和现代化建设取得的理论与实践成果;认识改革开放是党和人民大踏步赶上时代的重要法宝,是坚持和发展中国特色社会主义的必由之路。

(3)通过案例三的学习,学生能够理解每一个国家的政治制度都要符合这个国家的国情,多党制、两党制不符合中国的历史和现实,只有中国共产党领导的多党合作和政治协商制度才是符合中国国情的正确制度。

(二)教学重难点

(1)新中国成立初期面临的考验(难点)。
(2)社会主义政治制度(重点)。
(3)改革开放的起步(重点)。
(4)对外开放的内容(难点)。

三、教学思路与方案设计

(一)教学思路

案例一可用于第八章第一节第二目"捍卫巩固新政权的斗争"的教学。首先,可向学生们提问:"新中国的成立意味着新民主主义革命的胜利,但是新中国成立时民主革命全部完成了吗?"以此来调动学生的注意,激发他们对本节课要讲的内容的学习兴趣。其次,在讲述"完成民主革命的遗留任务"这一个知识点时,引入连绅在广西从事革命工作的经历,给学生们讲述这些遗留任务究竟是什么,是如何完成的,并说明完成这些任务的伟大历史意义。

案例二可用于第九章第一节第三目"改革开放的起步"和第二节第一目"改革开放的展开"的教学。首先提问学生:"改革开放这个词大家已经习以为常了,那么大家知道开放具体是指什么吗?"然后让学生回答。待学生回答后,再引出连绅推进中日文化交流,提高我国科技工作者日语能力的事例。

案例三可用于第八章第三节第二目"确立社会主义政治制度"和第九章第一节第三目"党和国家领导制度的改革"的教学。在讲授教材内容之前,教师可以先介绍连绅参政议政、建言献策的事迹,向学生提问这个事例中涉及的政治制度是什么,然后向学生讲解中国共产党领导的多党合作和政治协商制度的建立、内容和优势。

(二)教学方案

1. 教学方案一(适用于案例一)

教学步骤	教学内容	设计意图	时间/分钟
导入新课	向学生们提问:"新中国的成立意味着新民主主义革命的胜利,但是新中国成立时民主革命的任务全部完成了吗?"	在一般人看来,新民主主义革命的胜利,自然就意味着民主革命任务的完成。通过这个疑问来激发学生的学习兴趣	5
简介教学目标	教师向学生简要介绍本次教学要达到的目标	使学生对本次教学目标有清晰的认识	2
呈现教学材料,引导学生学习	知识点一:完成民主革命的遗留任务 向学生讲述"完成民主革命的遗留任务"知识点,告诉学生民主革命的遗留任务都有哪些并引入连绅在广西从事革命工作的经历	使学生理解民主革命遗留任务的具体内容是什么,是如何完成的,任务的完成有什么历史意义	30
教学小结	教师简要梳理本节课的教学内容,强调重难点知识		3
课后作业	要求学生完成学习通课后作业	巩固本次课所学知识点	5

2. 教学方案二（适用于案例二）

教学步骤	教学内容	设计意图	时间/分钟
导入新课	通过向学生提问："改革开放这个词大家已经习以为常了，那么大家知道开放具体是指什么吗？"导入新课。让学生们谈谈对"开放"的理解	以问题作为导入，可以调动学生学习的主动性，使他们带着问题听讲	5
简介教学目标	教师向学生简要介绍本次教学要达到的目标	使学生对本次教学目标有清晰的认识	2
呈现教学材料，引导学生学习	知识点一：改革开放的起步与展开 给学生讲述改革开放的起步和改革开放的展开。并给学生讲述连绅推进中日文化交流、培养我国科技工作者日语能力的事例	把宏观和微观相结合，使学生既能了解改革开放的宏观架构，又能了解其微观操作	30
教学小结	简要梳理本节课堂教学内容，强调重点和难点		3
课后作业	要求学生完成学习通课后作业	巩固本节课所学知识	5

3. 教学方案三（适用于案例三）

教学步骤	教学内容	设计意图	时间/分钟
导入新课	在讲授本节内容之前，介绍连绅参政议政、建言献策的事迹。向学生提问该事例中涉及的政治制度是什么	结合连绅的事迹导入教学，激发学生的学习兴趣。使学生感觉到国家的政治制度和自己是息息相关的	5
简介教学目标	教师向学生简要介绍本次教学要达到的目标	使学生对本次课堂教学的目标有清晰的认识	2
呈现教学材料，引导学生学习	知识点一：中国共产党领导的多党合作和政治协商制度 向学生介绍中国共产党领导的多党合作和政治协商制度是何时建立的、为何建立、该制度的内容是什么、改革开放以后又进行了什么样的完善、该制度有什么优势等内容	使学生对中国共产党领导的多党合作和政治协商制度有较全面的认识，产生深刻的认同	30

第十六章 爱新觉罗·连绅：投身统一战线 促进中日交流

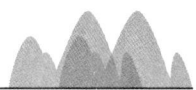

教学步骤	教学内容	设计意图	时间/分钟
教学小结	简要梳理本节课的教学内容,强调重难点知识		3
课后作业	引导学生发现身边关于中国共产党领导的多党合作和政治协商制度的真实故事,并写1篇不少于500字的报告	强化学生们的制度自信	5

四、教学方法推荐

(1)对"捍卫巩固新政权的斗争"的教学适宜运用案例式教学法

第八章的教学内容主要是中国共产党在新中国成立初期,领导人民克服种种困难和考验,巩固新政权的伟大斗争。但是这部分内容较为简略,学生们对于追剿国民党残余军队、清匪反霸、土地改革等内容并不是十分熟悉,可以通过连绅的经历,向学生详细讲述这些历史事件和政治运动的内容,使学生对这一时期的历史发展有一个详细的、直观的了解。学生们通过这些案例,可以更加了解新中国成立之初面临的诸多挑战,知道人民江山来之不易,知道"没有共产党就没有新中国"的道理。

(2)对"改革开放的起步"和"改革开放的展开"适宜采用讨论式教学法

学生们对"改革开放"这一词汇耳熟能详,但是对于改革开放的具体内容并不是十分了解。在讲解该部分内容之前,可以发动学生们进行讨论,让学生们各抒己见。讨论以后,再向学生介绍当时中国的国情,以说明改革开放的必要性。其次,向他们讲述连绅促进中日文化交流的案例,详细阐述开放的具体实践。最后再发动学生们进行讨论,请他们谈谈连绅普通的行为,对整个改革开放伟大事业的促进作用。

(3)对"确立社会主义政治制度"适宜采用案例式教学法

向学生讲述我国的基本政治制度,是中国近现代史纲要课的重要任务,是增强学生"四个自信"的重要途径。坚持制度自信就是要相信社会主义制度具有巨大优越性,相信社会主义制度能够推动发展、维护稳定,能够保障人民群众的自由平等权利和人身财产权利。制度的自觉和自信,是马克思主义政党先进性的重要标志;制度的完善和创新,是坚持和发展中国特色社会主义的根本保障。但是增强学生的制度自信,不是单靠讲解制度本身就能实现的。思政课要把道理讲透,重要的方式就是用事实说话。连绅参政议政的经历,他的许多建议被采纳的经历,充分说明了中国共产党领导的多党合作和政治协商制度的巨大优势。在讲解完连绅的事例后,也可以向学生们介绍西方多党制、两党制的种种弊端,揭露西方民主的虚假面目。

第十七章 任宝汉：地大南建的"老黄牛"

一、教学案例——任宝汉

任宝汉（1920年2月—1981年11月30日），河南辉县人（图1）。1946年1月，任宝汉加入中国共产党，3月即转为正式党员。1949年1月以后，任宝汉调职到太行军区独立二团一连担任司务长，负责军需工作。

1958年11月，任宝汉被调往北京地质学院担任食堂管理员，负责后勤工作。

在地大南建的背后，任宝汉在工作岗位上尽职尽责，全心全意地为地大基建作贡献。1981年，任宝汉因积劳成疾逝世。

图1　任宝汉（1920—1981年）

第十七章 任宝汉:地大南建的"老黄牛"

(一) 案例呈现

案例一:战功卓著"拓荒牛"

少年时期的任宝汉同中国其他农民一样,以种地为生,但一旦遇上天灾人祸,也只能无可奈何。1944年,任宝汉从家乡河南辉县逃荒到了江苏八义集车站。尽管如此,也阻挡不了任宝汉对革命的热情和对被压迫的反抗之心。

1946年6月,国民党大举进攻中原解放区,国共内战彻底爆发,历时3年之久的解放战争由此开始。而亦是此时,在兵力对比等各个方面国民党军队占据优势的情况下,任宝汉毅然决然地选择了跟党走,他在辉县入伍参加解放军,并先后担任辉县区干队班长、辉县八大队一连上士,为全中国受压迫奴役的人民争取解放而斗争(图2)。

图 2 在军队工作时期的任宝汉

军旅生涯,任宝汉表现突出,得到了组织上的赞扬,并多次获得荣誉。1946年10月,他因作战勇敢、劳动带头而被辉县政府评为英雄;1948年6月,在辉县独立营荣立二等功一次,并于该年出席了太行山地区战斗英雄模范代表大会;1949年11月,在太行山分区第二独立团荣立一等功一次;1954年,任宝汉在华北军区训练二团再立三等功一次;1955年6月,北京军区编外人事部结合任宝汉革命斗争历史经历,并依据授勋条例第5条第4款,授予任宝汉解放勋章一枚,以奖励他在解放战争期间所作出的杰出贡献。

新中国成立后,随着战争硝烟的消散,加快经济建设成为全国人民的一致要求。而任宝汉亦做出了由现役转为预备役,到地方去支援"一五"计划建设的决定。他先是于1955年11月被调往北京建设银行西单支行秘书股工作,担任秘书股长,而后又于1957年11月被调往北京第三体育生产合作社,支援生产工作。1958年11月,任宝汉被调往北京地质学院担任食堂管理员,负责后勤工作,并由此开启了他与"地大"一生的缘分。

案例二:基建功臣"老黄牛"

任宝汉就像一块朴实无华的砖,哪里需要他,他就会在第一时间砌在最需要的地方,用自己"老黄牛"般脚踏实地、埋头苦干的精神高效完成任务。

在北京地质学院工作期间,任宝汉踏实肯干,吃苦耐劳,获得校职工的一致好评,多次被评为先进工作者,并于1963年出席了北京市海淀区先进工作者代表大会。

1975年,学校确定南迁至武汉南望山下,新的校址原属武昌城郊,荒草丛生,人迹罕至。晴天时,尘土飞扬,每逢雨天,道路泥泞,积水汇成"小河",交通极为不便。同时,随着大批教职工迁至武汉,校园建设迫在眉睫!

时任基建办公室副主任的任宝汉,以实际行动支援新校园的建设工作。7年时间,任宝汉吃在工地,住在工地。一天24小时,他既是领导,督促着工地的工作人员并协调解决各种施工困难,又是劳动者,主动参与到建设校园的劳动中去。

"他的高尚思想情操就见诸于日常难以数计的平凡的工作之中"。这是任宝汉的同事所给予他的评价。确实,自确定选址建校以来,任宝汉便没有休息过,始终忙碌在学校基建的第一线。什么时候有事可以随时找他,什么时候有活他都即刻去干。基建材料乱堆乱放,他动手整理;场地积水影响工作,他挖出排水沟;马路坑洼影响汽车,他主动铺路;天降大雨,无人装卸,他带头跳上车卸下木料;西区锅炉房要拆,他顾不得吃饭,头顶炎炎烈日,在现场看守拆下材料。不管寒暑晴雨,总是能够在工地上看见任宝汉那奔波的身影。平凡之事有很多,日积月累之下总会动人心。任宝汉的行为感染了一个又一个人,大家在热火朝天的劳动之中,不辞劳苦地投入到地大的建设中去。

任宝汉做事十分刻苦,即便是在烈日之下,他也只是稍微休息一下,便继续在工地上忙里忙外。雨天亦然,直到下班他才带着一身湿透的泥衣回到宿舍休息。他工作起来不分分内分外,专挑累活脏活干(图3)。在精神文明建设活动中,他看到菜场烂菜叶乱丢在外,数量不少,很影响卫生环境,于是他花了几个早晚的时间,把它们打扫干净。有一次西区供水系统要在夜间突击安装电动阀门,任宝汉亲临工地,和工人们一起干到深夜两点,保证了第二天的正常供水。

"现在人手少,工作离不开。"对待建校工作,任宝汉如是说道。建校7年时间,任宝汉的工作日程上基本没有休息日。平时一有空闲,任宝汉便在工地上干起活来。在工地上,他便如装卸工人一般,一有砖瓦沙石等建筑材料到达,他便开始帮助卸货,即便是吃饭休息时间,他也一人独自卸货,直到事情完成,才休息吃饭。自1975年起,任宝汉便一直坚守在工地之上,即使是春节等假日,也不休探亲假,不论亲人病逝,孩子参军……而不管别人怎么劝阻,他都只是置之一笑。有一年春节,任宝汉的老伴从北京来探望他,同志们都对他说:"你多少年没和老伴在一起了,这回该休息休息,好好在家陪陪老伴啦。"可他却一心只挂在工作上,经常忙到晚上10点多才回家。他管材料、管工地现场,实干苦干,为地院建设所作的贡献有目共睹,大家都亲切地称呼他为"红管家""革命的老黄牛"。

任宝汉为地院建校奋战了7年。7年成果,肉眼可见。当年的菜地荒坡,如今已变成一栋栋拔地而起的高大教学楼,条条马路,平坦整齐,绿荫环绕,好一幅美丽校园风光!

图3　1981年,南建工地上的任宝汉

案例三:先进模范"孺子牛"

任宝汉是一名真真正正的共产党员,他始终秉持革命战争年代的优秀作风,严于律己,坚持原则。职务变了,他深入群众的作风不变;工作忙了,他身体力行的劳动风范不变。

作为一名普普通通的中国人,任宝汉通过自我亲身经历,深深体会到:"只有共产党,才能救中国;只有共产党,才是全国人民的大救星";而作为一名共产党员,任宝汉始终怀揣党员本分,"为人民服务,为共产主义事业的责任感不能退,我要为终生奋斗的事业竭尽全力,永不停歇",几十年来,兢兢业业,任劳任怨,哪怕是一砖一瓦的工作,也要为党的事业贡献自我微薄之力。

任宝汉担任武汉地质学院基建处副处长之时,已是年逾花甲的老人,但他却始终待人以诚,保持共产党员全心全意为人民服务的奉献本色。谁有病,他去探望;谁有事,他愿意帮携;谁要是赶不上在食堂吃饭,他即使挨饿,也会拿出自己的面条、鸡蛋来让别人吃饱。夏日炎炎似火烧,看到80多名劳工在接近40℃的高温装卸建材,任宝汉便会自己掏钱买来降温品,以免大家中暑。同时,任宝汉也从来不以劳模和领导干部自居,自始至终只住在建校初期盖的一间简易平房内,那里既是办公室,亦是寝室。他顾不得把老伴接来安度晚年,独自一人,不分昼夜地战斗在自己的工作岗位上。

自党的十一届三中全会以来,任宝汉衷心拥护国家拨乱反正、全面复苏的系列政策,并将党的"四化建设"大政方针切实落到自己的行动中来。自学校在武汉建校以来,任宝汉克服各种困苦,几十年如一日地扑到学校工作中去,为地质系统高校建设作出重要贡献。

作为一名老党员,任宝汉严格要求自身,他积极参与组织生活,时时注意讲原则,每当受到上级奖励及领取季度奖金之时,又会主动增交党费。他不徇私情,不拉关系,秉公办事,深受教职工人员的敬佩与爱戴。

任宝汉的高尚品格有目共睹,他的党员本色亦使他多次获评院优秀共产党员、先进工作者。1980年,任宝汉出席地矿系统评功授奖大会,被授予全国地矿系统劳动模范,1982年9月,湖北省文教部授予其"优秀党员"称号,1986年1月,湖北省委科教部授予其"省优秀共产党员"称号。

1981年,任宝汉突然倒在了工作岗位上,同年11月30日,任宝汉因患肾综合征在武汉同济医院病逝。院领导号召全院教职工学习任宝汉为革命鞠躬尽瘁的"老黄牛"精神①。

任宝汉是地地道道的农民阶级出身,始终秉持有中国农民憨厚、朴实的本性。在风云诡谲的战争年代,他能够做出正确的选择,追随共产党解放中国,走上一条正确的道路。当海晏河清之时,他又积极投身到劳动中去,始终保持对共产主义理想的无限追求,为国家的社会主义建设作出重要贡献。他无私耕耘于平凡之中,以自我余热默默温暖他人,为中国地质大学立根于武汉作出了突出贡献。

吃水不忘挖井人,任宝汉的榜样力量永远是"地大"奋斗进程之中的一面鲜红旗帜。他"筚路蓝缕、以启山林"的实干品格,"一心为公、真诚付出"的奉献精神,"前仆后继、滴水穿石"的责任担当永远指引着我等后辈前行。

(二)案例点评

2021年2月10日,在全国政协新年茶话会上,中共中央总书记、国家主席、中央军委主席习近平发表讲话:"大力发扬孺子牛、拓荒牛、老黄牛精神,以不怕苦、能吃苦的牛劲牛力,不用扬鞭自奋蹄,继续为中华民族伟大复兴辛勤耕耘、勇往直前,在新时代创造新的历史辉煌②!"活出生命价值,为孺子牛,为民服务、无私奉献;为拓荒牛,创新发展、攻坚克难;为老黄牛,艰苦奋斗、吃苦耐劳!而在地大南迁武汉的历程中,有位老人则给我们提供了很好的典范,他就是任宝汉。

案例一展现了任宝汉在解放战争中为人民解放事业所作的贡献。1946年1月,任宝汉加

---

① 郝翔、张锦高:《难忘山下前行——中国地质大学改革发展30年纪念文集》,武汉:中国地质大学出版社,2009年,第68页。
② 习近平:《在二〇二一年春节团拜会上的讲话》,《人民日报》,2021年2月10日,第1版。

第十七章 任宝汉：地大南建的"老黄牛"

入了中国共产党。1946年6月,国民党军队进攻中原解放区,国共内战爆发。

案例二讲述了任宝汉在北京地质学院,尤其是在南迁以后为建校所作的贡献。1958年,任宝汉被调到北京地质学院,负责后勤工作,并由此开启了他与"地大"一生的缘分。"文化大革命"期间,北京地质学院经历了曲折的南迁之路,最终到达武汉。在这个过程中,地大人形成了伟大的"南迁精神"。任宝汉就是南迁精神的真实写照。学校南迁定址武汉南望山下后,新的校址条件艰苦。同时,随着大批教职工迁至武汉,校园建设迫在眉睫！任宝汉不辞辛苦,数十年如一日,把全部精力投入到地大新校园的建设中。在地院校园建设的过程中,任宝汉可称得上是基建功臣"老黄牛"。

案例三讲述了任宝汉任劳任怨的奉献精神。解放以后,任宝汉的岗位变了、职位提高了,但是他在战争年代养成的优良作风始终没有改变。他深入群众、身立力行,始终践行着一名共产党员的责任。任宝汉始终坚持一个朴素的道理：没有共产党就没有新中国；要为人民服务,为共产主义事业奋斗终身。正是在这种信念的驱动下,任宝汉几十年来,兢兢业业,任劳任怨,哪怕是一砖一瓦的工作,也要为党的事业贡献自我微薄之力。任宝汉的高尚品格,有目共睹,他的党员本色亦使他多次获评为院优秀共产党员、先进工作者。任宝汉是地地道道的农民阶级出身,始终秉持有中国农民憨厚、朴实的本性,称得上是先进模范的"孺子牛"。

(三)教学建议

案例一可用于第七章第一节第二目"国民党发动全面内战和解放区军民的坚决反击"以及第二节第一目"解放战争的胜利发展"的教学。该案例可以使学生了解解放战争期间,人民军队的精神风貌。在解放战争初期,敌强我弱,为什么我们能在短短几年之间取得胜利？这是很多人的疑问。当然,这个问题的分析视角可以多样,答案也会有很多种。而任宝汉的例子就给我们了一个回答该问题的视角,那就是人民战士的这种攻坚克难、不怕牺牲的"拓荒牛"精神。

案例二、三可用于第八章第五节第四目"全面建设社会主义的成就"中的"形成历久弥新的时代精神"的教学。在全面建设社会主义的过程中,我们不但建立了独立的比较完整的工业体系和国民经济体系、人民生活水平显著提高、文化教育医疗科技事业得到发展,更重要的是在中国建设社会主义,照抄照搬苏联模式是行不通的,中国共产党带领全国人民进行了艰辛的探索。在困难重重艰辛探索适合中国国情的社会主义建设道路过程中,我国各行各业涌现出了大量先进典型和英雄模范人物。这些人书写了无数改天换地的壮丽诗篇,形成跨越时空、历久弥新的时代精神。通过任宝汉的例子,不仅能让学生更加直观地了解共和国这段特殊的历史,更能让他们了解校史。中国地质大学南迁的过程、在武汉建校的过程,筚路蓝缕、以启山林,凝结了无数地大人的辛勤汗水,形成了伟大的"南迁精神",这是激励全体地大人源源不断的精神力量。地大"南迁精神"中蕴含着宝贵的思政元素,我们需要充分挖掘、积极宣传,使之成为地大的精神标识之一。通过学习地大校史、学习地大前辈的模范事迹,可以帮助地大学子增强身为地大学生的自豪感,同时领略那个时代的模范人物为建设国家的任劳任怨的奉献精神。

二、教学分析

(一) 教学目的

(1) 通过对任宝汉事例的学习,可以帮助学生对解放战争有更加直观的了解。在战争之初,敌强我弱,中国共产党和中国人民之所以能够在很短的时间内形成优势并最终消灭敌人,就是因为有像任宝汉这样无数"抛头颅,洒热血"的解放军战士。同时让学生深刻认识"没有共产党就没有新中国"的道理,认识中国共产党的领导是历史和人民的必然选择。

(2) 通过对案例二、三的学习,能够帮助学生理解我国在全面建设社会主义时期形成的历久弥新的时代精神;帮助学生了解地大校史,了解"南迁精神"。

(二) 教学重难点

(1) 解放战争胜利的原因(难点)。
(2) 全面建设社会主义的成就(重点)。

三、教学思路与方案设计

(一) 教学思路

案例一可用于第七章第一节第二目"国民党发动全面内战和解放区军民的坚决反击"以及第二节第一目"解放战争的胜利发展"的教学。教师可以向学生们提供一组解放战争开始时国共两党力量对比的数据,然后问学生:"在战争初期,国民党力量远远大于共产党力量。为什么共产党在短短三年间就把国民党打败了呢?"让学生就这个问题展开讨论,然后让学生们回答。互动环节结束后,再向学生讲述任宝汉的例子,赞颂解放军战士不怕牺牲、顽强奋战的精神。

案例二、三可用于第八章第五节第四目"全面建设社会主义的成就"中的"形成历久弥新的时代精神"的教学。教师可以向学生们提问:"精神力量对一个国家、一个民族意味着什么?"让学生们就该问题讨论。然后再向学生们讲述课本内容,对全面建设社会主义时期形成的时代精神一一进行介绍。最后再以任宝汉的事例,向学生们详细解读他身上所体现的时代精神,那就是习近平总书记说的:孺子牛、拓荒牛、老黄牛精神。

（二）教学方案

1. 教学方案一（适用于案例一）

教学步骤	教学内容	设计意图	时间/分钟
导入新课	向学生们提供一组解放战争开始时国共两党力量对比的数据，提问学生："在战争初期，国民党力量远远大于共产党的力量。为什么共产党在短短三年间就把国民党打败了呢？"	向学生展示相关数据，说明解放战争之初国共两党力量对比之悬殊，时间说明解放战争胜利之迅速。以这种强烈的比较，激发学生们的好奇心。顺势抛出："为什么共产党在短短三年间就把国民党打败了呢？"问题环环相扣，引导学生们进入教学内容	10
简介教学目标	教师向学生简要介绍本次教学要达到的目标	使学生对本次教学的目标有清晰的认识	2
呈现教学材料，引导学生学习	知识点一：全面内战的爆发与解放战争的胜利 在课堂讨论之后，向学生讲述"国民党发动全面内战和解放区军民的坚决反击"以及"解放战争的胜利发展"的内容。通过这些讲述，使学生对解放战争的基本脉络有大致的了解。最后再向他们讲述任宝汉的例子，从中总结解放战争胜利的原因	首先，使学生了解解放战争的基本史实。其次，思政课又不能只讲史实，重要的是通过史实讲道理。结合着新课导入时的讨论和任宝汉的例子，使学生们真切地意识到中国共产党的领导是历史和人民的必然选择	25
教学小结	简要梳理本节课内容，强调重点、难点		3
课后作业	学生完成学习通课后作业	巩固相关知识点	5

2. 教学方案二(适用于案例二、三)

教学步骤	教学内容	设计意图	时间/分钟
导入新课	向学生们提问:"精神力量对一个国家、一个民族意味着什么?"	以问题为切入,能够在课堂一开始就调动学生的积极性,活跃课堂氛围	15
简介教学目标	教师向学生简要介绍本次教学要达到的目标	使学生对本次教学的目标有清晰的认识	2
呈现教学材料,引导学生学习	知识点一:全面建设社会主义 向学生们讲述课本内容,对全面建设社会主义时期形成的时代精神进行介绍。再以任宝汉的事例,向学生们详细解读他身上所体现的时代精神,即习近平总书记谈到的"孺子牛、拓荒牛、老黄牛精神"	使学生了解全面建设社会主义时期形成的历久弥新的时代精神的基本内容,通过任宝汉的事例使学生认识到精神力量的强大	20
教学小结	简要梳理本节课内容,强调重点和难点		3
课后作业	要求学生就全面建设社会主义时期形成的时代精神为主题,选择一个人物写1篇感想,不少于500字	深化学生对时代精神的理解	5

四、教学方法推荐

(1)"国民党发动全面内战和解放区军民的坚决反击"以及第二节第一目"解放战争的胜利发展"适用于案例式教学法。

这部分主要讲述了全面内战的爆发,以及当时国共力量的对比。在解放战争初期,国民党的力量远大于中国共产党,但是中国共产党清晰估计国内外形势,认识到我们必须打败蒋介石,而且能够打败他。毛泽东说:"一切反动派都是纸老虎。看起来,反动派的样子是可怕的,但是实际上并没有什么了不起的力量。从长远的观点看问题,真正强大的力量不是属于反动派,而是属于人民①。"毛泽东认为,蒋介石力量的强大和美国的援助,只是起临时作用的因素,而人心向背是经常起作用的因素。任宝汉入党参军的例子就证明:人民群众对共产党

---

① 《和美国记者安娜·路易斯·斯特朗的谈话》,《毛泽东选集(第四卷)》,北京:人民出版社,1991年,第1195页。

第十七章　任宝汉：地大南建的"老黄牛"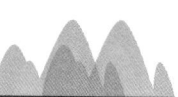

有无限的拥护,解放军战士对党有无限的忠诚。中国共产党为什么能在短短的三年内,就战胜力量强大的国民党？这是一个历史课题,每个人都有自己的认识和见解,通过任宝汉的例子,可以促使学生们对这一问题进行思考。通过老师的讲解和引导,学生便会认识到中国共产党的领导是历史和人民的必然选择。

(2)"全面建设社会主义的成就"中的"形成历久弥新的时代精神"适宜采用讨论式教学法。

本节内容讲述的是在全面建设社会主义时期,在探索适合中国国情的社会主义建设道路的过程中,大量先进典型和英雄模范人物所抒写的无数改天换地的壮丽诗篇,形成的时代精神。与其由教师直接讲述这些精神的内容和价值,不如让学生自觉得出这样的认识。所以在讲述本节内容的开始,可以让学生讨论"精神力量对一个国家、一个民族意味着什么"这一问题。学生以自己的亲身经验和体会,讲述精神的重要性。然后向他们讲述全面建设社会主义时期形成的时代精神,更容易让他们产生共鸣,使他们感觉到这种时代精神跨越时空、历久弥新,至今仍应该继承发扬。由此,学生们自然会对那个时代做出正确的评价,认识到在全面建设社会主义的过程中,虽然我们经历了很多考验,走过了很多弯路,但是仍取得了巨大的成就。

第十八章 王富洲：完成人类首次从珠峰北坡登顶的地大校友

一、教学案例——王富洲

王富洲（1935年—2015年7月19日），河南西华人（图1）。1951年，王富洲以优异成绩考入河南省淮阳中学，1954年考入北京地质学院石油系。1958年，王富洲加入中国登山队。1958年8月下旬，中国派遣包含王富洲在内的46名登山运动员前往苏联和苏联队员同登帕米尔高原上海拔7134米的列宁峰。9月7日，中苏各17名队员登上了列宁峰顶，王富洲是其中之一。1959年，王富洲参加的中国男女混合登山队在新疆境内慕士塔格山的攀登训练中，成功登顶海拔7546米的慕士塔格山顶峰，创造了登山队集体安全攀登海拔7500米以上高山人数最多的世界纪录，也创造了女子登山高度的世界纪录和女子攀爬海拔7500米以上高山人数最多的世界纪录。1960年5月25日，国家登山队首次成功登顶世界第一高峰珠穆朗玛峰，王富洲是成功登顶的3人之一。1961年，王富洲在治好冻坏的双手和双脚后，又拿起冰镐，登上了7500米的贡格尔久别峰。

图1　王富洲（1935—2015年）

第十八章 王富洲:完成人类首次从珠峰北坡登顶的地大校友

1964年,王富洲作为中国登山队副政治委员,带领9名队员成功登顶海拔8012米的希夏邦马峰。中国登山队征服了最后一座未被人类登顶的海拔8000米以上的高山,并创造了十名队员集体登上8000米以上高峰的世界纪录! 1975年,王富洲作为中国登山队党委书记兼政委,再次出征珠峰。而这次集体登顶珠峰人数之多,科考成绩之大,在世界登山史上前所未有。最终,潘多等9名队员自北坡登顶珠峰,并配合测绘工作者第一次实地测绘了世界第一高峰珠穆朗玛峰的海拔高度——8848.13米,而这一数据也被当作国际标准,而被世界各国普遍承认和采用。

1993年,王富洲任国家体育总局登山运动管理中心主任、中国登山协会主席。在新的岗位上,他继续发扬无私奉献的"人梯"精神,积极培养年轻运动员。1995年6月,王富洲正式退休。几十年里,他带领中国登山队攀上一座座高峰,用自己的实际行动为祖国和人民赢得了崇高荣誉。1959年获得运动健将称号,1960年、1964年两次获得体育运动荣誉奖章,1981年获国家级教练称号。

(一)案例呈现

案例一:刻苦求学,攀登精神兴母校

攀登过世界最高峰的王富洲是新中国登山事业的奠基人和开创者之一,是长期奋战在登山前线的优秀登山家,但在上大学前,王富洲从来没有见过山,更没有爬过山。河南省西华县一个名叫南流渡口的村庄,是王富洲的家乡。1935年,王富洲在这里出生。该地地处豫东平原,土壤肥沃,但天灾人祸使得在这里生存的王富洲一家艰难地讨生活。王家祖祖辈辈以种地为生,王富洲在家中排行老二,自小便要帮助家里维持生计,承担起各种农活。少年的磨炼,使得王富洲的心性更加坚韧,努力向前、奋斗的信念愈加强劲。

1951年,王富洲以优异成绩考入河南省淮阳中学,然而同年,王富洲的父亲去世,全家的重担落在他母亲身上。淮阳中学离王富洲家足足有180里(1里=500米)地,为了帮助母亲一起养家,王富洲学习和农活两头兼顾(图2)。生活虽然艰辛,但每每谈及未来的出路,王富洲也总是会对小伙伴们说:"我一定得考大学,只有考上大学才能成为国家栋梁。"在那个斗志昂扬的红色年代,为国争光便是无数青年的梦想,而王富洲同样也是顺应时代大潮,一身报国志!

1954年,在中国共产党的领导下,"一五"计划正在如火如荼地开展。而为了培养更多适用于经济建设的人才,国家制定了优厚的教育政策。国家出钱培养大学生! 王富洲听到这个消息之时,激动之心,无以言表。他誓要"努力学习,报效祖国!"也是这一年,王富洲考入北京地质学院石油系,成为村里两个仅有的大学生之一。

应国家经济建设需要而组建的北京地质学院,有着丰富的社团活动和体育活动,且十分重视学生综合素质的培养。鉴于地质勘探测量等课程本身的特殊性,北京地质学院的学生能够很好地得到野外生活技巧锻炼。尤其是野外实习课,学生们需要去爬山采集矿石标本。野

外实习是一件十分辛苦的事,时常要背着行李走几十里路,但王富洲总是走在队伍最前头,并帮助体力不支的同学背地质包。他觉得自己有力气,负重的事应该由他来做。

图2　河南淮阳南流渡口村王富洲故居

大学四年间,王富洲只有一床被子,没有褥子,用书当枕头,生活艰苦朴素,但是学校组织的各项活动,他都积极参加。大学四年生涯,王富洲始终秉持北京地质学院艰苦朴素、求真务实的校风,吃苦在前、自觉自律、待人以诚。同时他又刻苦学习,积极参加各项活动。一直以来,他都是师长眼中的高徒,同学眼中的益友(图3)。1956年,王富洲由于各方面表现优异,被北京地质学院党组织吸收为一名正式的中国共产党党员。

图3　1956年,石油系学生在图书馆前合影(前排左一为王富洲)

第十八章　王富洲:完成人类首次从珠峰北坡登顶的地大校友

1958年起,北京地质学院将登山运动列为地质专业的必修课,每年结合测量实习在北京香山组织登山现场教学,同时在周口店开展登山训练。王富洲作为一名生活在一望无际的豫东平原、从没爬过山的年轻人,开始了他与登山运动的第一次接触。

1958年6月,在王富洲毕业前夕,刚组建不久的中国登山队需要选拔参加中苏联合登山队一起攀登珠穆朗玛峰的登山队员,北京地质学院派出6名体育老师、2名专业教师和4名毕业生到香山登山训练班参加集训,他们成为北京地质学院开展登山运动最初的骨干(图4)。王富洲就是这个时候以良好的身体素质和心理素质条件入选,并加入国家登山队,从此与登山结缘,参与到新中国登山事业中,并为之而拼搏。

图4　王富洲的毕业文凭

在香山登山营集训时,最严厉的是爬"鬼见愁",教练员要求队员们不但要在限定的时间内跑上跑下,有时还要背着人攀登。每次训练,王富洲总能很好地完成教练规定的指标。

1958年8月下旬,中国派遣包含王富洲在内的46名登山运动员前往苏联和苏联队员同登帕米尔高原上海拔7134米的列宁峰。王富洲下定决心:他是代表中国人来的,决不给中国人丢脸。9月7日,中苏各17名队员登上了列宁峰顶,王富洲是其中之一(图5)。在颁奖仪式上,苏联人把证书第一个颁给了王富洲。

1959年,王富洲参加的中国男女混合登山队在新疆境内慕士塔格山的攀登训练中,成功登顶海拔7546米的慕士塔格山顶峰,创造了登山队集体安全攀登海拔7500米以上高山人数最多的世界纪录,也创造了女子登山高度的世界纪录和女子攀爬海拔7500米以上高山人数最多的世界纪录。

图5　1958年,攀登列宁峰的中国登山队员在乌兹别克斯坦奥什市合影(后排左一为王富洲)

案例二:勇毅领先,为国争光登珠峰

中国完成人类首次从北坡登顶珠峰的最初的计划其实与苏联有关。时间回溯到20世纪50年代,成立不久的新中国百废待兴,群众体育运动蓬勃发展,但在登山运动方面一片空白。为了促进体育运动交流的友好往来,1955年5月,在全苏工会中央理事会的邀请下,中华全国总工会派出了4名学员赴苏联学习现代高山登山技术。第二年春天,苏方又派2名登山教练来华,在北京西郊八大处培训了新中国最早的一批40多名登山运动员。培训结束后,中国成立了以这批学员为主要队员的第一支登山队——中华全国总工会登山队。王富洲于1958年选拔参加攀登珠穆朗玛峰的登山队员时就正式加入登山队。

1957年11月,苏联向中共中央寄出一封建议信,信中提到组织苏中联合爬山队,在1959年3—6月登上珠峰,并以此作为纪念中华人民共和国成立十周年的献礼。收到来信后,周恩来总理考虑我国西藏边境目前不能开放,本想婉转谢绝。1958年4月5日,在时任国务院副总理兼任体委主任贺龙元帅的积极支持和建议下,周总理批示"可以考虑。"1958年夏天,中苏双方在北京新侨饭店会谈,共同制订了攀登珠峰的三年行动计划:1958年侦察,1959年试登,1960年登顶,并达成共识,高山装备、高山食品由苏方负责,中方负责全部人员、物资从北京至珠峰山下的运输,以及较低海拔的物资装备(图6)。1958年8月31日,周恩来总理还致信赫鲁晓夫:中苏两国登山运动员将于1959到1960年期间共同合作,向珠穆朗玛峰进军,为此需要能够飞行一万公尺以上、适合于在复杂的高山地带从事航测和空投的飞机,或更为适合的,请苏联帮助,作为中国的订货。①

---

① 中共中央文献研究室编:《周恩来年谱(1949—1976)(中卷)》,北京:中央文献出版社,1997年,第165页。

第十八章 王富洲:完成人类首次从珠峰北坡登顶的地大校友

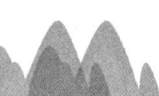

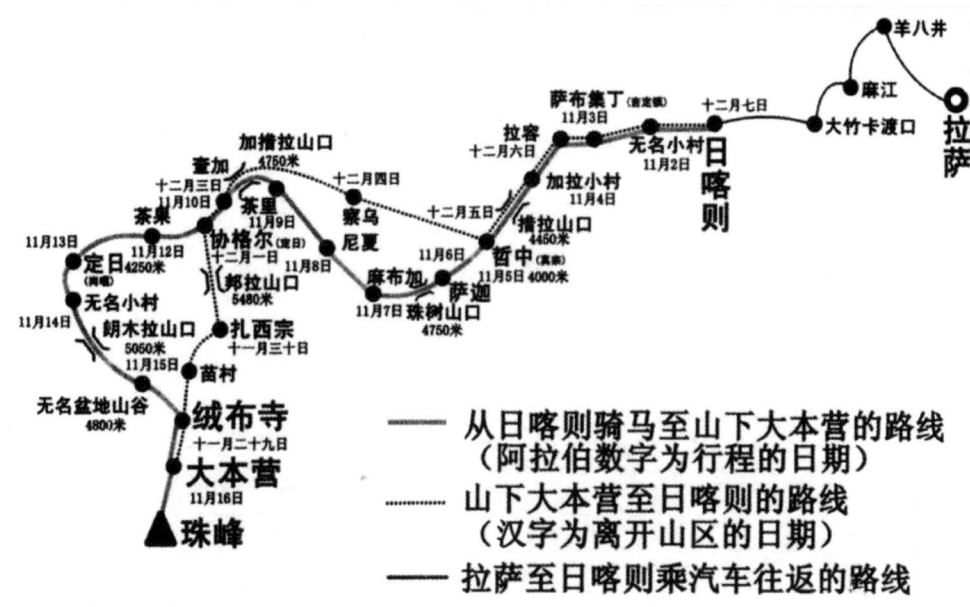

图 6 1958 年,中苏珠峰登山队侦查组进山路线示意图

但随着中苏关系持续恶化,苏联相继撤出援华技术专家与科技设备,中苏联合攀登珠峰的计划最终沦为泡影。

此时的中国正处于三年困难时期,更何况,中国正在与尼泊尔就两国边界勘定进行谈判,双方在珠穆朗玛峰的归属上还存在一定的争议,他们认为,中国人从来没有登顶过珠穆朗玛峰,珠穆朗玛峰根本就不能算是中国的领土。

事实上,人类第一次登上珠峰顶峰是在 1953 年,英国和瑞士登山队先后从尼泊尔境内的南坡成功登顶珠峰。但那时在中国境内的珠峰北坡,始终无人自此登上世界之巅,英国人数次在北坡折戟,以至于他们得出结论,想从北坡攀登这座"连飞鸟也无法飞过"的山峰,"几乎是不可能的"。

在这种情况下,登顶珠峰如果能够成功,对于鼓舞全国人民,战胜暂时困难,打破"中国人连珠峰都没有登顶过"的叫嚣狂言,显示中华民族的英雄气概,无疑具有重要意义。而且,在另一邻国印度也准备从南坡攀登珠穆朗玛峰的情况下,中国登山队攀登珠穆朗玛峰就是势在必行、行必成功的一场较量。

贺龙同志认为必须得登上珠峰,中国人民就是要争这口气。经过多次讨论,最终下定决心由中国登山队从北坡独立攀登珠峰。

1960 年 2 月,为完成登顶珠峰这个重要的使命,来自全国各地各行业的 214 人齐聚西藏,正式组成了中国珠穆朗玛峰登山队,并对此做了充分准备。为了确保主力队员的体力不会被过早消耗,登山队组织了一支 192 人的先遣队,并先后建立起大本营与位于海拔 5400 米、5900 米和 6400 米的 3 个高山营地,储备了大量装备、食品,及至 4 月 25 日,已然在海拔 7007 米和 8500 米处建立了四号营地和突击营地(图 7)。同时登山队员们亦组织进行三次高山行军。

3 月 25 日,登山队抵达珠穆朗玛峰脚下的大本营,开始第一次行军。在五星红旗迎风飘

图7　5400米东绒布冰川附近的第一号高山营地

扬中,一场由中国人征服世界最高峰的战役就此打响。

缺氧、冻伤,三次行军,登山队员越来越少,登山队一度陷入沮丧的低潮。就在焦急的情绪中,周恩来总理对中国登山队进行了深切问候,并称:"要重新组织力量攀登顶峰。"接着,贺龙副总理向大本营传达了新的命令:"要不惜一切代价,重新组织攀登。剩下几个人算几个人,哪怕剩下最后一个人也要登上去!"

5月13日,正式确定了以许竞为突击队队长,王富洲为副队长、第一候补突击队长,贡布、刘连满、屈银华等为突击队员,一共13人组成的第四次高山行军。

"不拿下顶峰誓不收兵!"5月17日清晨,绒布河谷上空云雾弥漫,在海拔5120米的登山队大本营广场上举行的突击顶峰誓师大会上,王富洲和队员们手握国旗,庄严宣誓,整装待发(图8)。当晚,登山队员们全部抵达海拔6400米营地。其后三天的艰难跋涉,最终抵达海拔7600米营地。然而在刚刚抵达营地不久,就出了一件让人意想不到的事情,唯一的一个报话机掉落,登山队员们接收不到营地的指挥和传递的信息。

5月23日下午,担任突击主峰任务的许竞、王富洲、贡布、刘连满率先到达海拔8500米处的突击营地,与等候在这里的负责拍摄登顶的屈银华会合。这时,他们才发现,营地储存的食品、氧气等物资的相关信息都有误。10瓶氧气,有2瓶已经空了。因为每个人需要背着2瓶氧气,因此,5个人中有一个人无法继续登顶。最后,大家决定刘连满留在营地,其余4人继续向上突击。

5月24日9时,王富洲、贡布等人自海拔8500米处的突击营地开始向上突击。然而刚走没多远,担任队长的许竞晕倒,第一候补队长王富洲临危受命。他们立刻赶回了营地,让运输队员屈银华换下许竞。继而,王富洲带着贡布、屈银华、刘连满三位队员完成最后300米的最

第十八章 王富洲：完成人类首次从珠峰北坡登顶的地大校友

图 8　王富洲（右执旗手）在突击顶峰誓师大会上宣誓

艰险的攀越行程。

8600米，8700米，肩负着光荣使命，王富洲与队员们向着珠峰峰顶冲击。终于，他们来到了矗立在8700米处的"第二台阶"，"飞鸟也无法逾越"的"第二台阶"是通往珠峰的最后一道难关，它旁边深不见底的悬崖就是令登山者"谈谷色变"的诺尔顿大峡谷。1922—1938年间，英国人先后7次在这里折戟沉沙，其中就包括享誉国内外的著名登山家玛珞里和欧文。

那是光滑的垂直条壁，一共高30米，最难爬的地方有6米多。王富洲他们通过观察，找到了一条纵向岩石裂缝，他们决定沿着这条裂缝登上"第二台阶"。裂缝之上，便只剩下那最后6米高的光滑峭壁。岩壁的光滑，远远出乎王富洲他们的预料。岩壁之上，王富洲与队友们冒着零下三十摄氏度的酷寒向上攀越。在王富洲的保护下，运动健将刘连满在前面开路。他在左边岩壁上打了两个钢锥，用双手抓住岩壁，脚尖蹬着岩面，使出浑身力气一寸一寸地向上爬去。然而岩石较碎，不受力，但凡身体稍微一歪，便会立刻摔回原地。刘连满爬了不到2米，便摔了下来。时间就这样一分一秒地流逝。

"25日天气将要变坏"，这是王富洲他们先前所得到的气象预报。因此必须赶紧爬上去！

在这紧要关头，刘连满想到了搭人梯的办法。他自告奋勇，蹬伏在岩壁下，让屈银华踩着自己的肩膀往上爬。而屈银华怕鞋上的三齿钉扎伤刘连满，脱下了脚上的高山靴，只穿着单袜往上爬。在那样的高寒地带，在零下三十多摄氏度的酷寒之下，脱去高山靴即意味着冻伤，可屈银华依旧义无反顾，为此他最后严重冻坏双脚。

屈银华先是在1.7米左右的位置打进了一个冰锥，形成支点。而后又站在刘连满的肩膀上，在3米多高的位置又打进了一个冰锥。同时，另一名队员贡布也是将冰镐插入岩缝之中，形成了另一个支点。屈银华一脚冰镐、一脚冰锥，穿入绳子做好自我保护，第一个爬了上去。后续队员们也是继续"搭人梯"，一个托着一个，沿着屈银华爬过的路线向上爬去。最终，在历经五六个小时的奋战之后，4人成功跨越"第二阶梯"。

四人在崖上休息片刻后便继续前行。然而，担任开路任务的刘连满这时却倒下了。他因为先前消耗体力太大,两腿已然是无法支撑住身体。在这种情况下,4人在海拔8700米左右的环境下召开了党小组扩大会议。最终,王富洲决定将刘连满安置在一个避风的大岩石旁的弧形坳槽中,然后带领屈银华、贡布继续攀爬。

无论如何都要完成登顶任务!

当登山队攀越到海拔8830米左右之时,危机又是接踵而至。本就物资不充沛的王富洲三人氧气基本用光,寒冷、疲惫、高原反应等不断向他们袭来,而他们却只能依靠空气中微弱的氧气维持生命。尽管举步维艰,但他们此刻仍旧负重前行。

"只有前进,不能后退"。秉持着坚定的信念,凌晨4点左右,在经受缺氧、寒冷、饥饿、干渴等生死考验之后,世界最高峰——珠穆朗玛峰的峰顶终于被中国登山队员所征服(图9)!他们在世界巅峰展开中华人民共和国国旗,豪情万丈。在下坡前,他们将毛泽东半身雕像用五星红旗包裹着,放置在了顶峰西北角的岩石缝中。

图9 1960年,登上珠穆朗玛峰的王富洲

这是中国人第一次登顶珠峰,也创造了人类首次从北坡登顶的纪录,此前从未有人征服过这条"死亡之路"。

消息传出,顿时举国沸腾。1960年6月7日,西藏各界代表万余人齐聚拉萨,为凯旋的登山英雄们举行了盛大的欢迎仪式(图10)。26日下午,在北京工人体育场,国家体委、中华全国总工会和共青团中央举行了7万多人参加的盛大庆祝会,董必武、贺龙、罗瑞卿等党和国家领导人亲自到场,庆祝中国登山队登顶珠峰。《人民日报》发表社论,高度肯定了"无高不可攀,无坚不可摧"的登山精神,鼓舞了全国人民建设社会主义的斗志。著名文学家郭沫若亦题诗一首《喜闻攀上珠穆朗玛峰》:"英雄肝胆夷天险,集体精神旷代功!"[①]祝贺中国登山队立下的旷世奇功(图11)!

1961年秋,尼泊尔国王马亨德拉访华期间,双方就珠峰问题达成协议。协议规定:边界线

---

① 郭沫若:《喜闻攀上珠穆朗玛峰》,《人民日报》,1960年5月28日,第2版。

第十八章　王富洲：完成人类首次从珠峰北坡登顶的地大校友

图 10　拉萨各界召开登顶珠峰庆祝大会

图 11　珠峰登顶三英雄：屈银华（左）、贡布（中）、王富洲（右）

将峰顶的南部划入尼泊尔境内，把峰顶的北部划入中国境内。任何人从北坡攀登珠穆朗玛峰，经中国政府批准后，应该通知尼泊尔政府；任何人从南面攀登萨加·玛塔峰，经尼泊尔政府批准后，应该通知中国政府。10月5日，刘少奇和马亨德拉签订了《中尼边界条约》，彻底解决了这个问题。[②]

在那个时代，作为国家官方媒体的《人民日报》一共发过两次号外：一次是1964年罗布泊的原子弹成功试爆；而另一次，则是1960年的中国登山队成功登顶世界最高峰——珠穆朗玛

---

② 金冲及：《周恩来传(1898—1976)(下)》，北京：中央文献出版社，2008年，第1382页。

峰(图12)！对于那个年代的中国人而言,无论是1960年的登顶珠峰,还是1964年的原子弹成功试爆,都是引发民族自豪感的英雄壮举！

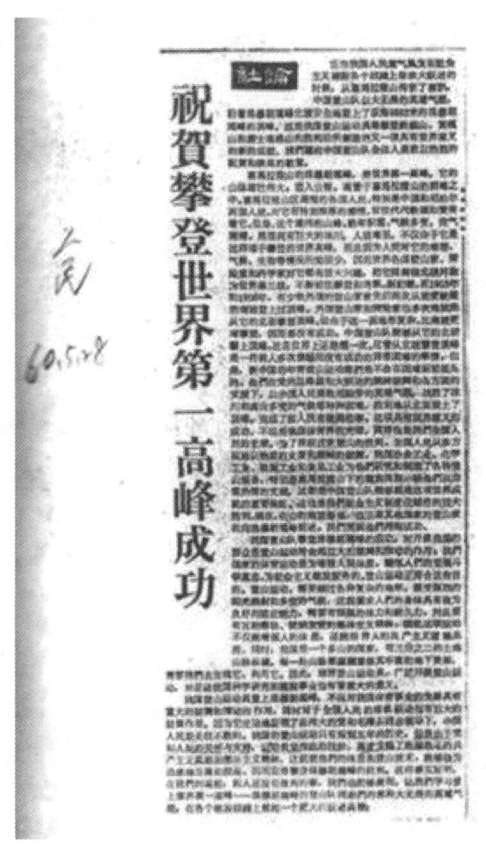

图12 《人民日报》发表社论高度肯定"无高不可攀,无坚不可摧"的登山精神

"我当时参加登山队,是为了完成国家交给的任务,那时候是一定要登上顶峰,要树雄心、立壮志,不把珠穆朗玛踩在脚下誓不罢休。"王富洲在后来的回忆中说道。"1960年,正是我国最困难的时期。我们肩负着党和国家的重托和人民的企盼,首次成功征服珠穆朗玛峰。在那时候,中国人首次征服珠峰的壮举极大鼓舞了全国人民战胜困难的士气。""国家那时遭灾,连毛主席都很长时间吃不上肉,登山队的供应能好到哪里去了,平常大概也就吃个半饱,只有在真的登山前才能吃饱肚子,也谈不上营养搭配。那时登山队没有专门的营养师,只有解放军有炊事员。但是,我们很满足,能登上珠穆朗玛峰靠的是全国人民的无私支援。登山队员穿的羽绒服,是上海工人加班赶制的,由于工艺水平不过关,穿在身上滚成了蛋,薄的地方只有两层布。青藏高原风大,一吹冷得刺骨……"苦难时期的窘迫,王富洲依旧历历在目。

"这一成绩的取得是用生命和鲜血换来的,其中可歌可泣的事迹难以用几句话来表达。追忆这段经历不胜感慨,如果没有当年老师和领导的辛苦培养、关怀和谆谆教诲,也就没有这一荣誉的取得"。王富洲追忆过去岁月,如是说道。言语中对地大师长教导,王富洲满是感恩。

王富洲战胜世界最高峰的壮举也为学校树立了好榜样。在喜报传回后,学校专门下发了

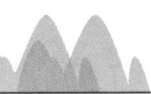

第十八章 王富洲：完成人类首次从珠峰北坡登顶的地大校友

学习登山英雄事迹的决定，发起向王富洲同志学习的活动。全校掀起向登山英雄学习的高潮，同时，在1960年第7期校刊上，用整整两个版面刊登了事迹学习成果，高度肯定了王富洲他们的精神品质（图13）。因王富洲为国家作出了卓越贡献，1993年，中国地质大学授予王富洲"优秀毕业生"称号。

图13 1960年第7期校刊刊登学习登山英雄的专题版面

案例三：无畏忘我，逐梦雪山寄深情

"干了这么点事，给我这么多荣誉，我想不到。有点害怕。接受不了。"面对荣誉，王富洲谦逊地说道。成功登顶珠峰的突出成就，让王富洲闻名遐迩，成为新中国登山事业中当之无愧的佼佼者。然而王富洲将荣誉看得很淡，他喜欢登山，而他也不负众望，继续跨出征服名山大川的脚步。

1961年，王富洲在治好冻坏的双手和双脚后，又拿起冰镐，登上了7500米的贡格尔久别峰。

1964年，王富洲作为中国登山队副政治委员，带领9名队员成功登顶海拔8012米的希夏邦马峰。中国登山队征服了最后一座未被人类登顶的海拔8000米以上的高山，并创造了十名队员集体登上8000米以上高峰的世界纪录！

1975年，王富洲作为中国登山队党委书记兼政委，再次出征珠峰。而这次集体登顶珠峰人数之多，科考成绩之大，在世界登山史上前所未有。最终，潘多等9名队员自北坡登顶珠峰，并配合测绘工作者第一次实地测绘了世界第一高峰珠穆朗玛峰的海拔——8848.13米，这一数据也被当作国际标准，被世界各国普遍承认和采用。另外，同行的藏族女同胞潘多成为自北坡登顶珠峰的世界女性第一人。

1993年,王富洲任国家体育总局登山运动管理中心主任、中国登山协会主席。在新的岗位上,他继续发扬无私奉献的"人梯"精神,积极培养年轻运动员。

1995年6月,王富洲正式退休。几十年里,他带领中国登山队攀上一座座高峰,用自己的实际行动为祖国和人民赢得了崇高荣誉(图14)。1959年获得运动健将称号,1960年、1964年两次获得体育运动荣誉奖章,1981年获国家级教练称号。

图14 王富洲的荣誉奖章和证书

王富洲的一生就是一部山的集锦,而他总能记得每一次登山的缘由和故事。在家人眼里,他无疑是一座"大山",屹立不倒;而在他自己心里,他又是那个不断攀越高峰的攀登者。

第十八章 王富洲：完成人类首次从珠峰北坡登顶的地大校友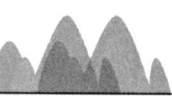

由于长期从事登山活动，王富洲落下了手指残疾、脑血栓与视力障碍等病症，但他仍关心中国登山事业的未来。

也有人曾问王富洲："您后悔过吗？哪怕只有一点儿，哪怕只有一次？"王富洲明确表明了自己参加登山队的初衷："我参加登山队，就是为了完成党和国家交给的任务，那时候是一定要登上顶峰，要树雄心、立壮志的。和我一起登上珠穆朗玛峰的人有的被冻掉了耳朵，有的被冻掉了鼻子，还有的十个脚趾都被冻掉了。有些同志都献出了生命、牺牲了，我的伤残算不了什么！当时，大家有一个共同的口号'英雄气概山河，敢笑珠峰不高'。同志们在登山过程中也提出来要发扬团结精神，右胳膊摔断了，用左胳膊帮助同志，团结成一股绳，不登上珠穆朗玛的顶峰决不罢休。"王富洲的心已经紧紧地熔铸在国家与集体上。

2015年7月18日晚，王富洲因病在北京去世，享年80岁。

王富洲在京逝世后，各方震动。新华社发布体育专电，援引中国登山协会唁电，称颂"以王富洲同志为代表的老一辈登山家所创造的登山精神已远远超过了体育本身，成为激励和鼓舞全国人民不畏艰险、顽强拼搏的动力源。"

"成功不敢随便说，起码，要把一件事情完成，除了有始有终之外，做这件事的人必须做到自觉自律，心无旁骛，这是最重要的。"王富洲这样告诫自己。回顾王富洲同志的一生，他就坚持干好登山这一件事，7134米的列宁峰，7546米的慕士塔格峰，7500米的贡格尔久别峰，8012米的希夏邦马峰，8848.13米的珠穆朗玛峰，一座座高峰、一次次攀登，为了心中的理想和信念，他都无畏前行。王富洲心怀强烈的政治责任感和历史使命感，彰显出不畏艰险、不怕牺牲的英雄气概。他用以大局为重、担当作为、淡泊名利的实际行动，铸就了爱国奉献、刻苦训练、团结战斗、无私忘我、勇于攀登的中国登山精神，也鼓舞和激励着一代代地大人向着世界科学高峰奋勇前进。

（二）案例点评

绒布冰川伸出的幽蓝冰舌，透出喜马拉雅山的阵阵寒意，冰川风逞威的前方，伟岸的珠穆朗玛遮没了半壁蓝天。巍峨耸立的珠峰，是令各国登山者魂牵梦萦的圣地。对珠峰来说，攀登者是一波又一波的过客，而对中国攀登者而言，珠峰又意味着什么？我们为何要登珠峰？

"因为，祖国就在那里！"

"我们自己的山，登上去，让全世界看到，中国人！"1960年5月25日凌晨4时20分，中国登山队从北坡登顶成功，结束了中国人登顶珠穆朗玛峰尴尬的空白历史，实现了人类历史上首次从北坡登顶珠峰壮举，为世界登山史写下了光辉的一页。

王富洲等人登顶珠峰，是人类体育事业上的壮举，极大地推动了我国人民体育事业的发展。同时此举也具有重大的政治意义，也让中尼签订边界条约时正式确定了珠峰北坡为中国领土，极大地促进了我国疆界的最终确定。

而当时成功登顶珠峰的中国登山队队长，便是北京地质学院1958届毕业生、中国地质大学杰出校友王富洲。另外两名成员为贡布、屈银华。他们用不畏艰险、排除万难、甘于奉献的大无畏精神，为国争光、祖国利益高于一切的爱国主义精神和团结协作、攻克难关的集体主义精神,生动诠释了为国家而战、为使命而战的攀登者精神。在他们的影响下,一代代人朝着珠峰出发,继续用双脚丈量一个个新高程。

(三)教学建议

王富洲的案例可用于第八章第五节第四目"全面建设社会主义的成就"的案例教学。在全面建设社会主义期间,我国在各个领域都取得了举世瞩目的成就。与此同时,在面对困难重重的探索适合中国国情的社会主义建设道路的过程中,涌现出了大量先进事迹和英雄模范人物。他们书写了无数改天换地的壮丽诗篇,形成跨越时空、历久弥新的时代精神。在这些先进事迹和典型人物中,有全国人民都熟悉的以铁人王进喜为代表的大庆石油工人,有"心中装着全体人民、唯独没有他自己"的人民公仆焦裕禄,有"干惊天动地事,做隐姓埋名人"的两弹一星元勋钱学森、钱三强、邓稼先等科学家。像这样让后人敬仰的英雄模范和精神还有许多,其中就有中国地质大学校友王富洲。在社会主义革命和建设年代,精神力量非常重要。在全面建设社会主义现代化国家的进程中,精神力量同样重要。精神是一个民族赖以长久生存的灵魂,唯有精神达到一定的高度,这个民族才能在历史的洪流中屹立不倒、奋勇前进。校友王富洲的案例可以使学生感受到精神力量的伟大,从而珍惜现在的幸福生活,为建设社会主义现代强国而奋斗。

二、教学分析

(一)教学目的

通过对三个案例的教学,可以使学生了解全面建设社会主义时期党和政府对体育事业的重视、新中国体育事业所取得的成绩、形成的伟大时代精神。党和政府高度重视体育事业,1952年,毛泽东在中华全国体育总会成立大会上提出了"发展体育运动,增强人民体质"的指导方针。从1956年到1976年,中国运动员先后有123人次打破了世界纪录。王富洲的例子可以使学生对社会主义革命和建设时期所取得的成就和形成的历久弥新的时代精神更加了解,从而增强教学效果。

(二)教学重难点

(1)全面建设社会主义的成就(重点)。

(2)全面建设社会主义时期形成的历久弥新的时代精神(难点)。

第十八章 王富洲：完成人类首次从珠峰北坡登顶的地大校友

三、教学思路与方案设计

（一）教学思路

王富洲的案例可用于第八章第五节第四目"全面建设社会主义的成就"这一部分的教学。首先向学生介绍当时我国在体育方面所取得的成绩。然后向学生们提问："登山运动是我们中国地质大学的特色和传统，也是我校的优势项目。1958年起，北京地质学院将登山运动列为地质专业的必修课。60余年来，中国地质大学培养出6000多名登山人才，撑起中国登山界的半壁江山，是名副其实的攀登者"黄埔军校"，师生们的足迹遍布祖国的天涯海角、边疆大漠，踏遍了全球七大洲最高峰和南北两极。同学们知道我们的校友在登山方面的事迹吗？"激起学生的学习兴趣。

（二）教学方案

教学步骤	教学内容	设计意图	时间/分钟
导入新课	向学生提问："大家知道新中国成立以后到改革开放以前新中国在体育运动方面取得的成绩吗？"	以问题导入，引起学生的兴趣，提升他们的课堂参与度	5
简介教学目标	教师向学生简要介绍本次教学要达到的目标	让学生对本次教学目标有清晰的认识	2
呈现教学材料，引导学生学习	知识点一：全面建设社会主义的成就 向学生简要介绍改革开放以前新中国在体育方面所取得的成绩，例如列举一些著名的运动员及他们所取得的成绩。引出王富洲的事迹，向他们详细讲述王富洲在攀登珠峰过程中经历的种种困难。最后向他们讲述攀登珠峰的政治意义，以及其中所蕴含的伟大时代精神	巩固学生对知识点的掌握，加深学生对全面建设社会主义时期成就的理解，加深他们对时代精神的领悟	30
教学小结	简要梳理本节课教学内容，强调重点和难点		3
课后作业	学生深入学习王富洲的事迹，写出不少于500字的读后感	深化学生对时代精神的认识，增强他们作为地大人的自豪感	5

四、教学方法推荐

"全面建设社会主义的成就"中的"形成历久弥新的时代精神",适宜采用案例式教学法和讨论式教学法。

首先,在讲授社会主义建设所取得的成绩时,教师不能单纯地讲课本内容,这样容易陷入空洞,没有说服力。思政课就是要把道理讲通、讲透,而以事实说话,最容易达到这样的效果。在人类首次从珠峰北坡成功登顶壮举中为国争光的王富洲名闻全国后,王富洲这个名字成为让中国人充满自豪感的名字。而以王富洲、屈银华、贡布三位登山英雄为代表的中国登山队员用生命、意志、信念和勇气践行了忠于祖国、无私奉献、勇攀高峰的时代使命,谱写出了一曲爱国主义的时代赞歌,铸就了中国乃至世界登山史上的不朽丰碑。王富洲的例子可以让同学们了解新中国在体育方面所取得的一项又一项成绩,并领会到其中蕴藏的伟大时代精神。其次,教师要善于组织学生对所学内容进行讨论。对于课堂所学的知识,想让学生真正掌握并领会其中所蕴含的意义,单靠教师讲授是远远不够的。要善于调动学生的积极性,引导他们进行讨论,激发他们进行思考,并通过自己的语言表达出来。这样,学生们就会对课堂所学内容有深刻的理解,并会自觉地将在思政课的所得运用于日常的学习和生活中。

后 记

中国地质大学是新中国第一所地质高等学府,也是新中国地学人才培养的殿堂、地学研究的重镇和地学文化的摇篮。七十余年来,一代又一代地大人秉承"艰苦朴素、求真务实"的校训精神,栉风沐雨,怀揣梦想,砥砺前行,始终坚持先尝先试、勇攀高峰、超越自我,始终与党和国家同呼吸共命运。建校以来,这里培养了30多万毕业生,一批批热血青年和专业人才把"为祖国寻找宝藏"作为人生的理想;个人成长融入国家命运方有大成,四十余名两院院士从这里走出,抒写了"每千名地学毕业生里就有1位院士"的传奇佳话。无论时代如何变幻,"地质报国"精神已经融入这所大学的血液。地大人把论文写在了祖国大地上,地大人也让自己的历史成为一座宝藏。

置身这样一所英雄的高校,我们多年来一直在思考如何把地大校本资源融入思政课教学,用过去的故事激励现在的学生,推动他们赓续地大文脉,为实现中华民族伟大复兴的中国梦贡献力量。校本资源主要由大学精神、大学成就和大学形象三部分构成,它集中体现了一所学校的文化底蕴和办学特色。地大红色故事作为重要的校本资源,具有独特的引领力、凝聚力和渗透力,能让全体师生产生归属感,经过长时间的积累和渗透,形成稳定而有共性的思想观念和行为规范,引领人生的价值追求,有助于增强学生的团结协作意识,增强民族自尊和家国情怀,将优秀校本文化渗透到学生的思想政治教育活动中,在实践中内化于心,外化于行。基于这些思想政治教育视野下的独特作用,地大红色故事特别适用于融入"中国近现代史纲要"课程教学,这本书就是我们探索成果的总结与凝练。希望在刘型等18位地大红色人物事迹的指引下,地大学子将沿着先辈留下的足迹一路前行,为服务"美丽中国 宜居地球"建设努力奋斗。但是,由于我们能力有限,对建校以来地大红色人物事迹的搜集和掌握还不够细致,对校本资源融入思政课教学的教学法设计和运用还不够熟练,书中还存在很多问题和不足。我们真心欢迎各位专家、广大同仁和读者予以指正,为这一方向的探索提供宝贵的经验和建议。

本书由孙文沛、何帅波、朱丹策划和统稿,具体分工如下:第一章至第八章由孙文沛、张书缘撰写,第九章至第十四章由朱丹、刘丹撰写,第十五章至第十八章由何帅波撰写。本书使用的教学案例主要选自《百年党史中的地大红色故事》(中国地质大学出版社2022年版),在此对帅斌等同仁为发掘地大红色故事付出的辛勤努力表示感谢!本书在立项、编写和出版过程中,得到了中国地质大学档案馆、校史馆、党委宣传部和出版社的大力支持,在此表示衷心感谢!

本书编委会
2024年12月